Thomas Gordon

Die neue Familienkonferenz

Kinder erziehen ohne zu strafen

Aus dem Amerikanischen von
Annette Charpentier

Hoffmann und Campe

Die Originalausgabe erschien unter dem Titel
Teaching Children Self-Discipline At Home And At School
(Paperback: *Discipline That Works)* bei Times Books
(ein Unternehmen von Random House, Inc.), New York

Die Deutsche Bibliothek – CIP-Einheitsaufnahme
Gordon, Thomas: Die neue Familienkonferenz :
Kinder erziehen ohne zu strafen / Thomas Gordon.
Aus dem Amerikan. von Annette Charpentier.
– 1. Aufl. – Hamburg : Hoffmann und Campe, 1993
Einheitssacht.: Teaching children self-discipline
at home and at school ‹dt.›
ISBN 3-455-08485-0

Deutsche Ausgabe

Schutzumschlag: Lo Breier
Satz: Alphabeta Gerds GmbH, Hamburg
Druck und Bindung: Mohndruck, Gütersloh
Printed in Germany

Für Linda,
meine Partnerin, Freundin und Ehefrau

Für Judy und Michelle,
meine (selbst)disziplinierten und geliebten Töchter

Für die vielen tausend Trainer,
die auf der ganzen Welt Eltern und Lehrer
in unseren Kursen unterrichten

Inhalt

Danksagungen

Ich bin einer Reihe von Menschen dankbar, die mit ihrer Unterstützung und ihrem Einfluß zu diesem Projekt beigetragen haben. Diejenigen, die das eine oder andere meiner früheren Bücher gelesen haben, kennen bereits den starken Einfluß, den der verstorbene Carl Rogers auf meine Gedanken ausgeübt hat – besonders hinsichtlich der Bedeutung des empathischen Zuhörens bei Lehrern und Eltern. Diese Technik wurde zuerst von Therapeuten an der Ohio State University und der University of Chicago angewendet, die von Rogers ausgebildet worden waren.

Ich möchte den Therapeuten, Eltern und Lehrern meinen Dank aussprechen, die viele Anekdoten, Dialoge und Fallbeispiele beisteuerten – unschätzbar bei dieser Darstellung der neuen Methode, wie man Kinder beeinflußt, sich zu Hause wie auch in der Schule selbstdiszipliniert und kontrolliert zu verhalten.

Peter Wyden, der Verleger meiner früheren Bücher, gab mir immer wieder seine Unterstützung und kluge Ratschläge, wenn ich ihn bei Problemen bei der Zusammenstellung dieses Buches um Hilfe bat.

David Aspy und Flora Roebuck schulde ich meinen Dank für die umfassenden Forschungsstudien, die die positive Entwicklung von Schülern belegen, deren Lehrer in den verschiedenen, in diesem Buch geschilderten interpersonalen Fähigkeiten ausgebildet waren; ähnlich schulde ich Bruce Cedar und Ronald Levant meinen Dank für die Stu-

dien, die deutlich die positiven Auswirkungen unserer Familienkonferenz-Theorie auf Eltern wie auch Kinder zeigen.
Dankbar bin ich allen Angestellten des Effectiveness-Programms, die mir in all den Jahren ihre Unterstützung, ihr Verständnis und ihr Vertrauen geschenkt haben.
Ich danke auch Priscilla Lavoie und Diane Lucca, die die verschiedenen Manuskriptfassungen getippt haben. Zudem möchte ich der vorsichtigen, sensiblen und gründlichen Redaktion von Sarah Trotta bei *Times Book* meinen Dank aussprechen.

T.G.

Einführung

Hierzulande wie auch in der übrigen Welt ist Disziplin neuerdings wieder zu einem Reizwort geworden. Sie steht im Mittelpunkt hitziger Debatten bei Elternversammlungen, Lehrerkonferenzen und Schulbehörden. Strikte Disziplin, darunter auch das Recht (und die Pflicht) von Eltern, ihre Kinder zu strafen, bildet einen Stützpfeiler im Programm einer konservativen, auf familiäre Werte bauenden Pädagogik. Durch Meinungsumfragen ist das Thema der Disziplin als eine Hauptsorge von Eltern empirisch belegt. Es ist offenkundig, daß das Problem der Disziplinierung von Kindern für die meisten Eltern zu inneren Konflikten führt. In unseren Elternkursen ist immer wieder zu beobachten, daß die meisten Teilnehmer anfangs zwischen einer Haltung von Strenge und Nachsicht schwanken. Eine Mutter gab einmal zu: »Bei unserem ersten Kind war ich streng, aber das hat nicht geklappt, und als das zweite kam, beschloß ich, es mit Nachsicht zu versuchen.« Eine andere gestand: »Ich will nicht so autoritär und streng sein, wie meine Eltern waren, aber ich merke immer wieder, wie ich die gleichen Methoden – sogar die gleichen Worte – benutze wie meine Eltern. Und dann hasse ich mich dafür.«
Viele Lehrer stehen vor dem gleichen Dilemma. Sie wollen anfangs herzlich, freundlich und geduldig zu den Schülern sein, erleben aber immer wieder, daß sie sich in die traditionellen, herumkommandierenden, strafenden Lehrer verwandeln, unter denen wir alle wohl irgendwann einmal

während unserer Schulzeit gelitten haben. Lehrern wird immer noch beigebracht: »Lächelt eure Klasse nur zu Weihnachten an.«

Wie aber wollen wir dieses Thema Disziplin definieren? An welchen Punkten läßt es sich festmachen? Was sagen die Vertreter der verschiedenen pädagogischen Richtungen den Eltern und Lehrern?

Viele Sozialwissenschaftler, besonders Psychologen, meinen – im Gegensatz zu konservativen Politikern und Pädagogen –, daß strengere, strafende Disziplin wenig wirksam sei und Kindern und Jugendlichen eher schade. Der Vorsitzende eines Komitees für Disziplinfragen des angesehenen Pädagogenverbandes *Phi Delta Kappa*, William Wayson, Professor für Pädagogik an der Ohio State University, sagte vor einigen Jahren bei einem Kongreß-Hearing:

> Restriktive Maßnahmen führen, wenn sie nicht von grundlegenden Anstrengungen begleitet werden, den Schüler einzubeziehen und ihm zu dienen, unvermeidlich zu *schlechterer* Disziplin, vielleicht sogar zu Gewalt oder dem erzwungenen Schulverweis von Schülern, die schulische Zuwendung am meisten brauchen und verdienen... (Cordes, 1984)

In dem Bericht dieses Komitees wird im weiteren erklärt, wodurch sich gute Schulen auszeichnen. Interne Zusammenarbeit, Kooperation zwischen Schule und Eltern, demokratische Entscheidungsprozesse, Methoden, aufgrund derer sich alle Schüler zugehörig und verantwortlich fühlen, Regeln, die eher Selbstdisziplin fördern statt sture Übernahme von Erwachsenenregeln, herausfordernde, interessante Lehrpläne und Unterricht, die Fähigkeit, mit persönlichen Problemen von Schülern und Lehrern umzugehen, sowie die sachlichen Gegebenheiten und Organisationsstrukturen, die diese Maßnahmen unterstützen.

Irwin Hyman, ein pädagogischer Psychologe, der in einem nationalen Forschungszentrum an der Temple-Universität die Wirkung körperlicher Strafen an Schulen und Alternativen dazu untersucht, sagte vor dem Untersuchungsausschuß des amerikanischen Senats aus:

> Es gibt Gewalt gegen Lehrer, aber die Bestrafung von Kindern, die das amerikanische Erziehungssystem durchdringt, ist eher als Ursache für statt als Ausweg aus dem Fehlverhalten im Klassenzimmer zu betrachten ... »Gute alte Disziplin« ist der am wenigsten wirksame Weg, dieses Schülerverhalten zu ändern ... (Cordes, 1984)

B. F. Skinner, wohl der führende Verhaltenspsychologe der Welt, heute emeritierter Professor für Psychologie in Harvard, schrieb in einem Brief an den kalifornischen Parlamentsabgeordneten Sam Farr am 16. September 1986:

> Strafmaßnahmen, ob sie von der Polizei, Lehrern, Ehepartnern oder Eltern ausgeübt werden, haben wohlbekannte Wirkungen: (1) Flucht (in der Schule gibt es einen eigenen Begriff dafür: Schwänzen), (2) Gegenangriff (Vandalismus in Schulen und Übergriffe auf Lehrer) und (3) Apathie – verdrossener Tunix-Rückzug ... Eine unmittelbare Wirkung eines Gesetzes [gegen körperliche Strafen] wäre es, daß Lehrer aufgefordert werden, andere Methoden für die Kontrolle der Schüler zu entwickeln, die langfristig wesentlich wirksamer sind. (Skinner, 1986–87)

Mehrere Meinungsumfragen des Gallup-Instituts haben ergeben, daß amerikanische Eltern Disziplin für das wichtigste Problem in Schulen halten, und eine große Mehrheit befürwortet die Anwendung der Prügelstrafe; nur eine Handvoll Eltern (weniger als 20 Prozent) mißbilligen die Anwendung der körperlichen Züchtigung in Schulen.

Vielleicht stellt es für den Leser eine Überraschung dar, wenn er erfährt, daß in den USA nur acht Staaten die Prügelstrafe in Schulen völlig verbieten: Kalifornien, Hawaii, Maine, Massachusetts, New Hampshire, New York, Rhode Island und Vermont. Nur sechs von diesen acht Staaten schützen Kinder bei Pflegeeltern, in Kinderheimen und Schulen.

Die Disziplin-Debatte geht aber weit über die Grenzen der Vereinigten Staaten hinaus; es handelt sich um ein wahrhaft internationales Thema. Vor einigen Jahren wurde in Schweden eine Gesetzesvorlage ausgiebig und heiß diskutiert, nach der schon ein Klaps und darüberhinaus jedwede beleidigende oder verletzende Behandlung von Eltern rechtswidrig würde, die Kindern seelisches Leid zufügen konnte. Das Gesetz wurde gegen eine starke Opposition verabschiedet. Die Prügelstrafe in *Schulen* war in Schweden schon lange verboten.

In China werden Lehrer, die die Geduld verlieren und denen die Hand strafend ausrutscht, selbst bestraft. Singapur gestattet nur Schulleitern oder älteren Lehrern, Jungen über zehn für kleinere Vergehen zu prügeln; Mädchen sind davon ausgenommen. Die Japaner schafften nach dem Zweiten Weltkrieg die Prügelstrafe ab, aber das Gesetz wird oft übertreten und »ein gewisses Maß an körperlicher Bestrafung angewandt«. In der Türkei gibt es die verbreitete Redewendung: »Wo der Lehrer hinschlägt, erblüht eine Rose«. In Lateinamerika ist die körperliche Züchtigung offiziell tabu, aber in einigen ländlichen Gegenden wird der Gürtel benutzt. In Kenia ist die körperliche Züchtigung erlaubt, aber so geregelt, daß sie fast ein Ritual darstellt: Sie kann nur vom Rektor oder dessen Stellvertreter ausgeführt werden, und zwar im Beisein von Zeugen. Alle Einzelheiten müssen in einem »Strafenbuch« verzeichnet werden, wie etwa die Anzahl der Rohrschläge; sie kann nur wegen ungewöhnlicher Vergehen verhängt werden, wie etwa Lügen, Trunkenheit oder die Terrorisierung anderer Schüler. In Belgien kann man sich eine Gefängnisstrafe einhandeln, wenn man einen Schüler schlägt. In Thailand darf die Prügelstrafe nur mit einem Stock ausgeübt werden, der nicht dicker ist als einen Zentimeter.

Viele Länder haben die Prügelstrafe gegen Kinder per Gesetz abgeschafft: dazu gehören Belgien, Dänemark, Ekuador, Finnland, Frankreich, Island, Irland, Israel, Italien, Japan, Jordanien, Luxemburg, Mauritius, die Niederlande, Norwegen, Österreich, Portugal, Katar, Rumänien, Spanien, Schweden, Schweiz, Türkei, die Länder der ehemaligen UdSSR und Zypern (Bacon/Hyman, 1976). In Polen wurde die Prügelstrafe schon 1783 verboten.

Das Thema Disziplin tauchte in den USA auch im Zusammenhang mit anderen Ereignissen auf und wurde beispielsweise ausgiebig unter Angehörigen des Gesundheitswesens diskutiert. 1962 veröffentlichten der Arzt Henry Kempe und andere ihren inzwischen klassischen Aufsatz: »The Battered Child Syndrome« (Das Syndrom des geprügelten Kindes) im *Journal of the American Medical Association* (Kempe u. a., 1962). Diese Studie bereitete den Weg für weitere Untersuchungen zum schrecklichen Thema *Kindesmißhandlung*. Gegen Ende der sechziger Jahre waren in allen fünfzig amerikanischen Bundesstaaten Gesetze verabschiedet worden, nach denen Ärzte und Krankenhäuser Anzeichen von Kindesmißhandlung der Polizei melden mußten. Inzwischen verlangen achtzehn Staaten zusätzlich, daß jeder, der von einer Mißhandlung Kenntnis hat, diese anzeigen muß. 1974 wurde das nationale Zentrum für Kindesmißhandlung und -vernachlässigung gegründet, um weitere Forschung über die Ursachen von Gewalt an Kindern zu fördern, die Ergebnisse bekannt zu machen sowie präventive Maßnahmen zu beschreiben.

Ich wurde als Berater des Nationalen Komitees für die Verhinderung von Kindesmißhandlung (NCPCA) (1972 von Donna Stone in Chicago gegründet) persönlich mit diesem Problem konfrontiert. Man bat mich, eine Broschüre zu verfassen – »Was alle Eltern wissen sollten« –, in der Eltern mehr als ein Dutzend Alternativen zu strafender Disziplin dargelegt wurden. Diese Broschüre bildete den Anfang einer ganzen Reihe ähnlicher Publikationen der NCPCA für Eltern und Erzieher. Ich beschreibe darin die Alternativen zu körperlicher Züchtigung, wie sie in meinen Kursen unterrichtet werden, und zeige Eltern, wie man sie anwendet (Gordon, 1975). Bei meiner Arbeit in diesem Gremium wurde mir schmerzhaft deutlich, wie weitverbreitet Kindesmißhandlung in den Vereinigten Staaten ist.

Die USA sind zwar als Nation von dem Gedanken besessen, daß Kinder Disziplin *brauchen*, doch manche Eltern haben zugegebenermaßen gemischte Gefühle, wenn es um die Bestrafung ihrer Kinder geht. Eine Mutter gestand mir in einem meiner Kurse: »Ich gebe meinen Kindern nach, bis ich sie nicht mehr ertragen kann, und dann werde ich so autoritär, daß ich mich selbst nicht mehr ertragen kann.«

Wie viele Leser können sich daran erinnern, von den Eltern einen Klaps bekommen zu haben, während sie gleichzeitig den schuldbewußten Satz hörten: »Das tut mir mehr weh als dir.« Ich habe den Verdacht, daß viele Eltern es insgeheim hassen, ihre Kinder körperlich zu strafen. Wer hat schon tatsächlich Spaß daran, jemanden zu strafen, der viel kleiner und schwächer ist als man selbst?

Doch nicht alle amerikanischen Psychologen plädieren für eine prinzipiell gewaltfreie Erziehung. Vor kurzem stieß ich zu meiner Verblüffung auf ein Buch mit dem Titel *Parent power* von einem Psychologen, Logan Wright. Dieser Autor bekam sogar den Medienpreis eines Psychologenverbandes für dieses Buch. Die ersten beiden Sätze raten Eltern:

> Die Parole für alle Eltern, die einigermaßen bei Verstand bleiben wollen, heißt, Kontrolle zu erlangen und aufrechtzuerhalten. Doch der wichtigste Grund für die Kontrolle ist, daß man *fähig sein muß, sein Kind zu kontrollieren, ehe man es wirklich unterstützen und lieben kann* (kursiv im Original). (Wright, 1980)

Dieses Buch schockierte mich. Ich weiß noch, wie ich es in den Schoß sinken ließ und dachte: »Was geht hier vor? Warum rät ein bekannter Psychologe Eltern, sie sollten ihre Kinder disziplinieren und kontrollieren, bevor sie sie lieben?« Meine Lektüre bildete den Auslöser, Fragen der Disziplin eingehend zu untersuchen mit der Absicht, meine Ergebnisse Eltern und Lehrern bekannt zu machen.

Nun las ich alle Bücher, die die Eltern an die Macht rufen und sie auffordern, mehr Disziplin zu wagen. Ich untersuchte die psychologische Literatur nach Forschungsergebnissen über Fragen der Disziplin, Erziehungsstile usw. Ich fand eine überraschend große Anzahl solcher Untersuchungen, wie Sie im weiteren Verlauf dieses Buches sehen werden.

Bei meinem Vorhaben wurde mir zunehmend klar, wie komplex das Thema Disziplin wirklich ist. Als mir diese Komplexitäten deutlich wurden und ich immer mehr begriff, entschloß ich mich, das Gelernte mit anderen zu teilen, die ebenfalls mehr über Disziplin und deren Wirkung auf Kinder erfahren wollten. Das vorliegende Buch ist das Ergebnis dieses Lernens und Diskutierens. In Teil Eins wird der Begriff Disziplin ausführlich dargestellt und untersucht. Ich fand zum Beispiel heraus, daß es verschiedene Arten von Disziplin gibt – einige gut, andere schlecht. Diese Tatsache wird von vielen übersehen. Ich erfuhr, daß Disziplin für die meisten Menschen bedeutet, Strafe und Belohnung wie bei Haustieren einzusetzen. Ich erfuhr, daß Belohnungen bei älteren Kindern nichts erreichen und daß Strafen, um zu wirken, sehr schwer sein müssen. Doch überwiegend stieß ich auf viele wirre Gedanken, weil Bücher über Disziplin nicht anerkennen, daß es mehrere verschiedene Arten von Autorität gibt – einige wohlwollend, andere schädlich. Ich erfuhr, daß Strafen, besonders milde, manchmal auf Kinder wie Belohnungen wirken können; Belohnungen hingegen werden manchmal als Strafen empfunden. Ich entdeckte, daß Strafen kein Heilmittel gegen Aggressionen von Kindern sind, wenn diese etwa ein kleineres Geschwister schlagen, sondern gewöhnlich den Grund für Aggression gegenüber anderen darstellen.

Ich stelle zahlreiche wirksame Alternativen zu strafender Disziplin zu Hause und in der Schule vor, die alle ohne Machtausübung wirken. Sie werden allgemein Ihre Durchsetzungsfähigkeit im Umgang mit störendem oder inakzeptablem Verhalten bei Kindern verbessern, die von Erwachsenen auferlegte Disziplin durch Selbstdisziplin ersetzen, die Kontrolle von Kindern durch Erwachsene durch Selbstkontrolle des Kindes ersetzen, einseitige Grenzziehung und Erwachsenenregeln durch Regeln und Grenzen ersetzen, die Erwachsene und Kinder gemeinsam festlegen, Konfliktlösungen mit Sieger und Verlierer durch solche ersetzen, bei denen keiner verliert (oder gewinnt). Mein Ziel im Zweiten Teil des Buches besteht darin, diese wirksameren, demokratischeren, menschlicheren Methoden zu erklären und zu veranschaulichen.

Eine Tatsache wurde mir bei der Erforschung des Themas Disziplin klar: Wir wenden als Gesellschaft die falschen Strategien an, um selbstzerstörerisches und gesellschaftlich inakzeptables Verhalten bei jungen Menschen zu verringern, das mit schockierender Häufigkeit auftritt – Alkoholismus, Rauchen, Drogenmißbrauch, Straffälligkeit, Schulabbruch, Alkohol am Steuer, Vandalismus und andere Formen von Gewalt, Frühschwangerschaften, Vergewaltigung und Selbstmord. Das zunehmend häufigere Auftreten dieser Verhaltensweisen ist sicher ausreichender Beweis dafür, daß die Methoden, mit denen wir herkömmlicherweise Kinder zu Hause und in der Schule diszipliniert haben, nichts erreichen. Diese Art von Disziplinierung von Kindern ist vielleicht eher die Ursache für, denn ein Heilmittel gegen dieses unerwünschte Verhalten.

Die traditionellen Strategien, mit denen man diesen schwerwiegenden Problemen begegnen will, versuchen, *etwas mit dem Kind zu tun*. Die Strategien, die Eltern, Schulvertreter, die Polizei, Jugendgerichte und staatliche Förderprogramme beispielsweise regelmäßig gegen Alkoholismus, Rauchen, Drogenmißbrauch und Trunkenheit am Steuer einsetzen, konzentrieren sich auf das Kind. Es gibt Kurse, in denen die Jugendlichen aufgeklärt oder mit den Gefahren dieser selbstzerstörerischen Verhaltensweisen abgeschreckt werden, Programme, die Kinder überreden, »nein« zu sagen, Gesetze, die die Strafen für Jugendliche verschärfen, Beratung und Therapie, Kurse für Eltern, in denen sie überzeugt werden, strenger zu den Kindern zu sein (natürlich aus Liebe), »zu wissen, wo das Kind ist«, oder »zu Hause zu sein, wenn das Kind aus der Schule kommt«, und so weiter. Je mehr ich über die Hauptursachen des Verhaltens erfahren habe, das die Jugendlichen schädigt und unsere Gesellschaft schwächt, um so stärker wuchs meine Überzeugung, daß unsere größte Hoffnung hinsichtlich einer Verhinderung in einer anderen Strategie liegt – nämlich, den Erwachsenen, die mit Kindern umgehen, zu helfen, neue Methoden zu erlernen, wie man sich in Familien, Schulen und Jugendorganisationen verhält. Zu dieser Vorgehensweise gehört, daß Erwachsene lernen, sich in ihrer Familie, ihrer Schulklasse, ihrer sozialen Gruppe auf demokratischere, weniger autoritäre Weise durchzusetzen – und nicht anders herum, wie mancher uns einzureden versucht.

Teil Eins

Was ist Disziplin?

Kapitel Eins

Definitionen und Bedeutungen

Einer meiner Lieblingsprofessoren an der Universität plagte seine Studenten immer mit dem apodiktischen Satz: »Definieren Sie Ihre Begriffe präzise, wenn Sie eine intelligente Diskussion führen wollen.« Aber genau das scheinen die meisten Leute nicht zu tun, wenn sie über Disziplin diskutieren, und darauf beruhen viele Mißverständnisse. Wir beschreiben auf den folgenden Seiten diese verbreiteten Mißverständnisse und klären damit hoffentlich über die falschen Aspekte der Disziplindebatte auf.

Hauptwort und Verb

Es ist sehr wichtig, gleich zu Anfang den wichtigen Unterschied zwischen *Disziplin* und *disziplinieren* zu beachten. Mit dem Substantiv meinen wir gewöhnlich ein Verhalten oder eine Ordnung, das oder die den allgemeinen Regeln und Anweisungen entspricht, oder aber ein Verhalten, das man mit Übung aufrechterhält, wie bei »Disziplin im Klassenzimmer«, oder die »Disziplin einer guten Handballmannschaft«.

Über diese »Disziplin« gibt es nur selten eine Debatte. Jeder scheint sie zu begrüßen. Mit diesem Wort verbinden sich Begriffe wie Ordnung, Organisation, Kooperation, Wissen, Regeln und Vorschriften folgen sowie die Berücksichtigung der Rechte anderer.

Das Verb *disziplinieren* wird in meinem Wörterbuch so definiert: »Jemanden durch Übung und Kontrolle in einen Zustand der Ordnung und des Gehorsams bringen, so wie strafen, bestrafen, korrigieren, züchtigen.«

Der Lehrer disziplinierte die Kinder, die geschwatzt hatten, indem er sie nachsitzen ließ.

Wenn Kinder zu Hause nicht diszipliniert werden, fallen sie in der Schule als Unruhestifter auf.

Bei Diskussionen über Disziplin wird sehr häufig angenommen, daß die einzige Möglichkeit, *Disziplin* zu erringen, für Eltern und Lehrer darin besteht, rigoros zu *disziplinieren* – und das heißt, Kinder zu kontrollieren, zu strafen, zu korrigieren und zu züchtigen.

Ich habe ausreichend Beweise gefunden, die diese noch vielfach verbreitete Annahme widerlegen. Ich habe sogar festgestellt, daß die Disziplinierung von Kindern vermutlich die am wenigsten wirksame Methode darstellt, wie man zu Hause oder in der Schule Disziplin erreicht. Untersuchungen haben gezeigt, daß die Disziplin im Klassenzimmer immer sofort zusammenbricht, wenn der Lehrer/Strafende den Raum verläßt oder sich zur Tafel dreht. Auch zu Hause hat das jeder schon einmal beobachtet. Weil zur Disziplinierung von Kindern außerdem Macht gehört, gewöhnlich in Form von Strafen oder der Drohung damit, wehren sich Kinder gegen eine solche strafende Macht, indem sie rebellieren, sich sträuben, sich rächen oder lügen – sie versuchen alles, um zu vermeiden, gezwungen, eingeschränkt oder kontrolliert zu werden.

Forschungen haben ebenfalls erwiesen, daß Strafprozeduren bei Kindern Aggression und Gewaltverhalten auslösen – die häufiger bestraften Kinder zeigen im Vergleich zu Kindern, die zu Hause selten oder gar nicht bestraft werden, mehr Aggressionen, mehr Hyperaktivität und Gewalt gegenüber anderen Kindern. In einer Studie fand man heraus, daß fast 100 Prozent von bestraften Kindern im Jahr der Untersuchung einen Bruder oder eine Schwester ange-

griffen hatten, während dies auf nur 20 Prozent der Kinder von Eltern zutraf, die keine körperlichen Strafen anwendeten. (Straus/Gelles/Steinmetz, 1980)
Die Erfassung des Unterschiedes zwischen Disziplin und disziplinieren ist auch aus einem anderen Grund äußerst wichtig. Daran wird deutlich, daß es bei der Disziplindebatte eigentlich darum geht, wie wir mit den Kindern umgehen sollen (es geht um die *Mittel*), und nicht darum, was wir von ihnen erwarten (*Ziel*). Die meisten Menschen sind wohl der Meinung, daß unsere Kinder ordentlich, kooperativ und rücksichtsvoll sein sollten – zu Hause wie auch in der Schule –, aber es besteht ein deutlicher Unterschied in der Auffassung, ob *disziplinieren* das beste Mittel ist, um *Disziplin* zu erreichen, das allgemein anerkannte Ziel.

Lehren oder Kontrollieren

Auch in der Verbform hat »disziplinieren« zwei verschiedene Bedeutungen. Mit der ersten haben wir uns gerade befaßt – man diszipliniert mit dem Ziel der Kontrolle. Die zweite Bedeutung hat mit dem Akt des Unterweisens, Unterrichtens, Erziehens zu tun. Im Wörterbuch finden wir die Erklärung: »Mit Unterweisung und Übung lehren, drillen.« In einem anderen Lexikon der Synonyme fand ich die folgenden Begriffe für diese lehrende/unterrichtende Art des Disziplinierens:

> trainieren, beraten, drillen, instruieren, lehren, unterweisen, Lektionen erteilen, schulen, bilden, informieren, aufklären, eintrichtern, indoktrinieren, vorbereiten, qualifizieren, heranzüchten, herausarbeiten, führen, vertraut machen.

Hier haben wir es mit einer weiteren Form von Disziplin zu tun, über die es nur selten Meinungsverschiedenheiten gibt. Nur selten wird gefragt, ob es wünschenswert sei, wenn Erwachsene eine oder mehrere der genannten Funktionen bei Kindern und Jugendlichen ausüben. Die meisten würden vielmehr meinen, es sei die Pflicht vernünftiger Eltern und kompetenter Lehrer, diese Art von Training, Beratung und Leitung anzubieten. Niemand will diese Art von Disziplinieren, das Lehren, Ausbilden, Informieren, abschaffen.

Um die kontrollierende Art der Disziplinierung wird jedoch heiß gestritten. Betrachten wir zunächst einmal die Synonymliste für diese Art von Disziplin:

> kontrollieren, korrigieren, anweisen, regieren, überwachen, beaufsichtigen, vorsitzen, steuern, in Ordnung halten, regulieren, reglementieren, einschränken, überprüfen, eingrenzen, zurückhalten, verhaften, fesseln, zügeln, zurückhalten, an die Leine legen, zum Schweigen bringen, beherrschen, einsperren, hemmen, strafen, ermahnen, schimpfen, beschuldigen, kritisieren, bestrafen, züchtigen.

Offensichtlich haben wir es hier mit etwas gänzlich anderem zu tun als bei der Disziplin des Lehrens/Trainierens/Informierens. Der Blutdruck steigt, und der Geräuschpegel bei Diskussionen nimmt zu bei Begriffen wie *kontrollieren, reglementieren, einschränken, zügeln, zum Schweigen bringen, züchtigen, strafen* – besonders beim letzteren.

Ich bin überzeugt, daß diese Art von Disziplin weder für meine Kinder noch für andere gesund ist, doch erstaunlich viele Eltern und Lehrer stehen hartnäckig hinter dieser Art von Disziplin, die mit Kontrolle und Restriktion arbeitet. In den meisten Leitfäden für amerikanische Eltern wird sogar behauptet, daß Kinder dies nicht allein bräuchten, sondern sogar wünschten, daß sie sich ohne Disziplin unsicher fühlten, daß sie glaubten, man liebe sie nicht, wenn man sie nicht anwendet, daß sie ohne diese Art von Disziplin zu unkontrollierbaren kleinen Ungeheuern würden. Ich möchte jede einzelne dieser unhaltbaren Thesen in den folgenden Kapiteln in Frage stellen.

Man muß sich auch klarmachen, daß die lehrende Art der Disziplinierung einen Versuch darstellt, Kinder zu *beein-*

flussen, während es bei der anderen Art stets darum geht, sie zu kontrollieren.

Der Unterschied zwischen der *Kontrolle* von Kindern und deren *Beeinflussung* ist nicht sonderlich bekannt, aber überaus wichtig. Offensichtlich wünschen sich die meisten Eltern und Lehrer nichts sehnlicher als die Fähigkeit, junge Menschen zu beeinflussen und damit eine positive Wirkung auf deren Leben zu haben. Aber in ihrem Eifer, sie zu beeinflussen, tappen die meisten Erwachsenen leider in eine Falle. Statt ausschließlich Beeinflussungsmethoden anzuwenden, setzen sie Grenzen, geben sie Befehle, kommandieren, strafen oder drohen mit Strafen. Diese Kontrollmethoden beeinflussen Jugendliche allerdings keineswegs: Sie zwingen sie lediglich zu etwas. Und wenn ein Kind zu etwas gezwungen wird, wird es nicht wirklich beeinflußt; auch wenn es sich fügt, tut es dies gewöhnlich nur aus Angst vor Strafe.

Um auf das Leben junger Menschen grundsätzlichen und dauerhaften Einfluß zu nehmen, müssen Erwachsene die machtorientierten Methoden zur Kontrolle von Kindern unterlassen und statt dessen bestimmte neue Methoden anwenden, die ihren positiven Einfluß auf das Leben der Kinder verbessern. Diese Methoden werde ich in den folgenden Kapiteln beschreiben. Sie dienen dazu, die natürliche Abneigung von Kindern gegenüber Veränderungen zu verringern, Kinder zu motivieren, Verantwortung für eigene Verhaltensänderungen zu übernehmen, Kinder zu beeinflussen, sich an Abmachungen zu halten, und die Rücksicht in Kindern gegenüber anderen zu fördern.

Hier nun eine kleine psychologische Weisheit, die vielleicht paradox klingt: *Man gewinnt bei Kindern mehr Einfluß, wenn man aufhört, Macht zu ihrer Kontrolle einzusetzen!* Das Gegenteil stimmt allerdings auch: *Je mehr man Macht einsetzt, um Menschen zu kontrollieren, desto weniger Einfluß hat man auf ihr Leben.* Warum? Weil Machtmethoden Widerstand auslösen (nicht tun, was die Erwachsenen wollen), Rebellion (das Gegenteil tun) oder Lügen (etwas nicht tun, aber behaupten, es getan zu haben).

Disziplin von außen und Selbstdisziplin

Lassen Sie uns nun zwischen zwei radikal verschiedenen Arten von Kontroll-Disziplinierung unterscheiden. Die eine wird von außen angewendet oder auferlegt, die andere stammt von innen, ist »selbstauferlegt«. Disziplin durch andere oder die Disziplin durch das Selbst – Kontrolle durch andere im Gegensatz zu Selbstkontrolle.

Jeder kennt den Begriff *Selbstdisziplin,* aber was bedeutet er eigentlich? Psychologen benutzen den Terminus »Standort der Kontrolle«, der hier vielleicht weiterhelfen kann. Ihre Untersuchungen haben gezeigt, daß manche Menschen meinen, diesen »Standort« in sich selbst zu tragen. Bei Selbstkontrolle ist der Platz der Kontrolle in einem selbst, aber wenn die Disziplin durch andere auferlegt wird, befindet sich der Standort der Kontrolle außerhalb der Person – nämlich im Kontrollierenden.

Daß Selbstkontrolle wünschenswert ist, wird nicht bezweifelt. Jeder legt wohl großen Wert darauf, daß Kinder zur Selbstkontrolle, zur Selbstregulierung und Selbstdisziplin fähig sind. Es bestehen jedoch große Meinungsverschiedenheiten darüber, wie man diese wünschenswerten Charaktereigenschaften bei Kindern und Jugendlichen am besten fördert. Wir stehen wieder vor dem Grundkonflikt über die Mittel, mit denen man dieses bestimmte Ziel erreicht.

Die meisten Eltern und Lehrer vertreten die Position, daß Kinder schließlich automatisch eine innere Kontrolle entwickeln, aber als direkte Folge der äußeren Kontrolle, die Erwachsene anwenden (Disziplin). Diese Überzeugung wurzelt in der bekannten Freudschen Theorie, daß Kinder beim Älterwerden allmählich die früherlebten Zwänge und Kontrollen der Eltern und anderer Erwachsener internali-

sieren und schließlich diese äußeren Kontrollen in innere Kontrolle und Selbstdisziplin verwandeln.
Heutzutage gibt es ausreichend Beweise, die diese Freudsche Theorie widerlegen. Die Alltagserfahrung sagt uns, daß sich Selbstdisziplin nicht auf diese Weise entwickelt. Denken wir an das Sprichwort: »Wenn die Katze aus dem Haus ist, tanzen die Mäuse auf dem Tisch.« Na, und wenn die erwachsenen Kontrolleure ihnen den Rücken kehren, zeigen die Kinder gewöhnlich nur wenig Selbstkontrolle. Manchmal tun sie genau das, was die erwachsene Autorität ihnen zuvor verboten hat. Erinnern wir uns auch an das, was man über Pastorenkinder sagt: Anfangs sind sie immer ganz gehorsam, unterwürfig und artig, aber als Jugendliche verwandeln sie sich oft in Rebellen und Unruhestifter. Kinder, die sich der elterlichen Autorität sanftmütig unterwerfen, werden später oft zu rebellischen, ja manchmal kriminellen Jugendlichen, unfähig zu jeglicher Selbstkontrolle und Selbstdisziplin.
Selbstdisziplinierte junge Menschen sind jedoch diejenigen, denen immer schon beträchtliche persönliche Freiheit zugestanden wurde. Und warum? Weil ihnen die Chance gegeben wurde, ihre eigenen Entscheidungen zu treffen. Kinder lernen nur dann, ein Verhalten, das Erwachsene als störend empfinden, zu kontrollieren und zu begrenzen, wenn die Erwachsenen ihnen ähnliche Rücksicht erwiesen haben. Kinder wenden Selbstkontrolle an, um Regeln zu folgen, wenn ihnen die Chance gegeben wurde, sich mit den Erwachsenen an der Diskussion zu beteiligen, wie diese Regeln aussehen sollen. Im Verlauf dieses Buches hoffe ich, den Leser davon zu überzeugen, daß *von Erwachsenen disziplinierte Kinder nicht automatisch zu disziplinierten Erwachsenen werden,* und ich werde die Beweise dafür vorlegen. Es stimmt zwar, daß die Disziplinierung durch Erwachsene manchmal gehorsame, furchtsame, unterwürfige und geduckte Kinder produziert. Doch für wirklich selbst-disziplinierte Kinder trifft das nicht zu.

Meinungsunterschiede über Grenzen

In den meisten Diskussionen über Disziplin taucht noch ein weiteres Mißverständnis auf. Es geht dabei um die Vorstellung von Grenzen. Alle Eltern und Lehrer erkennen es als notwendig an, daß Kinder mit bestimmten Grenzen aufwachsen, aber nur wenige begreifen, daß es einen Unterschied ausmacht, wie diese Grenzen errichtet werden. Wieder geht es darum, welche *Mittel* angewendet werden.

Die Vertreter der Disziplin-Schule verkünden im Brustton der Überzeugung: »Kinder brauchen Grenzen, und Kinder wollen Grenzen.« Doch das ist eine gefährliche Halbwahrheit. Es ist zwar in der Tat notwendig, daß Kinder das Gefühl haben, ihrem Verhalten würden, vorwiegend zum Vorteil anderer, Grenzen gesetzt. Aber was für ein Unterschied ist zu beobachten in den Reaktionen von Kindern auf Grenzen, die ihnen ein Erwachsener gesetzt hat, und solchen, bei deren Festsetzung sie mitreden konnten! Sehr deutlich wird das in einem späteren Kapitel, in dem ich zeige, wie Eltern und Lehrer das einflußreiche »Prinzip Partizipation« benutzen können, um Kinder an gemeinsamen Problemlösungen zu beteiligen, aus denen Vereinbarungen, Abmachungen, Regeln und Grenzen entstehen, die tatsächlich Wirkung haben. Ich glaube, Sie werden dann überzeugt sein, daß Kinder viel motivierter sind, sich an Vereinbarungen zu halten, wenn die Erwachsenen sie mitbestimmen lassen, wie ihrem eigenen Verhalten Grenzen gesetzt werden.

Familien und Schulklassen brauchen bestimmte Regeln und deutliche Verhaltenserwartungen. Wenn man Kindern die Gelegenheit dazu gibt, sind sie durchaus fähig, gemeinsam mit Eltern oder Lehrern die Regeln zu setzen und Abmachungen zu treffen, die ihr Verhalten bestimmen. Klassenverbände und Familien können sich ohne erwachsene Vorherrschaft wirksam selbst lenken, ohne daß jemand der Boß ist, der Regelmacher. Man kann die drohende Warnung

aller Disziplinierungsbücher vergessen, daß ohne die Regeln einer erwachsenen Autorität Anarchie, Chaos und Verwirrung herrschen. Das stimmt nämlich nicht.
Wenn man Kindern vielmehr die Gelegenheit gibt, an der Aufstellung von Regeln mitzuwirken, entdecken die Familien oft, daß sie mehr Regeln als vorher haben, an die sich alle halten. Die kritische Frage lautet dann nicht, *ob* Grenzen und Regeln in Familien und Schulen nötig sind, sondern eher, wer sie setzt: Die Erwachsenen allein oder Erwachsene und Kinder gemeinsam?

Soll man streng oder nachsichtig-tolerant sein?

Ich bezweifle, daß es Eltern gibt, die sich nicht irgendwann mindestens einmal über diese Frage den Kopf zerbrochen haben. Bei Lehrern ist die Unsicherheit genau so verbreitet, wie sie sich vor der Klasse verhalten sollen – tolerant oder streng, als strikter Disziplinierer oder freundlich-nachgiebig.
Streng oder nicht streng – das ist hier die Frage. Es handelt sich sogar um die vordringlichste Frage unter Erziehungswissenschaftlern, Eltern, Schulbehörden und Lehrern. Sie wird in Büchern diskutiert und auf Konferenzen abgehandelt. (Ist Ihnen übrigens schon einmal aufgefallen, daß man nur selten hört, daß ein Lehrer oder Eltern von sich sagen: »Ich bin autoritär« oder: »Ich bin weich«? Diese Bezeichnungen bleiben immer demjenigen vorbehalten, mit dem man gerade nicht einer Meinung ist.)
Die Frage, streng oder nachsichtig, wird von Sozialwissenschaftlern als »Pseudoproblem« bezeichnet. Sie ist ebenfalls ein deutliches Beispiel für »Schwarzweiß-Denken«. Ich will das erklären:
Nur selten lerne ich Eltern oder Lehrer kennen, die begreifen, daß es nicht notwendig ist, sich zwischen diesen beiden Führungsstilen zu entscheiden. Das wissen nur wenige

Erwachsene, aber es gilt eine Alternative zu der Entscheidung für einen der beiden Pole auf dieser Verhaltensskala. Es gibt einen dritten Stil.

Die Alternative, die viele vielleicht als Segen empfinden, heißt, weder autoritär noch nachsichtig zu sein, weder streng noch duldsam. Heißt das, man befindet sich irgendwo in der Mitte – gemäßigt streng, maßvoll nachsichtig? Nein. Die Alternative hat mit der Skala überhaupt nichts zu tun.

Autoritärer Führungsstil – ob zu Hause oder in der Schule – bedeutet, die Kontrolle liegt in der Hand des erwachsenen Leiters; tolerante (permissive) Führung bedeutet, man hat den Kindern Kontrolle und Regelsetzung »erlaubt« (»Hier herrschen Kinder«). In den Schulen herrscht und kontrolliert, wie auch die Kleinsten schon wissen, die Mehrzahl der Lehrer, und sie erwarten Gehorsam. Ein kleiner Teil der Lehrer gilt als tolerant. Sie kontrollieren oder herrschen nicht, und infolgedessen geht es in ihren Klassen oft laut und chaotisch zu, es wirkt ungeregelt, unordentlich, ohne Grenzen oder Einschränkungen.

Kein Elternteil oder Lehrer will wirklich unter den chaotischen Konsequenzen regelloser Unordnung leiden. Kinder selbst freuen sich nicht über Grenzenlosigkeit zu Hause oder in der Schule. (Ich werde nie den Tag vergessen, als meine Tochter am ersten Tag in der Mittelschule nach Hause kam und klagte: »Das wird ein schreckliches Jahr. Ich habe zwei autoritäre Lehrer und zwei tolerante.«)

Es trifft auch zu, daß den meisten Kindern angesichts der Folgen ihres ungeregelten Verhaltens unwohl ist. Kinder toleranter Eltern fühlen sich oft schuldig, weil sie sich immer durchsetzen. Sie fühlen sich unsicher, ob sie geliebt werden, weil ihr rücksichtsloses Verhalten sie nicht liebenswert macht. Ein zentraler Gedanke dieses Buches ist, daß es eine wesentlich bessere und leichtere Methode gibt, mit Kindern umzugehen – eine mögliche und wirksame Alternative zu autoritärer und toleranter Führung. Es fehlt ihr nur ein guter Name (mir ist bislang noch kein vernünftiger eingefallen). Dennoch bin ich überzeugt, daß ich die Hauptelemente dieser Alternative festgestellt habe, und ich werde in den folgenden Kapiteln die Fähigkeiten und Methoden beschreiben, die man für diese neue Art des Umgangs mit Kindern und Jugendlichen braucht.

Im Moment möchte ich nur betonen, daß dieser neue Zugang zu jungen Menschen auf einer Veränderung darin beruht, wie Erwachsene Kinder *wahrnehmen,* aber auch darin, wie sie sie *behandeln.* Doch diese Veränderung braucht nicht schwierig zu sein. Eltern benötigen nur die Bereitschaft, ein paar neue Methoden und Fähigkeiten zu erlernen.

Wenn Eltern und Lehrer begreifen, daß es eine Alternative – und zwar eine wirksamere – zu autoritärem wie auch nachsichtigem Verhalten gibt, lassen sie sich kaum mehr in die fruchtlosen Streitereien um »streng oder weich«, »autoritär oder tolerant« verwickeln. Wenn Eltern und Lehrer einfach nur besser darüber informiert sind, wie unwirksam Kontrolle durch Macht ist, lassen sie sich nicht mehr von verführerischen Versprechen derjenigen verlocken, die nach strengerer Disziplin in Familien und Schulen verlangen. Und wenn man die Nachteile der übergroßen Nachsichtigkeit erkennt, kann man auch vermeiden, den Versprechen derjenigen zu erliegen, die sich dafür einsetzen, den jungen Menschen zu Hause und in der Schule grenzenlose Freiheit zu gewähren.

Die verschiedenen Bedeutungen von »Autorität«

Immer, wenn man über Disziplin diskutiert oder debattiert, kann man damit rechnen, daß der Begriff »Autorität« auftaucht. Leider trägt dieser Begriff unweigerlich zur allgemeinen Verwirrung und zum unscharfen Denken bei, die bereits das Thema Disziplin umgeben. Die »Disziplinierer«

drängen Eltern und Lehrer ständig, im Umgang mit Kindern und Jugendlichen »Autorität auszuüben«, und sie behaupten, Kinder bräuchten sie, wollten sie und wären glücklicher, wenn sie sie bekämen. Sie bejammern auch den »Zusammenbruch der Autorität« in Schulen und Familien und wünschen, daß die Kinder von heute die Autoritäten ebenso respektieren, wie es vermeintlich früher der Fall war. Die Fürsprecher strenger Disziplin stoßen schreckliche Warnungen aus, was in Schulen und Familien ohne Erwachsenenautorität geschähe. James Dobson, ein konservativer, an der Bibel orientierter Autor, fürchtet, ohne Autorität »gibt es unvermeidlich Chaos und Verwirrung und Unordnung in allen menschlichen Beziehungen«. (Dobson, 1978) Diejenigen, die Eltern und Lehrern anraten, machtbegründete Autorität anzuwenden, weisen typischerweise stets darauf hin, diese müsse »liebevoll« oder »gütig« sein. Sie ersetzen häufig das Wort *Autorität* durch *Leitung* oder *Führung* und betonen dann, diese müsse »wohlwollend« sein. Interessanterweise hört man von den Autoritätsvertretern nie, daß Eltern und Lehrer »autoritär« sein sollen. Dieses Wort benutzen sie niemals, obwohl die erste Definition des Adjektivs *autoritär* in meinem Wörterbuch lautet: *Autorität befürworten;* die erste Definition des Substantivs Autorität schließt die »Disziplinierer« ein.
Um ihr Argument zu belegen, behaupten die »Disziplinierer« gewöhnlich, Kinder würden Autorität respektieren, zu ihr aufblicken, sich ihr unterwerfen, sich auf sie verlassen. Dann aber ergibt es keinen Sinn, daß sie sich solche Sorgen darüber machen, wenn Jugendliche gegen die Autorität von Lehrern und Eltern rebellieren, daß sie gegen den »Zusammenbruch der Autorität« unter der heutigen Jugend wettern (Beweis, daß die Erwachsenenautorität nicht immer Respekt und Gehorsam erzeugt). Keines der etwa ein Dutzend Bücher der Advokaten für elterliche Macht, die ich studiert habe, befaßt sich mit dieser kritischen Frage: Wenn Kinder Autorität respektieren, wollen, brauchen und sich

ihr unterwerfen, warum erleben wir dann unter jungen Menschen so weit verbreitete Rebellion und Widerstand dagegen, solche Feindseligkeit und fehlenden Respekt gegenüber den Erwachsenen, die sie anwenden?
Wichtiger aber noch ist, daß in keinem der Bücher, Artikel oder Videos, die in den USA von den Befürwortern von Disziplin verbreitet werden, die Tatsache anerkannt wird, daß nicht alle Autorität gleich ist. Es ist übrigens zu bedauern, daß es in der englischen Sprache mindestens vier verschiedene Bedeutungen von Autorität gibt, denn ein Konsens darüber läßt sich daher nur sehr schwer herstellen. Autorität ist kein einheitliches Konzept. Ohne das anzuerkennen, können wir niemals eine intelligente Diskussion über Autorität führen oder ein deutliches Verständnis dieses Begriffs erlangen. Lassen Sie mich die vier Definitionen darlegen:

1. *Auf Erfahrung gegründete Autorität.* Diese Art Autorität leitet sich von der Erfahrung einer Person ab – von deren Wissen, Ausbildung, Fähigkeit, Weisheit, Bildung. Wir sagen zum Beispiel: »Er ist eine Autorität auf dem Gebiet des Jugendstrafrechts«, »Das Buch wird zur Autorität über den Zweiten Weltkrieg«, »Verlassen wir uns auf die Autorität des Wörterbuchs«, »Sie spricht mit Autorität«. Wir nennen dies E-Autorität, weil sie auf *E*rfahrung beruht.
In unserer Familie wird häufig E-Autorität angewendet. Meine Tochter und meine Frau beeinflussen mich häufig bei der Auswahl meiner Kleidung, indem sie mir sagen, dies oder jenes passe nicht zusammen. Gewöhnlich akzeptiere ich auf diesem Gebiet ihre Erfahrung. Oft (aber nicht immer) kann ich meine Frau beeinflussen, meinen Anweisungen zu folgen, wenn sie am Steuer sitzt und wir durch eine fremde Stadt fahren, weil sie gewöhnlich meine Erfahrung im Orientieren anerkennt, eine Fähigkeit, die ich bei der Armee gelernt habe.
Andererseits akzeptiere ich gewöhnlich ihren Einfluß bei

Dingen wie der Einhaltung von Verabredungen mit Freunden oder wenn sie mich auffordert, versprochene Briefe zu schreiben oder Geburtstagsgeschenke zu kaufen, weil ich weiß, daß ihr Gedächtnis für Daten und Ereignisse unendlich viel besser ist als meines.

2. *Auf Stellung oder Titeln beruhende Autorität.* Diese zweite Autorität beruht auf der Position, Stellung oder dem Titel einer Person oder einer gegenseitig anerkannten Stellenbeschreibung, die die Pflichten, Funktionen und Verantwortlichkeiten einer Person beinhaltet. Ein Flugkapitän hat diese Art Autorität über seine Mannschaft und die Passagiere. Einer Richterin gibt man die Autorität, die Sitzung zu eröffnen und zu beenden, ein Polizist hat die Autorität, einen Strafzettel auszustellen, eine Lehrerin hat die Autorität, Schülern zu sagen, sie sollten ihre Bücher herausholen. Ein Chef hat die Autorität, die Sekretärin zum Diktat zu bitten, ein Postbote hat die Autorität, das Geld für einen unfrankierten Brief zu kassieren, ein Autofahrer hat die Autorität, seine Mitfahrer aufzufordern, den Sicherheitsgurt anzulegen. Wir nennen dies J-Autorität, wobei das *J* für Job steht. Manchmal nennt man sie auch designierte oder legitimierte Autorität.
Achten Sie auf die Schlüsselbegriffe »gegenseitig anerkannte« und »vereinbarte« Positionsbeschreibung. Damit diese Art von Autorität in menschlichen Beziehungen funktioniert, müssen die Beteiligten das Recht der »Autoritäts«-Person akzeptieren – sanktionieren, sie beauftragen, unterstützen, anerkennen –, einen Teil ihres Verhaltens zu bestimmen (natürlich nicht das gesamte). Meine Sekretärin würde wohl nur selten nachgeben, wenn ich sie aufforderte, mir eine Tasse Kaffee zu holen, weil dieser Job nicht zu den Aufgaben in ihrer Stellenbeschreibung gehört. Abgesehen davon weiß ich, daß sie etwas dagegen hat, daß man von Frauen in Büros automatisch erwartet, den Kaffee für die Männer zu holen.

In unserer Familie gibt es viele Interaktionen, in denen J-Autorität eine wichtige Rolle spielt. Wir haben eingespielte Abmachungen, wer welche Aufgaben erledigt. An den drei Abenden in der Woche, an denen ich koche, kann es sein, daß meine Frau oder meine Tochter, die noch zu Hause lebt, mich bitten, ihnen ein Glas Milch oder die Mayonnaise zu holen. Das tue ich dann. Und da das Füttern und Waschen unseres Hundes Aufgabe meiner Tochter ist, wird auch akzeptiert, wenn ich sage: »Du hast Katie heute noch nicht gefüttert«, oder »Katie braucht ein Vollbad.« Und da wir vereinbart haben, daß der Wocheneinkauf meine Sache ist, ist es legitim und sicherlich akzeptabel, wenn meine Tochter einen Zettel schreibt, auf dem steht: »Kauf nicht den flusigen Orangensaft für mich, ich mag den anderen lieber.«
Alle Pflichten und Verantwortlichkeiten in den angeführten Beispielen hatten ihre Berechtigung, weil sie bei einer Gruppenentscheidung unter Beteiligung aller vereinbart wurden. Bei diesem Prozeß gelangt man zu einer Entscheidung, die *für alle akzeptabel* ist. Aufgrund dieser gegenseitigen Akzeptierung von Entscheidungen gewinnt die J-Autorität erstaunliche Kraft bei der Beeinflussung von Verhalten. Verstehen Sie, warum das manchmal »legitimierte« Autorität genannt wird?

3. *Autorität aufgrund von informellen Verträgen.* Die dritte Art von Autorität in menschlichen Beziehungen leitet sich von den vielen Abmachungen, Vereinbarungen und Verträgen ab, die Menschen in den alltäglichen Interaktionen eingehen. Ich sage zum Beispiel morgens zu, meine Tochter um vier Uhr nachmittags in die Werkstatt zu fahren, damit sie ihr Auto abholen kann. Das Versprechen hat eine Menge Konsequenzen (Autorität, wenn man so will), weil sie mich beeinflußt, wann ich mein Büro verlasse und sie treffe, um die Vereinbarung einzuhalten. Wir nennen diese Art V-Autorität, wobei das *V* für Vertrag und Verpflichtung steht. Ein häufig wiederkehrendes Beispiel bei uns für V-Autorität

ist das Abkommen, daß wir immer zu Hause anrufen, wenn wir uns verpflichtet haben, zu einem bestimmten Zeitpunkt dazusein, und merken, daß wir es nicht rechtzeitig schaffen können. Der Sinn dieser Abmachung ist offenkundig: Sorgen und Angst zu vermeiden.

Wir haben auch schon seit Jahren die ungeschriebene Abmachung, anzuklopfen, ehe wir das Zimmer eines anderen betreten. Diese Vereinbarung hat uns immer stark beeinflußt, und immer, wenn es einer mal vergißt, bestärkt der andere die Regel, indem er den »Eindringling« mit einem kräftigen: »He, wie wär's mit Anklopfen?« konfrontiert.

Seit Jahren haben meine Frau und ich die Vereinbarung, daß derjenige, der zuerst wach wird und aufsteht, unten den Kaffee macht, die Zeitung hereinholt und beides demjenigen nach oben bringt, der noch im Bett liegt. Wer zuletzt noch oben ist, macht die Betten.

Andere Abkommen und Vereinbarungen in unserer Familie sind:

> Meine Frau kümmert sich um die Topfpflanzen. Ich mache gewöhnlich sonntags das Frühstück. Meine Frau sitzt beim Fernsehen auf dem Sofa, ich im Sessel.
>
> Meine Tochter ist für ihre Hausaufgaben allein verantwortlich – ob sie sie macht oder nicht, und auch dafür, wann und wo sie sie macht.

V-Autorität gewinnt ihren starken Einfluß aus den persönlichen Verpflichtungen, die sie jeweils beinhaltet.

Ich werde in einem späteren Kapitel V-Autorität eingehender beschreiben und Beispiele geben, wie man junge Menschen zu Hause und in der Schule damit beeinflussen kann.

4. *Auf Macht beruhende Autorität.* Die vierte Art von Autorität leitet sich von der Person ab, die die Macht über andere hat. Ich nenne diese Art M-Autorität – wegen der *M*acht, zu kontrollieren, zu beherrschen, zu zwingen, den Willen anderer zu brechen, andere zu veranlassen, zu tun, was man

will. Diese Art von Autorität steht fast immer im Vordergrund, wenn Leute verkünden, Eltern und Lehrer bräuchten Autorität und müßten sie ausüben; wenn sie wünschen, Kinder würden erwachsene Autorität »respektieren«, wenn sie über einen »Zusammenbruch von Autorität« in Familien und Schulen reden, wenn sie wollen, daß Kinder gegenüber Autoritäten gehorsam sind, wenn sie sich über Kinder beklagen, die »gegen Autoritäten rebellieren«. M-Autorität ist auch diejenige, die wir meinen, wenn wir von einer »Hierarchie von Autoritäten« in Organisationen sprechen. Ich werde im nächsten Kapitel eingehend erklären, wie Erwachsene Belohnungen und Strafen als Quelle von Macht und Autorität benutzen, um Kinder zu kontrollieren, und warum das so oft nicht klappt. Ich werde auch auf die schädlichen Wirkungen von M-Autorität hinweisen. An dieser Stelle möchte ich lediglich ein wenig Verwirrung aufklären, die durch diese vier verschiedenen Formen von Autorität im Hinblick auf Kinder entsteht.

Ich beginne mit der E-Autorität, Autorität, die auf Erfahrung beruht. Diese wird hochgeschätzt und ist innerhalb menschlicher Beziehungen recht harmlos. Die meisten Leute, auch Kinder, respektieren Menschen mit Erfahrung – sie lernen von ihnen, suchen ihren Rat, folgen oft ihrem Beispiel. Wenn Eltern und Lehrer (und Autoren von Büchern über disziplinorientierte Kindererziehung) darüber klagen, daß die Kinder von heute keine Autorität respektieren, denken sie an M-Autorität. Sie klagen in Wirklichkeit darüber, daß Kinder den Erwachsenen nicht gehorchen – das heißt nicht genau das tun, was die Erwachsenen wollen, und nur, weil diese es ihnen sagen.

Meine Erfahrung mit E-Autorität ist, daß Kinder Menschen mit Erfahrung jede Menge Respekt erweisen. Sie überschätzen häufig sogar diese E-Autorität von Erwachsenen. Das gilt insbesondere für kleinere Kinder, die glauben, ihre Eltern wären allwissend. Und sie haben oft Ehrfurcht vor dem Wissen und den Fähigkeiten von Ärzten, Lehrern, Trainern, Handwerkern und anderen.

Wie steht es mit dem Respekt vor J-Autorität? Ich glaube, daß Kinder gewöhnlich auch diese Art von Autorität respektieren, die sich aus den allgemein verständlichen Pflichten, Regeln und Funktionen von Erwachsenen-Jobs ableitet. Wenn Lehrer eine Klasse zur Ordnung rufen, folgen die meisten Kinder dieser Bitte; wenn Lehrer Hausarbeit aufgeben, betrachten Kinder das meist als legitim. Wenn Erwachsene Auto fahren und die Kinder bitten, sich anzuschnallen, akzeptieren die meisten das als eine legitime Bitte des Fahrers, nicht unähnlich der Situation in einem Flugzeug, wenn die Passagiere der Anweisung des Piloten folgen und sich in einer unerwarteten Gewitterfront anschnallen. Kinder stehen gewöhnlich auf, wenn ein Erwachsener sagt: »Stehen wir auf und singen die Nationalhymne.« Meine Mutter hatte als Köchin der Familie eine Menge J-Autorität, die wir Kinder (und Pa) gewöhnlich respektierten. Nur selten widersetzten wir uns ihren Befehlen: »Alle reinkommen, das Essen ist fertig.« »Bringt die Teller auf den Tisch.« »Eßt, solange es heiß ist.« »Hebt ein bißchen Fleisch für eure Brote morgen auf.« »Räumt den Tisch ab« und so weiter.

Respektieren Kinder M-Autorität? Ich glaube nicht, daß sie das jemals tun. Ich kann mich nicht erinnern, jemals einen Lehrer respektiert zu haben, der uns anbrüllte und Macht einsetzte, um uns zu etwas zu zwingen, was wir nicht tun wollten. Ich habe nie ein Kind kennengelernt, daß einen Erwachsenen schätzte, der ständig aufgrund seiner Machtposition strafte oder mit Strafen drohte. Kinder wie Erwachsene respektieren Machtbonzen nicht, doch sie fürchten sie gewöhnlich. Warum rächen sie sich sonst stets an ihnen, widersetzen sich, meiden sie, lügen sie an und lehnen sie ab? Ich glaube, die meisten Erwachsenen kennen das aus eigener Erfahrung in ihrer Kindheit.

Ich weiß, wenn Eltern sich über den Begriff Autorität unsicher sind, wenn sie in der Fragestunde nach einem Vortrag über dieses Thema sagen: »Sie drängen Eltern und Lehrer, keine Autorität anzuwenden. Aber haben diese nicht die Pflicht, Kindern ihre Werte und Überzeugungen beizubringen und ihnen ihre fundierteren Meinungen und Weisheiten mitzuteilen?« Diese Fage erhellt die Verwechslung zweier Bedeutungen von Autorität: M und E. Bei meiner Antwort weise ich darauf hin, daß ich Eltern und Lehrer zwar dränge, keine M-Autorität anzuwenden, doch ich sei sicher dafür, daß sie ihre Erfahrung mitteilten, wann immer das angemessen sei. Wie ich schon erwähnt habe, suchen Kinder oft den Rat, das Urteil und die Meinungen Älterer, und sie sind oft neugierig, was die Eltern und Lehrer glauben und für gut halten.

Drücken wir es anders aus: Es tut in einer Erwachsenen-Kind-Beziehung selten weh, wenn der Erwachsene eine *Autorität (mit E-Autorität) an Erfahrung oder auf einem Gebiet* ist, aber es schadet der Beziehung, wenn er *autoritär* (mit M-Autorität) ist.

Die Vertreter strenger Disziplin neigen zur Verwendung ungenauer Begriffe (vielleicht sogar bewußt), wenn sie ihre Überzeugung verteidigen, Eltern hätten die Pflicht, auf Macht beruhende Disziplin auszuüben. In James Dobsons Buch *The strong-willed Child* (1978) vertritt der Autor die Auffassung, daß Kinder der M-Autorität von Erwachsenen gehorchen, indem er eine Stelle aus der Bibel zitiert: »Ihr Kinder, seid gehorsam euren Eltern in dem Herrn, denn das ist billig« (Epheser 6,1).

Er zitiert noch einmal aus der Bibel, um zu belegen, daß man Kinder disziplinieren soll, doch hier empfiehlt er eine andere Art von Autorität, nämlich E-Autorität: »Scheltet und schimpft nicht mit euren Kindern, macht sie nicht wütend und trotzig. Zieht sie eher mit liebevoller Disziplin auf, die dem Herrn selbst gefällt, mit *Vorschlägen und göttlichen Ratschlägen.*« (kursiv v. Verf.)

Vorschläge und Ratschläge sind deutlich Methoden der

Beeinflussung anderer, indem man seine Erfahrung, Weisheit, Wissen und so weiter mitteilt – E-Autorität, die sich eindeutig von der Kontrolle anderer durch M-Autorität unterscheidet.
Ich werde in späteren Kapiteln erklären, wie und wann man E-Autorität, J-Autorität und V-Autorität am wirksamsten einsetzt. Belassen wir es hier dabei, zu betonen, daß ein zentraler, wenn nicht der zentrale Gedanke dieses Buches lautet, daß diese drei Typen erwachsener Autorität extrem wirksame und – am wichtigsten – konstruktive Methoden darstellen, Kinder zu *beeinflussen,* während M-Autorität eine Weise ist, Kinder zu *kontrollieren,* die oft unwirksam bleibt. Dieser Unterschied zwischen *Einfluß* und *Kontrolle* ist überaus wichtig, wie ich im weiteren erklären werde.

Der Mythos von der »gütigen Autorität«

Die allgemein verbreitete Neigung der Disziplin-Vertreter, M-Autorität als liebevoll oder gütig hinzustellen, schafft eine weitere bedeutsame Quelle für die Verwirrung um Disziplin und Autorität. Man sagt Eltern wie Lehrern, daß sie ruhig Strafmaßnahmen ausführen können, solange das gerecht, weise, liebevoll, fair oder gütig geschieht – immer aber »im besten Interesse des Kindes«. Sie behaupten, es sei absolut in Ordnung, »fest, aber fair« zu sein, sich streng zu verhalten, solange es »liebevolle Strenge« sei, autokratisch zu sein, solange sie »gütige Autokraten« sind, zu kontrollieren, solange sie keine Diktatoren sind, zu strafen, solange die Strafen nicht zu streng sind.
Diese Ansichten sind zweifelsohne weitverbreitet, weil sie genau das sind, was strafende Eltern und Lehrer am stärksten glauben *wollen.* In dem Bedürfnis, ihre auf Macht beruhende Disziplin zu rechtfertigen, um die Kinder zu kontrollieren, oder weil sie ihre Schuldgefühle beschwichtigen wollen, möchten Erwachsene verzweifelt gern glauben,

daß das, was sie tun, aus Liebe zum Kind und zum Wohl des Kindes geschieht. Man versucht, die *Ziele* gütig erscheinen zu lassen, um die Anwendung machtabgeleiteter *Mittel* zu rechtfertigen.

Kann aber von Macht abgeleitete Autorität jemals gütig sein? Ja, wenn wir damit meinen, daß der Kontrollierende *glaubt*, er oder sie handele gütig und im besten Interesse des Kindes. Wenn man mich jedoch fragt: »Ist auf Macht beruhende Autorität tatsächlich im besten Interesse des Kindes – das heißt, wird sie vom Kind als zu seinem Besten wahrgenommen?«, lautet meine Antwort: »Nur selten, wenn überhaupt jemals.« In Kapitel Fünf werde ich diese Überzeugung belegen, indem ich eine Reihe von Bewältigungsmethoden schildere, die Kinder anwenden, um sich gegen M-Autorität zu wehren oder ihr zu entfliehen. Ich wiederhole, daß Kinder niemals das Gefühl haben, strafende Disziplin sei gütig oder zu ihrem Besten.

Ich habe noch nie so viele Beispiele für ungenaue Wortwahl und unpräzise Begriffe gefunden wie in dem Buch *Parent Power* des Kinderpsychologen und Kolumnisten John Rosemund. Er befürwortet offen, daß Eltern »gütige Diktatoren« sein sollten, die »auf Gehorsam von seiten der Kinder bestehen«, und erklärt seine Position. Da wir nun den bedeutsamen Unterschied zwischen den vier Arten von Autorität kennen, schauen Sie selbst, ob Sie die Uneindeutigkeiten und ungenauen Bedeutungen in dem folgenden Abschnitt von Rosemund entdecken können:

> Gütige Diktatoren sind sanfte Autoritäten, die begreifen, daß ihre Macht der Eckstein des Gefühls ihres Kindes für Sicherheit und Geborgenheit ist. Gütige Diktatoren regieren aufgrund natürlicher Autorität. Sie wissen, was für ihre Kinder am besten ist. Sie ziehen keine Lust daraus, wenn sie ihre Kinder herumkommandieren. Sie regieren, weil sie müssen... Gütige Diktatoren brauchen niemandem Furcht einzuflößen, um ihren Einfluß durchzusetzen. Sie sind Autoritäten, aber nicht autoritär... Sie

> schränken die Freiheit ihrer Kinder ein, sind aber keine Tyrannen... Niemals, solange unsere Kinder von uns abhängig sind, dürfen wir ihnen die vollständige Kontrolle über ihr Leben übertragen. Kinder respektieren ihre Eltern, indem sie ihnen gehorchen. Eltern wiederum respektieren ihre Kinder, indem sie darauf bestehen, daß diese ihnen gehorchen... Kinder, die ihre Eltern fürchten, gehorchen nicht – sie unterwerfen sich. Kinder, die gehorchen, haben keine Angst. (Rosemund, 1981)

In diesem Kapitel und anderen hoffe ich, die trüben, verunreinigten »Autoritätsgewässer« zu klären, um den besorgten Eltern und Lehrern zu helfen, die hilfesuchend solchen schwammigen Hokuspokus zu vermeiden suchen, der sie bloß verwirrt und in die Irre geleitet hat.

Kapitel Zwei

Belohnen und strafen – die traditionelle Methode

Halten wir uns noch einmal die lange Liste von sinnverwandten Wörtern für das Verb »disziplinieren« vor Augen: herrschen, führen, in Schach halten, beschränken, verhindern, einschränken und so weiter. Jedes bezeichnet eine bestimmte Art von Kontrolle. Jedes beinhaltet den Gebrauch von Macht. In der Vorstellung der meisten erwachsenen Amerikaner ist die »Disziplinierung« von Kindern lediglich eine gefällige Umschreibung für die Anwendung von Macht, um sie zu kontrollieren. Schauen wir uns nun genauer an, wie diese auf Macht beruhende Kontrolle funktionieren soll.

Das Ziel des Kontrollierenden besteht darin, sich über die Kontrollierten zu stellen, in eine Position, von der aus er sie beherrschen und zu etwas zwingen kann. Der Wunsch des Kontrollierenden ist natürlich, daß der zu Kontrollierende sich fügt, sich unterwirft, lenkbar, willig, widerstandslos und nachgiebig ist – alles Umschreibungen für *gehorsam*. Die Kontrollierenden *hoffen*, daß die Kontrollierten allzeit gehorsam sind.

Dies wird in Dobsons Buch *The strong-willed child* deutlich beschrieben:

> Ein Kind lernt, sich der Autorität Gottes zu unterwerfen, indem es zunächst lernt, sich der Führung seiner Eltern zu fügen (statt darum mit ihnen zu handeln)... indem es lernt, sich der liebevollen Autorität (Führung) seiner Eltern zu fügen, lernt ein Kind, sich anderen Formen von

> Autorität zu unterwerfen, denen es später im Leben begegnet... Lehrern, Schulrektoren, der Polizei, *Nachbarn* und Vorgesetzten. (kursiv v. Verf.)

Dobson verwendet in diesem Abschnitt die Begriffe *unterwerfen* und *fügen*, doch stehen diese hier deutlich für das Verb *gehorchen*. Für Dobson ist das Gehorsamstraining in der Familie notwendig, um Kinder darauf vorzubereiten, *jeglicher Erwachsenenautorität zu gehorchen, wo und wann immer sie ihr begegnen*. Sogar den Nachbarn!

Denken wir auch daran, daß diese Art von Disziplin angewendet wird, um ein bestimmtes Verhalten herbeizuführen, das der *Kontrollierende* wünschenswert findet. Ziele und Mittel werden stets vom Kontrolleur für den zu Kontrollierenden bestimmt. Man muß darauf hinweisen, daß der Kontrollierende sehr wohl Ziele auswählen kann, die er als positiv für das Kind betrachtet. Seine Absichten können durchaus wohlwollend sein. Wie oft haben Sie selbst beim Heranwachsen den Satz gehört: »Du wirst mir das danken, wenn du groß bist«? Oder: »Das geschieht nur zu deinem Besten.« Mir ist aufgefallen, daß die meisten Kontrolleure – ob es sich um Eltern, Lehrer, Vorgesetzte, Sektenführer oder Diktatoren handelt – ihre Anwendung von Kontrolle immer mit dieser Logik rechtfertigen.

Ich bin sicher, daß die meisten Kontrolleure glauben, sie wüßten, was am besten sei, weil sie sich entweder für älter oder klüger, erfahrener oder gebildeter halten. Und viele Autoren der neuen konservativ-religiösen Erziehungsbücher in den USA leiten die Rechtfertigung aus ihrem Glauben an die Weisheiten der Bibel ab. »Aber es steht in der Bibel, und ich glaube daran«, verkündet Dobson seinen Lesern.

Es besteht aber auch die Möglichkeit, daß die Kontrollierenden zuweilen Ziele wählen, die in erster Linie für sie von Nutzen sind, statt für die Kontrollierten: zum Beispiel im Fall einer Lehrerin, die sich entschließt, einen Schüler der Klasse zu verweisen, der sie verunsichert, weil er ständig mit ihrem Bedürfnis, die Schüler zu unterrichten, in Konflikt gerät. Kontrolleure täuschen sich oft selbst, indem sie glauben, dem Kontrollierten zu helfen, wenn sie Kontrolle ausüben, während es in Wirklichkeit beschieht, um die eigenen Bedürfnisse zu erfüllen. Meiner Erfahrung nach gibt es nur selten Kinder, die Zwang und Macht als »zu ihrem Besten« betrachten.

Woher bekommen die Kontrollierenden ihre Macht?

Nun wollen wir genau untersuchen, woher die Kontrollierenden ihre Fähigkeit erlangen. Warum haben sie so oft Erfolg damit? Woher stammt ihre Macht? Auf einer bestimmten Ebene weiß jeder, daß die Macht der Kontrollierenden aus ihrer Verabreichung von Zuckerbrot und Peitsche entspringt – aus dem System von *Belohnung* und *Strafe*.

Über die Belohnungen zu verfügen – die Mittel, ein Bedürfnis des zu Kontrollierenden zu erfüllen –, ist der eine Stützpfeiler in der Macht des Kontrolleurs. Wenn mein Kind großen Hunger hat, kann ich die Tatsache ausnutzen, daß ich die alleinige Verfügung über das Essen habe und dies als Belohnung einsetzen, um es dazu zu bringen, den Tisch zu decken: »Sven, wenn du den Tisch für mich deckst, kannst du dich schon zum Essen hinsetzen.« Wenn meine Tochter gern ein neues Kleid hätte, kann ich versprechen: »Wenn du diese Woche jeden Abend dein Zimmer aufräumst, gebe ich dir das Geld für das neue Kleid.« Dies ist Kontrolle durch das In-Aussicht-stellen von Handlungen, die eine Bedürfnisbefriedigung für das Kind darstellen und somit eine »Belohnung« bedeuten.

Die andere Quelle von Macht besteht in der Verfügung über die Mittel, dem Kind Schmerz, Mangel oder Unannehmlichkeiten zuzufügen. Ich will, daß mein Sohn sein Gemüse ißt und drohe: »Wenn du dein Gemüse nicht ißt, bleibst du am Tisch sitzen und darfst nicht fernsehen.« Dies ist Kontrolle in Form von Verweigerung von etwas, was das Kind sich wünscht, Folgehandlungen, die als »strafend« oder »abschreckend« empfunden werden.

Belohnungen und Strafen – dies beides sind die vornehmlichen Quellen von Macht für die Kontrollierenden, um zu kontrollieren, für die Disziplinierer, zu disziplinieren, die Diktatoren, zu diktieren.

Die Zeichnung auf S. 51 verdeutlicht diese beiden Machtquellen, die erwachsene Kontrolleure über Kinder und Jugendliche haben: Belohnungen (++) und Strafen (−−), Zuckerbrot und Peitsche. M steht für Macht. Ich habe die Kreise in der Zeichnung bewußt verschieden groß gemacht, um zu betonen, daß die Beziehung zwischen Erwachsenem und Kind fast immer ein starkes Machtgefälle hat, das heißt, der Erwachsene verfügt über viel mehr Mittel zur Strafe und Belohnung als das Kind. Das verschiebt sich natürlich, wenn das Kind zum Jugendlichen wird.

Bei sehr kleinen Kindern verfügen die Erwachsenen über ein eindrucksvolles Arsenal von Dingen, die das Kind braucht und sich wünscht: Nahrung, Kleider, Getränke, Spielzeug, Malbücher, Schallplatten, Geld, Süßigkeiten, Kaugummi, dazu alle möglichen schönen Dinge, wie Vorsingen oder Vorlesen, mit ihnen spielen, sie im Wagen umherfahren, sie auf dem Rücken tragen, sie umarmen und mit ihnen schmusen.

Darüber hinaus verfügen Erwachsene über ein erhebliches Arsenal an Strafen für kleine Kinder. Sie können sie nicht nur strafen, indem sie ihnen die oben genannten Dinge verweigern, sondern ihnen auch körperliche Schmerzen zufügen, Einschränkungen und Beschränkungen auferlegen, sie in ihr Zimmer sperren, sie anbrüllen und beschimpfen, sie fortstoßen, ihnen Klapse und Schläge geben, ihnen ungewollte Speisen in den Mund stopfen, Angst in ihnen erzeugen (»Du kommst nicht in den Himmel«, »Gott wird

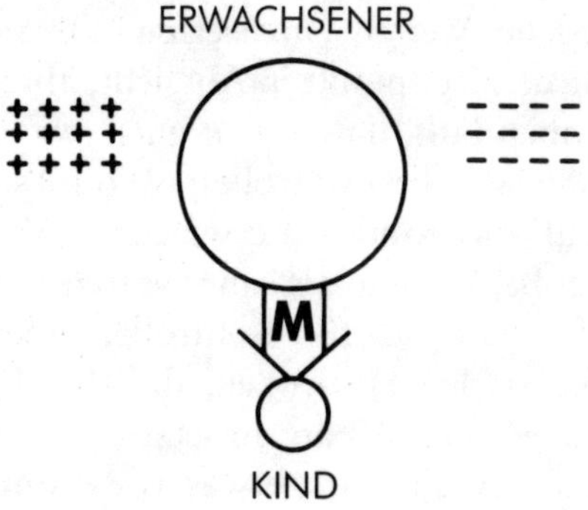

dich bestrafen«, »Du bringst mich ins Grab«), sie zornig ansehen, sie anschweigen und ihnen Hunderte mehr Dinge antun, an die sich die meisten Leser aus der eigenen Kindheit erinnern werden.
Ohne Frage verfügen Eltern und Lehrer potentiell über eine Menge von Belohnungen und Strafen. Wie benutzen sie diese nun?

Wie sollen Belohnungen funktionieren?

Damit eine Belohnung ihren Zweck erreicht, müssen immer drei Bedingungen erfüllt werden:

1. Der zu Kontrollierende muß sich etwas *stark genug* wünschen oder es brauchen, um sich der Macht des Kontrollierenden zu fügen (indem er das Verhalten zeigt, das der Kontrolleur wünscht).
2. Die angebotene Belohnung muß vom Kind als *potentiell bedürfniserfüllend* angesehen werden.
3. Der zu Kontrollierende muß vom Kontrolleur abhängig sein, der diese Belohnung erteilt (das heißt, der zu Kontrollierende ist nicht in der Lage, dies spezifische Bedürfnis selbst zu erfüllen).

Die Kontrollierenden haben die Wahl, die Belohnungen auf

zwei verschiedene Weisen einzusetzen: (1) sie stellen die Belohnung für den Zeitpunkt in Aussicht, an dem das Kind erstmals erkennen läßt, daß es tun wird, was der Kontrolleur will (es fügt sich der Kontrolle); (2) oder sie warten, bis sie merken, daß das Kind das erwünschte Verhalten zeigt, um dann die Belohnung als unerwartete Großzügigkeit anzubieten. Ein Beispiel für Kontrolle, indem man eine Belohnung verspricht: Sie wollen, daß Ihr Kind ins Bett geht, daher sagen Sie: »Wenn du jetzt ohne Umstände ins Bett gehst, lese ich dir noch etwas vor.« Ein Beispiel für Kontrolle von Belohnung, nachdem man ein erwünschtes Verhalten beobachtet hat: Ein Lehrer will, daß ein Schüler damit aufhört, dauernd seinen Platz zu verlassen, daher sagt er, als er bemerkt, daß der Schüler längere Zeit sitzen geblieben ist, lächelnd: »Das war aber nett von dir, daß du die ganze Zeit sitzen geblieben bist.«

Diese Ausübung von Kontrolle über Kinder durch den Einsatz von Belohnung trägt verschiedene Bezeichnungen, unter anderem: Verhaltensänderung, Verhaltensprägung, operante Konditionierung, positive Verstärkung, Verhaltenssteuerung, Verhaltenslenkung (einige Begriffe, wie Verhaltensänderung und Verhaltenssteuerung, können auch Kontrolle durch Strafen bezeichnen). Gleich, welchen Namen man benutzt: Die Grundmethode der Kontrolle durch Belohnung besteht darin, daß man versucht, ein bestimmtes Verhalten zu erzielen, indem man dafür sorgt, daß die Folgen dieses Verhaltens für das Kind positiv oder belohnend wirken. Das Prinzip ist in Ordnung und gut belegt: *Verhalten, das belohnt wird, wird in der Regel wiederholt.*

Belohnung hat einen Beigeschmack von Güte. Empfinden die Kontrollierten die Folgen (technisch gesprochen: die Nebenwirkung) nicht zumindest als wünschenswert, angenehm, befriedigend? Wir wollen uns auch nicht darüber hinwegtäuschen, daß diese Methode funktionieren kann – das beweisen zahllose Experimente mit Kindern in einer

Reihe von verschiedenen Umgebungen: in Schulen, Krankenhäusern und den verschiedenen Kinderbetreuungsinstitutionen. Die Methode hat erfolgreich unerwünschtes Verhalten von autistischen, schizophrenen, körperlich oder geistig behinderten Kindern verändert, ebenso bei Kindern, die aus anderen Gründen in Institutionen untergebracht waren. Diese Methode der Verhaltensänderung hat jedoch ihre eindeutigen Grenzen und klappt oft nicht, wie ich im nächsten Kapitel erläutern werde. An dieser Stelle reicht es, zu betonen, daß die Abänderung und Prägung von kindlichem Verhalten, indem man bewußt die Folgen dieses Verhaltens so steuert, daß sie als positiv und belohnend wahrgenommen werden, dem Prinzip nach in Ordnung ist – aber nicht gar so leicht anzuwenden, wie es auf den ersten Blick erscheint. Es bedarf vielmehr einer Reihe von sehr komplexen und zeitraubenden, notwendigen Schritten, um nur ein einziges unerwünschtes Verhalten zu ändern, wie etwa Bettnässen oder Schlagen. Der Kontrollierende benötigt dafür sehr präzise Kenntnisse über die Belohnungstechnik und wie man sie konsequent und korrekt anwendet. Und schließlich ruft Kontrolle durch Belohnung, wie ich später näher erläutern werde, in Kindern unangenehme »Nebenwirkungen« hervor, die die meisten Eltern und Lehrer ablehnen. Aufgrund all dieser Probleme ist diese Methode unsicher und keineswegs zuverlässig. Sie werden dies in Kapitel Drei sehen.

Wie sollen Strafen funktionieren?

Wie bei Belohnungen sind auch bei Strafen bestimmte Grundbedingungen erforderlich, um das Verhalten von Kindern wirksam zu beeinflussen:

1. Die Strafe muß vom Kontrollierten als einschränkend, schädlich, verweigernd, unerwünscht und verletzend empfunden werden, das heißt, sie muß für den Kontrol-

lierten *abschreckend* sein (seinen oder ihren Bedürfnissen entgegenstehen).

2. Die Strafe muß unangenehm genug sein, um das unerwünschte Verhalten aufzugeben.
3. Der Kontrollierte muß unfähig sein, der strafenden Situation zu entkommen, oder vom Kontrollierenden in einer Abhängigkeitsbeziehung eingesperrt sein, um zu tun, was der Kontrollierende anstrebt.

Strafen können ebenfalls auf zwei Arten funktionieren: Erstens kann der Erwachsene damit drohen, das Kind zu bestrafen, wenn es sein Verhalten nicht ändert: »Wenn du nicht sofort damit aufhörst, haue ich dir so eine runter, daß du es nie mehr vergißt.« Zweitens kann der Erwachsene die Strafe als Folge für ein »inakzeptables« Verhalten zufügen, das das Kind bereits gezeigt hat: »Du hast mir nicht gehorcht und bist auf den Spielplatz gegangen, daher darfst du jetzt eine Woche nicht mehr Fahrrad fahren.«

Die Ausübung von Kontrolle, indem man unangenehme Folgen entweder androht oder realisiert, läuft ebenfalls unter verschiedenen Bezeichnungen: Verhaltensänderung, Abschreckungstherapie, Vermeidungsstrategie, Verhaltenssteuerung, Disziplinieren.

Das Grundprinzip, nach dem die Kontrolle durch Strafen funktioniert, lautet: *Verhalten, das Strafen nach sich zieht, wird in der Regel vermieden.*

Aber so einfach und eindimensional ist es auch hier nicht. Ich werde in Kapitel Vier erklären, daß es Bedingungen und komplizierte Zusammenhänge gibt, die diese Methode ebenso schwer anwendbar machen wie den Einsatz von Belohnungen. Zu diesen Faktoren gehören: Der Zeitpunkt der Strafe (sie sollte unmittelbar auf das unerwünschte Verhalten erfolgen) und die Frage der Intensität (wenn sie nicht streng genug ist, verfehlt sie ihre Wirkung, doch zu strengen Strafen versucht das Kind zu entkommen, oder es gibt sich überhaupt keine Mühe mehr). Schließlich kann die Kontrolle durch Strafe sehr schwere Nebenwirkungen haben, wie etwa die ernsthafte Beeinträchtigung der Beziehung zwischen Erwachsenem und Kind, die seelische oder körperliche Schädigung des Kindes oder beides.

Die Bedingungen für die Kontrolle durch Belohnung und Strafe

Zur Kontrolle durch Strafe und Belohnung gehört also, daß der Kontrollierende im Besitz der angemessenen Mittel ist, um die Bedürfnisse des Kindes entweder zu erfüllen oder sie ihm zu verweigern. Es handelt sich um die einfachen Tatsachen der Bedürfnisbefriedigung und Bedürfnisverweigerung, die durch den Kontrollierenden von außen gesteuert oder geschaffen werden, wobei dieser gewöhnlich ausschließlichen Zugang zu den Mitteln hat und die Verteilung oder Verabreichung voll unter Kontrolle hat. So hat der Kontrollierende fraglos die Herrschaft über die Beziehung, hat eindeutig das Sagen. *Es handelt sich immer um eine nicht-gleichberechtigte Beziehung.*

Noch wichtiger aber ist, daß der Kontrollierende derjenige ist, der über das Verhalten entscheidet, das er oder sie als akzeptabel oder inakzeptabel empfindet. Der Kontrollierende entscheidet, welches Verhalten durch Belohnungen verstärkt und welches durch Strafen verhindert werden soll. Davon gibt es Ausnahmen, wie etwa bei einer Abmachung, bestimmtes Verhalten zu belohnen oder zu bestrafen, die beide, Kontrollierender und Kontrollierter, treffen (zum Beispiel bei Therapien, in denen man milde Elektroschocks bekommt, damit man sich das Rauchen abgewöhnt). Doch die weitaus häufigste Anwendung dieser Form der Verhaltensänderung durch Eltern oder Lehrern bedeutet, daß der Kontrollierende allein entscheidet, was wünschenswertes oder nicht wünschenswertes Verhalten ist.

Damit diese Art von Kontrolle funktioniert, muß das Kind offensichtlich in einem fortgesetzten Zustand der *Abhän-*

gigkeit und *Angst* gehalten werden – abhängig vom Kontrollierenden und den Belohnungen, die sie oder er bieten können, ängstlich vor den Strafen, die zugefügt werden können. Das Kind muß zudem in der Beziehung eingesperrt sein, unfähig, sich selbst das zu verschaffen, was der Kontrollierende anzubieten hat, und unfähig, dessen gefürchteten Strafen zu entkommen.

Eine Mutter zum Beispiel, die Süßigkeiten oder Essen benutzt, um dafür zu sorgen, daß ein Kind seine Pflichten im Haushalt oder Schulaufgaben erledigt, würde ihre Kontrollmacht verlieren, wenn das Kind plötzlich Zugang zu allen Süßigkeiten oder Nahrungsmitteln hätte, die es will. Wenn die Kinder älter werden und damit fähig, eigenes Geld zu verdienen, um sich ihre eigenen Snacks zu kaufen, verlieren Eltern leicht einen Großteil ihrer Macht.

Ein Vater etwa, der körperliche Strafen angewendet hat, um bei seinem Sohn die dauernden Flüche zu unterbinden oder abzuschwächen, verliert eine Menge Macht, wenn sein Jüngster zu groß wird, um geschlagen oder verprügelt zu werden. Diese altersbedingten Abfolgen ereignen sich in allen Familien, in allen Klassenzimmern. Wenn die Kinder älter und größer werden, wenn sie zunehmend Wege finden, der Strafe der Erwachsenen zu entgehen oder sie zu vermeiden, verlieren Eltern und Lehrer ihre Macht; ihnen gehen die Strafen aus, die schwer oder unangenehm genug wären, um die Jungen noch zu kontrollieren.

Ich habe schon von so vielen Eltern Sätze gehört wie: »Jan war immer ein so lieber Junge, aber jetzt wird er älter, und wir haben fast gar keine Autorität mehr über ihn.« Was sie meinen, ist, daß sie keine *Macht mehr haben, ihn zu kontrollieren.* Und da sie nie gelernt haben, ihre Kinder zu *beeinflussen,* fühlen sie sich nun machtlos. Ich werde Ihnen an späterer Stelle eine genaue und erschöpfende Erklärung des bedeutsamen Unterschieds zwischen dem Kontrollieren und dem Beeinflussen von Kindern bieten. Jetzt möchte ich lediglich betonen, daß Eltern und Lehrer allgemein den

Großteil ihrer Macht verlieren, wenn die Kinder älter werden, denn die Bedingungen ändern sich. *Man kann andere nicht kontrollieren, es sei denn, man hält sie in Abhängigkeit von sich selbst, in Furcht, und macht sie unfähig, der Beziehung leicht zu entkommen.*

Diese Bedingungen kann man in vielen Beziehungen erkennen. Sie bestanden eindeutig bei den früheren Herr-Sklave-Beziehungen, sowohl bevor als auch lange nachdem durch Gesetze die Sklaverei abgeschafft wurde. Sie bestanden bei Beziehungen zwischen Arbeitgeber und Arbeitnehmer in den meisten Industriebetrieben während der »gewerkschaftslosen« Jahrzehnte der industriellen Revolution. Und jeder weiß aus Erfahrung, daß Schulkinder immer abhängig vom Lehrer waren, um gute Noten und Anerkennung zu bekommen, und Angst vor Strafen hatten. Indem jedoch die Arbeitnehmer durch ihre Gewerkschaften an Macht gewinnen und Schüler älter werden, verschwindet die Macht ihrer Kontrolleure.

So war es auch früher für Frauen in der Ehe. Noch vor zwanzig, dreißig Jahren waren die meisten Frauen vom Mann abhängig und hatten große Angst, sich zu behaupten und sich deren Macht zu widersetzen. Da es für Frauen nicht leicht war, sich scheiden zu lassen, waren viele in der Rolle der Kontrollierten gefangen.

Ähnlich üben Sektenführer Kontrolle über ihre Gemeindemitglieder aus, kontrollieren Diktatoren die Bürger ihres Landes. Beide fördern extreme Abhängigkeit und die Furcht vor unvorhersehbaren Strafen, beide schränken die Möglichkeiten, die Gruppe zu verlassen, erheblich ein.

Jedoch sind Beziehungen, die auf ungleich verteilter Macht beruhen, sehr instabil und vergänglich, weil sie genau die Reaktionen fördern, die die Macht des Kontrollierenden untergraben und schwächen. Eine der verbreitetsten Gegenreaktionen ist Abweichung und Andersdenken. Die Kontrollierenden können dies eine Weile unterdrücken, aber es sinkt bloß in den »Untergrund«, um später als direkte

Rebellion wieder aufzutauchen. Die Schriftstellerin Marilyn French (1988) formulierte das so: »Der Herrscher steht unter ständiger Belagerung... und obwohl er machtbesessen dem Traum nachhängt, sich eines Tages ausruhen zu können, wird es diesen Tag nie geben, bis er entweder verjagt ist oder stirbt.«

In Familien sehen wir Jugendliche gegen den elterlichen Einsatz von Macht rebellieren, mit dem diese sie nach ihrem Bild ändern oder formen wollen; sie wehren sich dagegen, von Erwachsenen zu Handlungen gezwungen zu werden, die den elterlichen Vorstellungen von richtig und falsch entsprechen. Wenn das geschieht, fragen sich die Eltern verwirrt, warum sie nicht mehr in der Lage sind, ihre Kinder zu kontrollieren.

Äußere und innere Kontrolle

Schauen wir uns nun den Unterschied zwischen den zwei Arten von Kontrolle bei Erwachsenen-Kind-Beziehungen näher an – die *äußere* und die *innere* Kontrolle, Erwachsenendisziplin und Selbstdisziplin. Wenn Eltern und Lehrer Belohnungen steuern und verteilen, kann man das als *extrinsische* Belohnungen für die äußere *Kontrolle* von Kindern bezeichnen. Wenn sie jedoch versuchen, die Fähigkeit der Kinder zu verbessern, eigene angenehme Folgen (*intrinsische* Belohnungen) aufzufinden, helfen sie ihnen gleichzeitig, *innere* Kontrolle zu entwickeln.

Auf gleiche Weise benutzen Eltern und Lehrer, die Strafen verhängen, die äußere Kontrolle im Gegensatz zu einem Verhalten, bei dem man Kinder innere Kontrolle durch die unangenehmen Folgen lernen läßt, die sie selbst auf sich ziehen. Ich werde noch häufig darauf hinweisen, daß wir in einer Gesellschaft leben, die sich der äußeren Kontrolle junger Menschen stark verpflichtet hat und sich bedauerlich wenig dafür einsetzt, innere Kontrolle zu fördern. Wir sind ausgesprochen chronische Disziplinierer unserer Kinder, tun aber leider nur wenig, um Selbstdisziplin zu fördern. Ich gebe in Kapitel Zehn ein paar Gründe an, warum Erwachsene die von außen auferlegte Kontrolle äußerst ungern aufgeben.

Meines Wissens sind die Modelle der *Familienkonferenz* und der *Lehrerkonferenz* die einzigen, die äußere Kontrolle durch Strafen und Belohnung ablehnen. Die Autoren anderer Elternratgeber und Lehrerhandbücher betonen ausnahmslos die Anwendung von Belohnungen, darunter auch Lob. Hinsichtlich der Kontrolle durch Strafen befürworten viele ausdrücklich Klapse und andere Formen körperlicher Strafen. Einige warnen nur vor dem zu häufigen Einsatz oder vor zu strenger physischer Bestrafung. Andere einflußreiche Autoren haben Bücher und Kurse veröffentlicht, in denen sie sich ausschließlich für nichtkörperliche Strafen aussprechen, die sie allerdings nicht so nennen; statt dessen benutzen sie menschlicher klingende Umschreibungen.

Eine Gruppe, die Behavioristen oder behavioristischen Psychologen, benutzt den Begriff »negative Konditionierung« und »Vermeidungsstrategie«. Eine andere, größere Gruppe legt den Eltern nahe, »natürliche und logische Konsequenzen« einzusetzen. Diese in Kindererziehungsbüchern fest verwurzelte Theorie wurde von den Anhängern der Adlerschen Philosophie vertreten (nach dem Psychoanalytiker Alfred Adler) oder denen der Dreikurs-Methode (nach Rudolf Dreikurs, Autor zweier bekannter und vielgelesener Bücher: *Kinder fordern uns heraus* (Dreikurs/Soltz, 1989, 20. Aufl.) und *Eltern und Kinder, Freunde oder Feinde?* (Dreikurs/Blumenthal, 1973)).

Angesichts der zahlreichen vernünftigen Prinzipien bei der Dreikurs-Methode der Kindererziehung hat es mich immer erstaunt, wie schwach und unhaltbar die Komponente der äußeren Kontrolle hier dargestellt ist. Lassen Sie mich erklären, warum ich das so empfinde:

Ein Kernkonzept dieser Theorie sind die *Konsequenzen*

(was wir zuvor »Nebenwirkungen« nannten). Dreikurs sagt Eltern und Erziehern, daß Kinder die Konsequenzen ihres »Fehlverhaltens« selbst tragen müßten. Konsequenzen, die automatisch eintreten, statt künstlich von den Eltern arrangiert zu werden, nennt er »natürliche Konsequenzen«. Beispiel: Ein Kind vergißt, sich die Schnürsenkel zuzubinden, fällt deshalb hin und schürft sich das Knie auf. Der Schmerz (die Strafe) ist eine natürliche Folge, und Dreikurs warnt klugerweise die Eltern davor, die Strafe abzuschwächen – etwa durch Trost –, aus Angst, das Kind würde vielleicht nicht lernen, sich das nächste Mal die Schuhe zuzubinden. Das Erleiden einer schmerzhaften natürlichen Konsequenz wie dieser wäre für die meisten Kinder eine Strafe und würde das entsprechende, nicht erwünschte Verhalten (die Schuhbänder nicht zuzubinden) verhindern oder seltener machen. Man könnte in diesem Fall sagen, die Natur hätte die Strafe erteilt.

Offensichtlich lernen alle Kinder viele ihrer wichtigen Lektionen auf diese Weise. Aufgrund dieser Lektionen gewinnen sie innere Kontrolle (»nächstes Mal binde ich mir besser die Schuhe zu, damit ich nicht mehr stolpere und hinfalle«), und das ist in Ordnung. Darüberhinaus wird diese schmerzhafte Konsequenz, auch wenn sie das Kind leicht verletzt, bestimmt nicht die Eltern-Kind-Beziehung irgendwie beeinträchtigen.

Aber Dreikurs hat offensichtlich das Gefühl, er müsse »logische Konsequenzen« für Fehlverhalten bzw. richtiges Verhalten einführen, die von Erwachsenen, im Gegensatz zu Mutter Natur, sinnvoll angelegte, gesteuerte und auferlegte Folgen sind.

Dreikurs' Beispiel: Ein Kind kommt zu spät zum Essen, und die Eltern verkünden, das Kind müsse die logische Konsequenz tragen und ohne Essen ins Bett gehen.

Für mich ist völlig klar, daß Dreikurs' Konzept der »logischen Konsequenz« einfach nur ein anderer Name für die eindeutigere Bezeichnung »Strafe« ist. Das Kind hat sich fehlverhalten, daher beschließen die Eltern, es dafür zu strafen. Aber zu sagen, das Kind müsse die logischen Konsequenzen tragen (ohne Essen zu Bett zu gehen), scheint mir nichts weiter als ein Versuch, die elterliche Bestrafung zu rechtfertigen, indem man Schuldgefühle mildert, die alle Eltern empfinden, wenn sie ihre Kinder strafen. Dreikurs will das Konzept der Bestrafung in seiner Theorie der Kindererziehung irgendwie nicht eingestehen, daher versucht er, es »logisch« zu erklären.

Das Konzept, daß Erwachsene negative Konsequenzen arrangieren oder steuern, bildet den Kern der meisten Elternkurse und -ratgeber. Der bekannteste ist *Positive Parenting, Systematic Training for Effective Parenting* (STEP), und die Videokurse für »Active Parenting«. Diese Kurse lehnen sich stark an unsere *Familienkonferenz* an, vornehmlich mit dem Konzept der differenzierten Kommunikation und Konfliktlösung, doch die Befürwortung von Bestrafung unterscheidet sich grundsätzlich von der *Familienkonferenz*.

Ich bin der Meinung, daß es überhaupt nicht logisch ist, daß mein Kind ohne Essen ins Bett geschickt wird, wenn es zu spät zur Mahlzeit kommt. In unserer Familie könnte die Folge (die mir ganz »natürlich« scheint) sein, daß meine Tochter einen kalten Snack ißt oder sich im Mikrowellenherd etwas aufwärmt. Vielleicht macht sie sich auch einfach ein Brot. Aber ohne Essen ins Bett geschickt zu werden! Das ist nicht nur unlogisch, sondern ein deutlicher Versuch, mit strafender Disziplin zu kontrollieren. Aus diesem Grund hat das Konzept der logischen Konsequenzen weder in der Familienkonferenz-Methode einen Platz, noch in der Lehrerkonferenz-Methode für wirksamen Unterricht.

Lassen Sie mich noch eines zum Schluß sagen: Ich bin zu der Überzeugung gelangt, daß viele Elternratgeber, die den Einsatz von Strafen verteidigen und als vernünftig befürworten, als würde der Zweck die Mittel heiligen, in Wirklichkeit den Gedanken, Kinder zu strafen, verabscheuen.

Beweis ihrer verborgenen Ablehnung von Bestrafung ist, daß alle vor zu strengen Strafen warnen, davor, sie häufig anzuwenden und im Zorn zu strafen.
Doch Psychologen – und vielleicht auch diese Autoren – wissen, daß Strafen, um abschreckend zu wirken, streng genug sein müssen, damit das Kind sie als ziemlich schmerzhaft empfindet. Forscher, die die ausführlichsten Experimente mit Bestrafung durchgeführt haben, sagen uns, daß Strafen nicht nur häufig, sondern auch streng sein müssen, um zu wirken. Im leicht wissenschaftlichen Jargon von zwei bekannten Experten auf diesem Gebiet heißt es:

> Strafen, die nicht weitergeführt werden, haben gewöhnlich die Wiederaufnahme des bestraften Verhaltens wie zuvor zur Folge. Wenn Strafen jedoch mit ausreichend intensivem Stimulus (lies: wenn sie *schmerzhaft* sind) durchgeführt werden, kann sich diese Wiederaufnahme über einen längeren Zeitraum hinweg verzögern, so daß die völlige Auslöschung (das Ausbleiben der konditionierten Reaktion) offensichtlich scheitert. (Risley/Baer, 1973)

Ich glaube, daß Eltern und Lehrer heutzutage äußerst schlechten Rat von allen Autoren erhalten (und deren gibt es jede Menge), die sich nicht gegen die Anwendung von Strafen in Familien und Schulen wenden. Diese Autoren bestehen nämlich zum einen darauf, daß die Leser strafende Disziplin ausüben müßten, aber dann sorgen sie ausdrücklich dafür, daß es nicht klappt, weil sie den Lesern raten, schwach, nur selten und nicht zu unangenehm zu strafen. Und schließlich verlangen sie von Eltern und Lehrern, was nur selten möglich ist: »Strafen Sie nie im Zorn.« Das bedeutet, Erwachsenen zu raten, eine Weile zu warten, bis ihre Wut verraucht ist, ehe sie die Strafe verhängen, andernfalls könnte sie zu streng ausfallen. Diese Vorstellung widerspricht aber zahlreichen Forschungsergebnissen, die zeigen, daß eine Strafe, um überhaupt Wirkung zu zeigen, *unmittelbar* nach dem unerwünschten Verhalten erfolgen muß. Und sie muß streng sein, um abschreckend zu wirken.

Solche Bedingungen können meiner Meinung nach nur selten arrangiert werden, außer im »Laborversuch«, gesteuert von Experten in der Technologie der Verhaltensveränderung. Wenn Sie immer noch nicht überzeugt sind, empfehle ich das Buch *Changing Children's Behavior.* (Krumboltz/Krumboltz, 1972)

In Kapitel Drei werde ich ausführlicher erklären, warum Belohnungen nicht funktionieren, wenn Eltern und Lehrer sie zur Kontrolle von Kindern einsetzen. Und in Kapitel Vier weise ich auf die Mängel und Gefahren von Bestrafung hin.

Kapitel Drei

Das Zuckerbrot wirkt manchmal nicht

Der Versuch, das Verhalten von Kindern mit Belohnung zu kontrollieren, ist so verbreitet, daß die Wirksamkeit dieser Methode nur selten bezweifelt wird. In jedem Klassenzimmer, in allen Schulen benutzen Lehrer ein ausgefeiltes System zur Kontrolle von Schülern, indem sie Belohnungen verteilen: goldene Sternchen, Noten, Punkte für gutes Benehmen, Privilegien in der Pause, beliebtere Sitzplätze, Hilfsdienste, das Aufhängen von Zeichnungen der Schüler. Die meisten Lehrer loben Kinder ganz offensichtlich, um sie zu gutem Benehmen oder mehr Leistung anzuregen: »Du kannst gut Blumen zeichnen«, »Deine Arbeiten sind immer sehr ordentlich«, »Ihr wart aber heute artig, Kinder!«

Auch Eltern stützen sich stark auf die Belohnungsmethode, besonders bei kleinen Kindern. Sie setzen Geld ein, um sie zur Erledigung kleiner Pflichten zu bringen, bieten ihnen Nachtisch an, um sie zu bestechen, auch das ungeliebte Gemüse zu essen, kleben Goldsternchen an den Zahnputzbecher, wenn sie sie motivieren wollen, die Zähne regelmäßig zu putzen, versprechen ihnen Geschenke, wenn sie die Hausaufgaben erledigen. Und sie loben ihre Kinder häufig: »Das war aber nett von dir, daß du den Tisch gedeckt hast«, »Ich werde Papa sagen, wie hilfsbereit du heute warst«, »Du hast den Hof aber schön saubergefegt.«

Da Kinder oft belohnt werden, könnte man annehmen, daß diese Methode erfolgreich ist, wenn man sie dazu bringen will, das zu tun, was die Erwachsenen wünschen. Aber stimmt das wirklich? Ich neige dazu, das Gegenteil zu behaupten: Die Tatsache, daß Belohnungen von zahlreichen Lehrern und Eltern häufig so erfolglos eingesetzt werden, zeigt, daß diese Methode nicht sonderlich klappt. Warum sonst ist das Problem von mangelnder Disziplin in Schulen so verbreitet, und warum fühlen sich die meisten Eltern so unfähig, wenn sie mit dem »Fehlverhalten« ihrer Kinder konfrontiert sind? Mir scheint, daß weder Lehrer noch Eltern mit ihren diversen Belohnungssystemen sehr erfolgreich sind. Das hat viele Gründe.

Die Technik der Kontrolle durch Belohnung

Die Wirkungslosigkeit von Belohnungen, um Kinder unter Kontrolle zu halten, beruht teilweise darauf, daß der Kontrollierende dazu einen hohen Grad technischer Kompetenz braucht – und den erreichen nur wenige Lehrer und Eltern. Das Verhalten von Kindern so zu verändern, indem man dafür sorgt, daß die Folgen des erwünschten Verhaltens sich auch für sie lohnen, ist eine Wissenschaft. Nur eine sehr kleine Gruppe von Experten begreift die komplexe Technik der Verhaltensveränderung vollständig. Die meisten dieser Experten sind Diplompsychologen, geschult im jahrelangen Training in den Feinheiten, wie man genau definierte verhaltensmodifizierende Experimente in Laborumgebung hinsichtlich eines einzigen, bestimmten Verhaltenszuges an Tieren oder Menschen durchführt.

Diese Lernspezialisten haben bewiesen, daß Belohnungen nicht funktionieren, wenn sie nicht unmittelbar nach Eintritt des erwünschten Verhaltens verabreicht werden. (Gib einem Hund einen Leckerbissen unmittelbar, nachdem er sich auf den Rücken gerollt hat, sonst macht er es nicht mehr.) Die Verhaltensingenieure müssen zudem einem systematischen Plan folgen, wie die Belohnungen verabreicht werden – zuerst jedes Mal, wenn das erwünschte

Verhalten auftritt, danach in unregelmäßigen Abständen. Dazu muß der Experimentierende sorgfältig nur solche Belohnungen auswählen, die ein tatsächliches Bedürfnis des Kontrollierten erfüllen. Bei diesen Experimenten muß genauestens aufgezeichnet werden, wie oft das erwünschte Verhalten auftritt, damit der Kontrollierende entscheiden kann, ob der Kontrollierte sich tatsächlich ändert. Und die Kontrollierenden müssen sicherstellen, daß sie nicht unfreiwillig unerwünschtes Verhalten belohnen, wie beispielsweise bei einem Kind, das in der Klasse stört und so die Aufmerksamkeit des Lehrers erhält (– was für das Kind eine Belohnung bedeutet). Selbst unter der Leitung der besten Experten dauert die Verhaltensänderung mittels Belohnungen unweigerlich eine lange Zeit – manchmal mehrere Monate –, nur damit ein Kind ein einziges Verhaltensmuster erlernt, wie auf die Toilette zu gehen, statt in die Hosen zu machen.

Wenn Sie Zweifel haben, wie komplex und zeitraubend Verhaltensänderung sein kann, lesen Sie den folgenden längeren Auszug aus *Parent Power* von Logan Wright, einem entschiedenen Fürsprecher für den Einsatz von Belohnung und Strafe bei der Kontrolle von Kindern. Wright war zehn Jahre lang Leiter der Abteilung Pädiatrische Psychologie an der Universität von Oklahoma. Wie schon einmal zitiert, beginnt das Buch mit diesen beiden Sätzen:

> Die Parole für alle Eltern, die einigermaßen bei Verstand bleiben wollen, heißt, Kontrolle zu erlangen und aufrechtzuerhalten. Doch der wichtigste Grund für die Kontrolle ist, daß man *fähig sein muß, sein Kind zu kontrollieren, ehe man es wirklich unterstützen und lieben kann.* (kursiv im Original)

Im weiteren beschreibt Wright beispielsweise, was er für ein angemessenes Vorgehen hält, um ein schüchternes Kind dazu zu bringen, fremde Menschen an der Haustür zu begrüßen:

> Beginnen Sie mit der Frage, was es bedeutet, nicht

schüchtern zu sein, und setzen Sie sich dies als Ziel. Was sollte das Kind Ihrer Meinung nach tun können, ohne sich unwohl zu fühlen? Dies ist überaus wichtig, denn Sie können ja keine Verbesserungen belohnen, wenn Sie nicht wissen, wie Ihr Ziel aussieht. Also, Sie beschließen, daß ein Kind in dem Alter fähig sein sollte, Leute an der Tür zu begrüßen, die es nicht kennt, sich vorzustellen und nach ihren Namen zu fragen und bei ihnen zu bleiben, bis die Person, die sie besuchen wollen, hinzukommt. Der nächste Schritt heißt, zu bestimmen, was das Kind bereits kann, ohne sich unwohl zu fühlen. Sagen wir, es kann aus einigem Abstand zusehen, wie jemand anderer die Tür öffnet. Der nächste Schritt sieht dann so aus, es zu belohnen, wenn es dichter zur Tür kommt und den Begrüßungsablauf mehr aus der Nähe betrachtet. Ein verbreiteter Fehler besteht darin, die Geduld zu verlieren, das Kind zur Tür zu zerren und es zu zwingen, sich an der Begrüßung zu beteiligen. Manchmal funktioniert das auch, aber es verlangt vom Kind sehr viel. Manchmal verschlimmert es aber alles, und das Kind hält sich noch weiter im Hintergrund als zuvor. Es schleicht sich vielleicht aus der Hintertür, wenn es hört oder sieht, daß Fremde aufs Haus zukommen. Seien Sie geduldig und denken Sie daran, daß sich weitere Verbesserungen einstellen, wenn Sie nur Verbesserungen belohnen. Sie belohnen das Kind nur bei Fortschritten, wenn es immer näher herankommt, aber nicht, weil Sie ihm dies abverlangen. (Es würde übrigens den Prozeß beschleunigen, wenn Sie für häufigen Besuch sorgten. Wenn sich die Gelegenheit, eine Verbesserung zu belohnen, nur einmal im Monat ergibt, dauert es ewig, das letztendlich erwünschte Verhalten zu erzielen.) Nach einer Weile ist Bernie recht willig, mit Ihnen oder einem anderen Familienangehörigen zur Tür zu kommen, um Gäste zu begrüßen. Dann haben Sie das Problem praktisch schon gelöst. (Wright, 1980)

Ich sehe diese Methode so: Wenn es so kompliziert und zeitraubend ist, nur ein einziges, einfaches Verhalten zu ändern, hat wohl kaum jemand die Zeit, dies bei einer Vielzahl anderer Verhaltensweisen anzuwenden, die alle Eltern gern sähen – wie pünktlich zu Bett zu gehen, das Spielzeug angemessen zu behandeln, Unordnung zu beseitigen, Kleider aufzuhängen, den kleinen Bruder nicht zu schlagen, beim Kauen den Mund zu schließen, täglich die Zähne zu putzen, den Hund jeden Abend zu füttern, rechtzeitig morgens aufzustehen, anzurufen, um die Eltern wissen zu lassen, wo die Kinder sind – die Reihe ließe sich unendlich fortsetzen. Können Sie sich zudem vorstellen, daß ein Lehrer sich auf diese komplexe Methode einläßt, um das Verhalten von dreißig Kindern in seiner Klasse zu ändern? Ich nicht. Ich muß hinzufügen, daß es bei uns zu Hause über ein Jahr gedauert hätte, bis die erforderliche Anzahl von Besuchern an unsere Haustür geklopft hätte, wenn unsere Tochter gerade zu Hause war. Angesichts all dieser präzisen Bedingungen, die erfüllt werden müssen, damit diese Methode klappt, und des großen Zeitaufwands bin ich überzeugt, daß Verhaltensänderung mit Belohnungen weder für Eltern noch Lehrer jemals von irgendwelchem Nutzen sein kann. Experten haben zweifelsohne ziemlichen Erfolg damit erzielt und motorisch zurückgebliebene Kinder dazu gebracht, zu gehen statt zu kriechen, autistische Kinder veranlaßt, eine Brille aufzubehalten, schizophrene Kinder zum Sprechen gebracht und so weiter. Aber von Eltern und Lehrern zu erwarten, mit einer so komplexen, speziellen und zeitraubenden Technik ähnliche Erfolge zu erzielen, scheint mir absurd.

Offensichtlich gibt es dazu auch andere Meinungen. Wie Wright haben einige Befürworter dieser Methode Bücher geschrieben, in denen sie versuchen, Eltern die komplexe Technik der Verhaltensänderung beizubringen. Ihre Bücher sind zwar sehr lesbar und machen die Prinzipien deutlich, aber ich hege ernste Zweifel, ob viele Lehrer oder Eltern jemals die Zeit finden oder die Geduld aufbringen, um die Methode wirksam anzuwenden. Die Verhaltensänderung ist – wie eine Operation – ein hochtechnisierter Prozeß, bei dem eine speziell ausgebildete Person viele Stunden mit einem einzigen (höchstens einigen wenigen) Kinder in einer streng kontrollierten, laborähnlichen Umgebung verbringt. Gewöhnlich wird sie nur angwendet, wenn andere, einfachere Methoden, das Verhalten eines Kindes zu ändern, ausprobiert wurden und versagten oder von vornherein als aussichtslos betrachtet werden.

Schwierigkeiten von Eltern und Lehrern mit Belohnungen

Wenn Eltern und Lehrer versuchen, Kinder mit Belohnungen zu kontrollieren, stoßen sie auf ein paar sehr schwerwiegende Probleme. Als Folge davon geben die meisten auf, wenden keine Belohnungen mehr an und setzen eher Strafen ein. Dem Leser werden die folgenden Probleme in Verbindung mit dem Einsatz von Belohnungen schnell bekannt vorkommen:

Wenn Belohnungen ihren Wert verlieren

Wissen Sie noch, wie Ihre Eltern Ihnen versprachen, der Nikolaus würde ganz viele schöne Geschenke bringen, wenn Sie in den Monaten vor Weihnachten immer artig wären? Für die meisten Kleinkinder ist monatelang gutes Benehmen eine Unmöglichkeit. Und da die Chance auf eine Belohnung so weit in der Zukunft lag, hatte das Versprechen nur wenig Wert. Als ich etwa zehn, elf war, versprach mein Vater mir eine goldene Armbanduhr, wenn ich vor meinem einundzwanzigsten Lebensjahr nicht rauchte. Das hielt mich nicht davon ab, das Rauchen anzufangen, denn zu dieser Zeit hatte eine goldene Uhr für mich kaum großen Wert, besonders nicht, wenn ich darauf warten mußte.

Merke: *Wenn die Belohnung zu weit in die Zukunft gerückt wird, verliert sie an Macht.*

Wenn inakzeptables Verhalten belohnt wird

Mehrere meiner Grundschullehrer versuchten es mit allen möglichen ausgefeilten Belohnungssystemen, um mich in der Schule zu einem artigen kleinen Jungen zu machen. Das Problem waren meine Clownereien, die mir das Lachen und die Belustigung (und völlige Aufmerksamkeit) meiner Schulkameraden einbrachten, die wie eine Belohnung wirkten und genau das Verhalten förderten, das der Lehrer inakzeptabel fand. Deshalb verstärkte ich mein störendes Clownsverhalten, statt es zu vermindern, Jahr um Jahr bis zur Oberschule. Merke: *Die Kontrollierenden können nicht immer verhindern, daß Kinder von anderen für genau das Verhalten belohnt werden, das für den Kontrollierenden inakzeptabel ist.*

Wenn Kinder sich die Belohnung selbst besorgen können

Belohnungen klappen nicht, wenn die Kinder sowieso schon genug davon bekommen. Wenn Kinder älter werden, finden sie immer mehr Möglichkeiten, ihre Abhängigkeit von den Eltern oder Lehrern zu verringern, die ihre Bedürfnisse erfüllen. »Wenn du jeden Tag alle Aufgaben erledigst, gehe ich Samstag mit dir ins Kino« ist vielleicht ein wirksamer Anreiz für ein Kind, das zu klein ist, um selbst Geld zu verdienen oder mit dem Mofa zum Kino fahren zu können. Doch wenn Kinder groß genug sind, um eigenes Geld zu verdienen, Taschengeld bekommen oder eigene Transportmittel haben, können sie oft ins Kino gehen, ohne sich der Kontrolle der Eltern zu unterwerfen. Wenn ich mich an meine eigene Kindheit erinnere, verdiente ich, schon ehe ich neun war, Geld damit, daß ich anderen Leuten den Rasen mähte oder Erdbeeren pflückte. Meine Freunde und ich hatten immer ein Fahrrad, um zum nahegelegenen Kino zu fahren. Merke: *Damit Belohnungen die von den Kontrollie-*

renden angestrebte Wirkung haben, müssen Kinder unfähig sein, sich diese Belohnungen selbst zu beschaffen – sie müssen abhängig, bedürftig und unterprivilegiert sein. Stellen Sie sich vor, Sie wollen einem Hund beibringen, sich auf den Rücken zu rollen und ihn dafür mit einem Leckerbissen belohnen – wenn er gerade sein Fressen verschlungen hat!

Wenn Belohnungen zu schwer zu erlangen sind

Oft scheitert die Verhaltensänderung, weil der Preis einfach zu hoch für das Kind ist, sich die angebotene Belohnung zu verdienen. Nehmen wir Schulnoten beispielsweise. Aufgrund der meisten Benotungssysteme, besonders, wenn Lehrer nach einer »Kurve« benoten, erhalten etwa 50 % aller Schüler unterdurchschnittliche Noten. Das bedeutet, wie jeder (auch Erziehungswissenschaftler) weiß, daß der Belohnungswert, eine »Eins« oder »Zwei« zu bekommen, sehr gering ist, wenn nicht sogar gleich null, denn viele Schüler versuchen gar nicht, eine Eins zu bekommen, weil sie genau wissen, sie schaffen es nicht, in die sehr kleine Spitzengruppe vorzudringen, die für die Lehrer nur aus den intelligentesten und begabtesten Schülern besteht. Merke: *Belohnungen müssen für die Kinder erreichbar sein.*

Wenn akzeptables Verhalten unbelohnt bleibt

Es ist absurd, von Eltern zu erwarten, daß sie stundenlang ihre Kinder »observieren« und darauf warten, daß sie etwas Akzeptables tun, damit sie ihnen pflichtschuldig eine Belohnung verabreichen können. Ein Großteil des kindlichen Verhaltens wird in der Regel nicht genau beobachtet, weil Mutter und Vater zuwenig Zeit haben oder das Kind nicht zu Hause ist, und das bedeutet, es ist für Eltern oft unmöglich, ein erwünschtes Verhalten jedesmal zu belohnen, wenn es auftritt. Die Experten betonen hingegen, es sei absolut notwendig, daß die Kontrollierenden genau das tun, besonders zu Beginn der Bemühungen um eine Verhaltensänderung. Für Lehrer, die gewöhnlich ein ganzes Zimmer voller aktiver Kinder vor sich haben, denen sie ihre Aufmerksamkeit zuwenden müssen, ist es unmöglich, jedes erwünschte Verhalten zu bemerken. Ebensowenig ist es immer möglich, bei der Verteilung der Belohnungen stets in der gleichen Weise zu verfahren. Haben Sie einmal gehört, wie ein Kind sich beklagte: »Bei Hannes hast du dich bedankt, weil er dir die Einkaufstasche getragen hat, aber ich habe das gestern auch gemacht, und du hast es gar nicht bemerkt.« Merke: *Wenn das erwünschte Verhalten unbelohnt bleibt, dauert es viel länger, bis es verstärkt wird und sich zuverlässig etabliert.*

Wenn Kinder nur für Belohnungen arbeiten

»Gefällt dir mein Bild?«

»Finden Sie, ich kann gut buchstabieren, Herr Lehrer?«

»War ich heute artig?«

»Ist dir aufgefallen, wie ordentlich mein Zimmer heute aufgeräumt ist?«

»Wenn ich mein Gemüse aufesse, kann ich dann zwei Kugeln Eis haben?«

Das sind alles Botschaften, die signalisieren, daß dem Kind von Eltern und Lehrern beigebracht wurde, es müßte *jederzeit für gutes Verhalten eine Art Bezahlung erhalten.*

Eine der unangenehmen Wirkungen unseres Benotungssystems in Schulen besteht darin, daß manche Schüler sich viel stärker darum kümmern, welche Noten sie bekommen, als ihr Wissen zu erweitern oder ihre Fähigkeiten zu verbessern. Das ist unter der Bezeichnung »für Noten arbeiten« bekannt – wenn man sich um die extrinsischen (äußeren) Belohnungen der Schule bemüht, statt sich an der Leistung in der Schule und an dem erworbenen Gelernten zu freuen und davon befriedigt wird (intrinsische Belohnung).

Das Arbeiten für gute Noten zieht im Extremfall Betrug, Abschreiben, Plagiieren, Büffelei, stures Auswendiglernen und alle anderen Dinge nach sich, die Schüler tun, um gute Noten zu erlangen.

Ich habe erlebt, wie kleine Kinder sich völlig in den Bau eines komplizierten Hauses aus Bauklötzen vertieften, und sie zogen große Befriedigung aus den Herausforderungen der Aufgabe und eindeutig intrinsische (innere) Belohnung aus der eigenen Leistung. Wenn dabei eine Einschätzung der Leistung geschah, so spielte sie sich ausschließlich im Kind selbst ab.

Vergleichen wir dies mit einer anderen Situation, bei der das Kind ein Tier aus Ton formt und jeden Augenblick innehält, um den Eltern zu zeigen, was es gemacht hat, und Fragen stellt wie: »Gefällt dir mein Pferd?« »Ist der Kopf richtig so?« »Mache ich es richtig?« Bei manchen Kindern ist unübersehbar, daß die Quelle der Einschätzung die Eltern oder der Lehrer ist (Psychologen nennen dies »außengesteuerte Evaluation« [Bewertung]).

Lob wirkt ganz besonders als eine extrinsische Belohnung, und seine Wirkung auf Kinder ist ziemlich vorhersehbar. Kinder, die häufig gelobt werden, lernen, nur diejenigen Dinge auszuwählen, die ihrer Meinung nach den Eltern gefallen, und meiden diejenigen, die diese vermutlich nicht mögen. Manche Eltern finden das vielleicht sehr angenehm, doch wir wissen, daß diese Kinder weniger zu Erfindungsreichtum, Kreativität und Selbständigkeit neigen. Sie lernen eher, sich anzupassen, statt kreativ zu sein, und einem bekannten Muster zu folgen, das ihnen Lob einbringt, statt mit etwas Neuem zu experimentieren.

Wenn man bei Kindern viel Lob einsetzt, geht man das Risiko ein, Menschen heranzuziehen, die wenig oder gar keine Freude an Aktivitäten und Leistungen gewinnen, für die sie keine Belohnungen oder Anerkennung bekommen. Solche Kinder haben nur wenig Spaß beim Spielen oder Sport, es sei denn, sie werden bei einem Sieg mit Lob überhäuft, sie haben nur wenig Spaß am Lernen in der Schule, wenn sie nicht gute Noten dafür bekommen, oder sie erleben nur wenig Befriedigung, Dinge mit anderen zusammen zu machen, wenn sie dabei nicht »Pluspunkte« für gutes

Benehmen erlangen. Die Tragödie besteht darin, daß ein Scheitern beim Sport, bei den Zensuren oder den Pluspunkten für Rücksichtnahme bei den Kindern oft bewirkt, daß sie diese Aktivitäten aus ihrem Leben streichen und sich so die intrinsische Lust versagen, einfach etwas zu tun und sich an den Aktivitäten selbst zu freuen.

Der Einsatz extrinsischer Belohnungen, um Kinder zu kontrollieren oder zu motivieren, ob in Form von Lob, guten Noten, Privilegien oder Goldsternchen, tendiert tatsächlich dazu, die intrinsische Motivation zu untergraben, und bringt Kinder dazu, eine Tätigkeit aufzugeben. Extrinsische Motivatoren sind nicht nur unwirksam, sondern auch untergrabend; sie nagen an der Art von Motivation, die Leistung, Fähigkeit und Selbstachtung hervorbringt.

Alfie Kohn, Autor des Buches *No Contest: The Case against Competition* (Kohn, 1986), zitiert aus einer Studie, die die negative Wirkung von Wettbewerbssituationen belegt. Man gab Schülern ein Rätsel zu lösen. Manchen wurde gesagt, sie sollten es schneller als ihre Nachbarn lösen. Anderen gab man diese Anweisung nicht. Bei allen Schülern wurde die Zeit genommen, und man bat sie anschließend um ihre Einschätzung, wie interessiert sie an der Lösung des Rätsels gewesen seien. Die Untersuchenden schlossen:

> Der Versuch, eine andere Partei zu schlagen, ist dem Wesen nach extrinsisch und geht in die Richtung, die intrinsische Motivation von Menschen zu schwächen... Es scheint, wenn man Personen anweist, sich an einem Wettbewerb zu beteiligen, daß sie diese Aktivität bald als Instrument zum Gewinnen betrachten, statt als eine Tätigkeit, die an sich beherrscht werden muß und lohnend ist. (Deci u. a., 1981)

John Holt, ein bekannter, angesehener Kritiker unseres Schulsystems, wußte über den schädlichen Effekt von extrinsischen Belohnungen auf Kinder Bescheid:

> Wir zerstören die... Liebe zum Lernen in Kindern, die stark ausgeprägt ist, wenn sie noch klein sind, indem wir

sie auffordern und zwingen, für lächerliche, kleinliche Belohnungen zu arbeiten – für Goldsternchen oder irgendwelche Zahlen, indem wir ihre Arbeiten an die Wand heften, wir ihnen im Zeugnis eine Eins geben, eine Ehrenurkunde oder einen Doktorhut – kurz, für die unwürdige Befriedigung, sich besser zu fühlen als andere. (Holt, 1982)

Merke: *Belohnungen, besonders Lob, kann süchtig machen und die Motivation eines Kindes untergraben.*

Wenn das Ausbleiben einer Belohnung wie eine Strafe wirkt

Sie kennen vermutlich die Geschichte von der Frau mit dem neuen Hut, die zu ihrem Mann sagt: »Du hast noch nichts Nettes über meinen neuen Hut gesagt, daher mußt du ihn wohl hassen.« So geht es, wenn man Lob und Komplimente benutzt, um Kinder zu kontrollieren. Wenn sie sich daran gewöhnen, häufig gelobt zu werden, sorgen sie sich, wenn es einmal ausbleibt.

Wenn Lehrer in der Klasse oft Belohnungen einsetzen, die gewöhnlich den wenigen besten Schülern vorbehalten bleiben, empfindet die Mehrheit der Schüler das Fehlen von Belohnungen als unangenehm, abschreckend und strafend. Folge: Sie hören auf, sich bei Aufgaben Mühe zu geben. Das erklärt auch, warum einige Kinder immer auf der Suche nach einem Kompliment von Erwachsenen scheinen, als könnten sie davon nie genug bekommen.

Die abnehmende Wirksamkeit von Belohnungen im Laufe der Zeit ist experimentell bestätigt worden. Man fand heraus, daß, je mehr Lob zu Hause eingesetzt wurde, um so wirkungsloser es bei der Verstärkung für das Erlernen einer Laboraufgabe war. Kinder gewöhnen sich an ein bestimmtes Maß an Lob, passen sich daran an und achten dann weniger darauf. Die Deutung dieser Ergebnisse von Eleanor Maccoby und John Marton in dem bekannten *Handbook of Child Psychology* lautet:

Wenn elterliches Lob Wirkung haben soll, darf es entweder nur selten eingesetzt werden, oder aber es muß in seiner Intensität oder Häufigkeit so gesteigert werden, daß es sich einem allmählich steigenden Erwartungshorizont anpaßt. Ähnliche Probleme treten beim Einsatz von Belohnungen auf. Wenn man sie regelmäßig erteilt, werden sie bald erwartet; ihr Ausbleiben wird als Strafe empfunden, während ihr Vorhandensein nicht mehr als belohnend empfunden wird. (Maccoby/Marton, 1983)

Merke: *Keine Belohnung zu bekommen, kann wie eine Strafe wirken, viel Belohnung schwächt deren Wirkung ab.*

Eine eingehendere Analyse des Lobes

Verhaltensforscher betonen den Unterschied zwischen *primären* und *sekundären* Verstärkern (Belohnungen). Primärbelohnungen sind diejenigen, die die grundsätzlichen Überlebensbedürfnisse von Kindern erfüllen – Nahrung beispielsweise, Wasser, Wärme, Berührung. Die meisten Autoren von Verhaltenssteuerungsbüchern für Eltern geben bereitwillig zu, wie eng die Grenzen beim Einsatz dieser Primärbelohnungen zur Kontrolle von kindlichem Verhalten gezogen sind. Und warum? Weil die meisten älteren Kinder fast alle Überlebensbedürfnisse erfüllt bekommen, und die Erwachsenen können sie nicht kontrollieren, indem sie aus deren Fehlen Kapital schlagen wie bei sehr kleinen Kindern. Außerdem ist es einfach grausam und ausbeuterisch, wenn man ein Kind für Nahrung oder Wasser »arbeiten« läßt; keine normale Mutter oder Vater würden einen solchen Weg einschlagen. (Doch in der Presse wurde schon von einigen derartigen Versuchen berichtet.)

Daher raten die Advokaten für elterliche Macht denjenigen Eltern, deren Kinder über das Kleinkindstadium hinausgewachsen sind, auf eine Strategie umzuwechseln, die mit *sekundären Verstärkern* arbeitet: mit Aufmerksamkeit, Schmusen und Küssen, Anerkennung und ganz grundsätzlich *Lob*. Logan Wright, Autor von *Parent Power*, erklärt dies ganz deutlich:

> Aber primäre Verstärker haben recht enge Grenzen, besonders bei älteren Kindern, die zu Hause wohnen, statt etwa bei einem Krankenhausaufenthalt. Denn zunächst einmal ist Essen nicht verstärkend (hat keinen Belohnungswert), es sei denn, ein Kind hat Hunger... Aufgrund dieser und anderer Grenzen sind primäre Verstärker gewöhnlich nur bei sehr kleinen Kindern nützlich... sekundäre Verstärker sind fast alle guten Dinge des Lebens: Zuwendung, Lob, Erfolg, Umarmungen, Küsse. (Wright, 1980)

Diese Botschaft Wrights und anderer Verhaltensingenieure scheint eindeutig und klar: Wenn man erkennt, daß man seine Kinder nicht mehr manipulieren und kontrollieren kann, indem man ihre biologischen (Überlebens-)Bedürfnisse nicht erfüllt, geben Sie nicht gleich auf. Sie haben immer noch genügend Macht, indem Sie aus anderen tiefsitzenden Bedürfnissen Kapital schlagen: aus der Sehnsucht des Kindes nach Anerkennung, Zuwendung und Aufmerksamkeit. Aber haben Lehrer und Eltern in Form dieser sekundären Belohnungen tatsächlich »jede Menge Macht«? Schauen wir uns das genauer an – besonders das Lob.

Ich habe an früherer Stelle betont, daß die Kontrolle eines anderen Menschen mittels Belohnungen bedeutet, daß der zu Kontrollierende etwas stark genug wünschen oder brauchen muß, um sich der Kontrolle des Kontrollierenden zu unterwerfen. Nun lautet die Frage: Wird Lob stark genug benötigt, so daß es für Eltern und Lehrer funktioniert? Fügen sich Kinder bereitwillig den Wünschen der Erwachsenen, weil sie ein Bedürfnis nach Lob haben? Meine Erfahrung sagt mir: »Verlassen Sie sich nicht darauf.« Besonders nicht bei älteren Kindern.

Der bloße Gedanke, Lob bei der Kontrolle von Kindern einzusetzen, hat etwas Verlockendes, stimmt's? Es klingt so gütig, und wie könnte es nicht im besten Interesse des Kindes sein? Kinder loben sieht auch so einfach aus! Und Eltern und Lehrer empfinden vermutlich überhaupt keine Skrupel, wenn sie loben, wie in Situationen, in denen sie strafen. Und schließlich scheint Lob von Anfang an etwas zu sein, was jeder braucht und jeder will. Aus all diesen Gründen wird Lob häufig eingesetzt. Und die meisten Erwachsenen haben die große Hoffnung, daß sie die Kinder damit zu dem bringen, was sie von ihnen erwarten. Mein Vater pflegte immer zu sagen: »Gib ihnen ein Lob, und sie schuften sich den Arsch ab.« Aber tut man das wirklich? Ich bin zu der Überzeugung gelangt, daß Lob als Mittel für die Kontrolle von Kindern grob überschätzt wird, weil es gewöhnlich unwirksam ist und oft der Erwachsenen-Kind-Beziehung schadet.* Darüber hinaus kann Lob zu einer Reihe von unerwünschten und unsozialen Charakterzügen bei Kindern führen. Um das zu verstehen, müssen wir uns zunächst auf eine Definition von Lob einigen.

Was ist Lob?

Hier meine Definition von Lob: eine verbale Botschaft, die eine positive Einschätzung von einer Person, dem Verhalten einer Person oder deren Leistungen übermittelt.

Hier einige Beispiele von lobenden Botschaften:

»Du bist ein gutes Kind.«

»Aus dir wird mal ein guter Tennisspieler.«

»Das hast du richtig gemacht, daß du dich weigertest mitzugehen.«

»Du hast so schönes Haar.«

»Dein Spiel hat sich wirklich verbessert.«

»Du kommst viel besser mit den Hausaufgaben zurecht.«

»Du hast die Intelligenz, die besten Noten zu bekommen.«

»Das hast du sehr gut gemacht.«

* Ich bin Richard Farson zu Dank verpflichtet, weil er als erster in einem Artikel im *Harvard Business Review* darauf hinwies, warum Lob so oft wirkungslos bleibt. (Farson, 1963)

Achten Sie darauf, daß all diese Botschaften das Pronomen *Du* enthalten, gefolgt von einer positiven Einschätzung von etwas an diesem »Du« – Aussehen, Verhalten, Leistungen, Charakteristika. Später werde ich diese »Du«-Botschaften mit einer völlig anderen Art positiver Botschaft vergleichen, die ich 1964 als »Ich-Botschaften« bezeichnete – zum Beispiel: »Ich war dankbar für deine Hilfe heute abend, ich war nämlich sehr müde.« Positive Ich-Botschaften wie diese fallen nicht unter meine Definition von Lob, und sie rufen nur selten das unerwünschte Verhalten hervor wie Du-Botschaften. Aber betrachten wir nun, welche Probleme es bringt, wenn man Lob zur Kontrolle von Kindern einsetzt.

Die »heimlichen Ansprüche« beim Loben

Eltern, Lehrer und andere Erwachsene benutzen, wie wir uns alle erinnern, gern und oft Lob zum vornehmlichen Zweck, Kinder auf bestimmte Weise zu ändern – sie zu motivieren, sich anzustrengen, weiter gut zu arbeiten, sich nett zu verhalten, einen guten Eindruck zu machen oder ein erwünschtes Verhalten zu wiederholen. Ihre Absicht besteht darin, ein Verhalten zu bestärken (belohnen), das sie als gut, anständig und richtig empfinden. Hinter fast jeder Lob-Botschaft steht daher der unausgesprochene Zweck, daß man will, daß sich das Kind ändert. Ich nenne das »heimlichen Anspruch«, weil das Ziel des Erwachsenen fast nie deutlich erklärt und auf den Tisch gebracht wird.

Wenn ein Vater etwa zu seiner zwölfjährigen Tochter sagt: »Du siehst heute mit dem Kleid aber besonders hübsch aus«, kann sein unausgesprochener, verborgener Anspruch sein: »Ich wünschte, du würdest öfter Kleider tragen und nicht immer diese Jeans.« Wenn ein Lehrer sagt: »Kinder, ihr wart heute aber sehr ruhig und fleißig«, meint er vielleicht wirklich: »Warum könnt ihr nicht jeden Tag so sein?« Ich weiß noch, wie mein Vater einmal zu meinem Bruder und mir sagte: »Ihr Jungs habt aber heute wirklich mal den

Hof sauber gefegt.« Wir wußten jedoch, daß Pa sein bewährtes Prinzip benutzte, das ich schon früher erwähnt habe: »Gib ihnen ein Lob, und sie schuften sich den Arsch ab.«

Die Absicht von Erwachsenen, wenn sie loben, ist daher nicht ausschließlich die wohlwollende, daß sich das Kind daraufhin gut fühlt. Es ist eher das Bedürfnis, eine Verhaltensänderung anzusteuern, bei der *der Erwachsene* sich gut fühlt – daß er über einen sauberen Hof gehen kann, daß die Tochter das trägt, was die Eltern bevorzugen, daß Lehrer eine ruhige Klasse haben. Kinder durchschauen gewöhnlich diese Art von Lob und erkennen darin den verborgenen Anspruch von Erwachsenen.

Lob wird auch oft aus Bequemlichkeit, Vergnügen und zum Vorteil des Lobenden ausgeteilt. Wenn Eltern oder Lehrer loben, ist die Haltung vielleicht: »Ich möchte, daß das Kind sich gut fühlt.« Aber sie kann auch sein: »Ich will das Kind ändern, damit ich mich gut fühle.« Eltern und Lehrer, die Lob auf diese Weise benutzen, werden von Kindern manchmal als manipulativ, kontrollierend und nicht völlig aufrichtig eingeschätzt.

Das genau war das Ergebnis eines Vorhabens, mit dem nach Gründen für gute Leistungen bei Schülern gesucht wurde. Bei dieser Studie mußten 311 Schüler in der sechsten und siebten Klasse Leistungstests in Sozialkunde, Naturwissenschaften, Mathematik und Lesen absolvieren. Ihre Eltern füllten umfangreiche Fragebögen über ihre Kindererziehungspraktiken aus. Die Ergebnisse waren höchst überraschend:

Mütter, die ihre Kinder herzlich behandelten und ihnen den freien Ausdruck von Aggression erlaubten, hatten Kinder, die sehr gut abschnitten. Die Kinder von Müttern, die oft straften und selten mit ihnen diskutierten, schnitten schlecht ab. Das überraschendste Ergebnis war, daß Väter, die sehr viel lobten, Kinder hatten, die weniger gut abschnitten, besonders in den Naturwissenschaften und im Lesen.

Die Erklärung der Forscher lautete: »Eltern, die ständig loben, tun dies gewiß mit dem Zweck, das Kind zu weiterer Fügsamkeit zu zwingen. Das Lob wird nicht als ehrlich oder wirklich verdient empfunden.« (Barton/Dielman/Cattell, 1974)

Lob kann auch Kritik bedeuten

In den versteckten Ansprüchen, die Kinder ändern zu wollen, dem Bestandteil vieler Lob-Botschaften, ist unterschwellig auch Kritik enthalten. Sehen wir uns den folgenden Dialog an:

Mutter: »Du fährst heute aber viel vorsichtiger.«

Helga: »Was meinst du mit ›heute viel vorsichtiger‹? Ich fahre doch immer vorsichtig.«

Mutter: »Ich finde nicht, daß du immer vorsichtig fährst.«

Helga: »Was mache ich denn, daß es gefährlich ist? Sag mir das mal.«

Solche Szenen spielen sich in Familien häufig ab: Eltern loben, das Kind hört Kritik heraus und spürt den unausgesprochenen Wunsch, das Verhalten des Kindes zu ändern. Das kommt oft vor, weil Lob so oft manipulierend ist – als indirekter, unausgesprochener Wunsch, das Verhalten eines Kindes zu formen und zu kontrollieren, indem man ein akzeptables Verhalten gegen ein inakzeptables setzt. Jedesmal, wenn ein Kind erlebt, wie in einem Lob Kritik versteckt wird, erkennt es die wahren Absichten der Eltern deutlicher. Wie die meisten Menschen wollen Kinder nicht gern manipuliert werden. Sie lehnen die versteckten Versuche, sie zu kontrollieren, heftig ab, besonders, wenn die Botschaften subtile, indirekte Kritik enthalten. Wenn sie die Lob-Botschaft durchschauen und die verborgene Kritik entdecken, wird die positive Bemerkung wie: »Du fährst aber heute vorsichtiger« oft übersehen oder ignoriert. Statt sich wohlzufühlen, weil sie vorsichtig fährt, fühlt sich Helga in dem Beispiel oben kritisiert und reagiert trotzig und vorwurfs-

voll. Das Lob wird sie vermutlich vergessen und sich nur an die Kritik erinnern.
Im Gegensatz zu dem, was die meisten Menschen glauben, enthält Lob oft ein Element von *Nichtannahme* des Kindes. Wenn der Lehrer zu einem Schüler sagt: »Heute hast du die Lektion aber verstanden, weil du aufgepaßt hast«, lautet die Botschaft, die der Schüler höchstwahrscheinlich entschlüsselt: »Meistens paßt du nicht auf, und das ist für mich nicht akzeptabel.«
Lob kann also die Wirkung haben, die Beziehung in den Augen des Kindes als eine von überlegen und unterlegen zu definieren, von Richter und Beurteiltem. Ich weiß aus eigener Erfahrung: Wenn ich in einer Beziehung die Rolle eines Beurteilers und Einschätzers übernehme, ist meine dahinterstehende Einstellung gewöhnlich ein Gefühl von Überlegenheit gegenüber der Person, die ich einschätze. Ich sage in Wirklichkeit, daß ich alles besser weiß und mehr Erfahrung habe, daß ich klüger bin. Wenn ich zu meiner Tochter nach einem Tennismatch sage: »Schatz, heute hast du aber gut gespielt«, deute ich auch an, daß ich glaube, fähig zu sein, ihr Spiel zu beurteilen – bestimmt aber, fähiger zu sein als sie. Es ist besser, zu sagen: »Ich mußte mich heute gegen dich viel mehr anstrengen.«
Um zu begreifen, wie zu loben bedeutet, sich über die gelobte Person hinauszuheben, stellen Sie sich vor, Sie haben gerade ein Konzert eines berühmten Geigers gehört. (Sie selbst haben noch nie im Leben eine Violine angefaßt.) Sehen Sie, wie lächerlich es klingen würde, wenn Sie etwa sagten: »Ihre Technik war makellos, die Interpretation brillant.« Wenn Sie wie ich reagieren, dann würden Sie eine solche Lob-Botschaft nie von sich geben, weil Sie wissen, daß Sie nicht qualifiziert sind, jemanden zu beurteilen, der Ihnen auf der Geige so haushoch überlegen ist. Vergleichen Sie das mit der Botschaft: »Mir hat Ihr Spiel heute abend sehr gefallen«, oder: »Ich habe großen Respekt vor Ihrem Talent«.

Wenn man lobt, besteht immer das Risiko, daß eine Haltung von Überlegenheit mitspielt und daher im Kind das Gefühl von Unterlegenheit bestärkt. Ein Lob ist daher oft ein Akt des Herabsetzens. Damit es tatsächlich eine Wirkung hat, muß in der Beziehung der eine eindeutig überlegen sein, der andere unterlegen – eine Person das Sagen haben, die andere nicht.

Manchmal setzen Erwachsene Lob ein, um ein Kind auf eine Kritik vorzubereiten, wie bei den folgenden Beispielen:

»Martina, das machst du schon viel besser als vorher, aber du mußt dich noch sehr anstrengen.«

»Peter, es war sehr nett von dir, abzuwaschen, aber du hast das Geschirr nicht fortgeräumt.«

Nicht selten besteht die Wirkung dieser Botschaften darin, daß man die positive Einschätzung nicht hört (oder vergißt) und nur auf die Kritik reagiert.

Eine Variation dieser »Weichmacher-Botschaften« läuft unter der Bezeichnung »Sandwich-Technik«, die leider manchmal als wirksame Methode im Umgang mit jungen Leuten empfohlen wird. Bei dieser Methode wird die kritische Botschaft wie bei einem Sandwich zwischen zwei Lob-Botschaften geklemmt:

»Kati, du gibst dir offensichtlich jetzt mehr Mühe, aber du machst beim Rechnen immer noch Flüchtigkeitsfehler. Ich weiß, du bist der Typ, der alles kann, wenn du dich nur konzentrierst.«

»Mark, deine Zähne sehen viel sauberer aus als vor einem Monat. Aber du vergiß immer noch, dir abends die Zähne zu putzen. Du bist doch klug genug, um zu wissen, daß die Speisereste zwischen deinen Zähnen nachts Karies verursachen können.«

»Du siehst heute abend nett aus, Philipp. Natürlich sähest du noch besser aus, wenn du dir die Haare bürsten würdest, aber du gibst dir wirklich in letzter Zeit mit deinem Aussehen mehr Mühe.«

Für Jugendliche ist es nicht schwer, die Sandwich-Methode

als eben diese zu erkennen – als indirekten und daher manipulativen Versuch, sie zu kontrollieren. Wenn sie solche Botschaften von den Eltern oder Lehrern bekommen, merken Kinder immer, daß die wahre Absicht darin besteht, sie zu kritisieren und die Aufmerksamkeit auf ihr *inakzeptables* Verhalten zu lenken – und nicht, das akzeptable zu loben.

Aus diesem Grund gehen Eltern und Lehrer, die oft Lob mit kritischen Botschaften verbunden einsetzen, das Risiko ein, von den Kindern als manipulativ, indirekt, unaufrichtig und falsch empfunden zu werden!

Wenn das Lob nicht der Selbsteinschätzung des Kindes entspricht

Es ist erstaunlich, wie oft Kinder den Wert von Erwachsenenlob abstreiten. Es klingt in ihren Ohren falsch, denn es entspricht nicht der Selbsteinschätzung des Kindes, wie bei den folgenden Beispielen:

Mutter: »Ich finde deine Sandburg einfach hinreißend.«

Jochen: »Ich finde sie nicht sehr gut. Sandras ist viel besser.«

Vater: »Das machst du wirklich gut, Judith. Nicht mehr lange, und du bist ein Tennis-As.«

Judith: »Ach, Papa, ich bin schlecht, und das weißt du ganz genau. Aus mir wird nie was Besonderes.«

Wenn ein Lob als »schlicht unwahr« ankommt, besteht eine große Chance, daß ein Kind Zweifel an der Integrität des Erwachsenen entwickelt. Wie oft haben Sie auf ein Lob schon Reaktionen wie die folgenden gehört?

»So gut ist das gar nicht.«

»Ich finde, es stinkt zum Himmel.«

»Ich bin *nicht* hübsch.«

»Das sagst du nur, um mich zu beruhigen.«

»Mehr hast du auch nicht zu sagen.«

»Ich kann das Bild nicht leiden.«

»Ich hätte es viel besser machen können.«

Genauso wichtig, wie zu erkennen, wenn ein Lob nicht der Selbsteinschätzung des Kindes entspricht, ist zu wissen, daß es vom Kind als Mißachtung seiner Gefühle und als Mangel an Verständnis empfunden werden kann. Das trifft besonders zu, wenn ein Kind bereits negative Gefühle über eine Leistung oder einen Fortschritt geäußert hat. Dann kann Lob eine starke Barriere für weitere Kommunikation zwischen Eltern und Kind sein. Wenn Kinder glauben, ihre Eltern oder Lehrer begriffen nicht wirklich, wie schlecht es ihnen geht, werden sie entmutigt und reden nicht mehr mit ihnen. Aus diesem Grund kann Lob von Erwachsenen bewirken, daß sie zahllose Gelegenheiten verpassen, ihren Kindern gute Ratschläge zu geben. Achten Sie im folgenden Dialog darauf, wie Susis Mutter lobt, denn Susi wird trotzig und hört schließlich auf, über das ernste Problem zu reden, das sie in der Schule hat:

Susi: »Ich wünschte, ich wäre wieder in der Grundschule.«

Mutter: »Warum meinst du das, Schatz?«

Susi: »Ich habe in der Oberschule keine richtigen Freundinnen, nur Debbie vielleicht.«

Mutter: »Na, ich wette, in deiner Klasse gibt es viele Mädchen, die sich freuen würden, mit dir befreundet zu sein.«

Susi: »Wie kommt es dann, daß ich keine neuen Freundinnen habe. Das sag mir mal.«

Mutter: »Es dauert ein Weilchen, wenn man in eine neue Schule kommt. Dir fällt doch immer alles leicht, was du dir vornimmst. Versuch einfach, freundlich zu ihnen zu sein, und bemüh dich um sie.«

Susi: »Ach, Mama, du verstehst mich nicht. Ich habe mir wirklich Mühe gegeben. Jetzt will ich nicht mehr darüber sprechen.«

Wenn jemand einem ein Problem mitteilen will, wirkt Lob wie eine Abwehrmauer. Versuchen Sie es mit diesem Experiment: Wenn Sie das nächste Mal mit jemandem zusammen sind, der Ihnen ein persönliches Problem anvertraut, geben Sie ihm eine stark positive Einschätzung seiner Person. Dann achten Sie darauf, wie das Lob die Kommunikation abblockt. Achten Sie besonders auf die defensiven Reaktionen, die Sie zweifelsohne erhalten werden. Sie erkennen leicht, wie Lob Menschen unweigerlich abblockt. Menschen, die unglücklich oder mit sich oder ihrem Leben unzufrieden sind, reagieren auf jede Art positiver Einschätzung wie auf eine Verleugnung ihrer wahren Gefühle in diesem Moment – die natürlich ganz und gar nicht positiv sind. Das erklärt, warum Lob so oft Reaktionen wie die folgenden hervorruft:

»Du verstehst mich nicht.«

»Das würdest du nicht sagen, wenn du wüßtest, wie ich mich fühle.«

»Das ist leicht gesagt.«

Lob verstärkt Geschwisterrivalität und Konkurrenz

Vielleicht können Sie sich erinnern, wie Sie sich als Kind fühlten, wenn einer Ihrer Klassenkameraden oder ein Geschwister ein Lob erhielt und Sie nicht. Sie kamen sich vielleicht eifersüchtig, abweisend oder sogar wütend vor. Das Ausbleiben von Lob oder Anerkennung kann tatsächlich wie eine regelrechte Zurückweisung empfunden werden: »Du kannst mich nicht so gut leiden wie Johannes.«

In Familien, in denen Eltern viel Lob einsetzen, besteht in der Regel starke Konkurrenz zwischen den Kindern. »Mein Bild ist aber schöner als deins.« Manchmal erzählen Kinder Lügen, um sich aufzuwerten und Bruder oder Schwester schlecht zu machen. »Barbara hat beim Monopoly gewonnen, aber sie hat geschummelt.«

Da es für Eltern und Lehrer nahezu unmöglich ist, Lob gleichmäßig zu verteilen, haben Kinder manchmal das Gefühl, die Eltern seien ungerecht, oder sie spielen sich als Favorit auf: »Wie konntest du Erik sagen, daß sein Drachen toll fliegt, wenn meiner doch viel höher gestiegen ist?«

Ich persönlich bin immer traurig, wenn ich mich daran erinnere, wie mein älterer Bruder John so viel weniger Lob von unseren Eltern bekam als ich. Heute weiß ich, wie verletzt er sich gefühlt haben muß, wenn er hörte, wie Mom und Dad mich mit Lob überhäuften. Den Großteil seiner Jugend und auch später als Erwachsener versuchte er verzweifelt, ihre Anerkennung zu erlangen, doch er fühlte sich dabei nur selten erfolgreich. Sein ganzes Leben lang war er überzeugt, ich sei der Favorit unserer Eltern gewesen und er deren große Enttäuschung. Sein ganzes Leben begleitete ihn niedrige Selbstachtung. Und ich weiß, daß viel von diesem Schmerz hätte vermieden werden können, wenn meinen Eltern bestimmte Nachteile des Lobens bekannt gewesen wären.

Lob lähmt die Entscheidungsfähigkeit

Wenn Kinder größer werden und wichtige Lebensentscheidungen treffen müssen, kann die starke Abhängigkeit von der elterlichen Anerkennung und dem Lob der Eltern sich gegen sie wenden. Viele grundfalsche Berufsentscheidungen wurden aufgrund elterlicher Wünsche getroffen (»Meine Eltern wollten, daß ich Anwalt werde, aber ich wäre lieber Maler geworden.«) Die meisten Eltern wünschen aufrichtig, daß ihre Kinder selbständig werden und sie befriedigende, langfristige Entscheidungen treffen. Aber sie merken nicht, wie Lob die Entwicklung von Selbständigkeit und unabhängiger Entscheidungsfähigkeit beeinträchtigen kann, da elterliches Loben den Kindern beibringt, zu sehr die Möglichkeiten zu wählen, die ihnen elterliche Anerkennung einbringen.

Wirksame Alternativen zum Lob

Es ist nur natürlich, daß in einer Beziehung zuweilen etwas, was der andere tut, ein starkes positives Gefühl in einem hervorruft – Anerkennung, Erleichterung, Entzücken, Überraschung, Freude oder Liebe. Wie sollen wir in solchen Situationen reagieren, ohne Lob zu benutzen und damit all diejenigen Risiken einzugehen, die ich gerade beschrieben habe? Es gibt ein paar praktische Alternativen zum Lob, und diese haben in der Regel weitaus weniger negative Auswirkungen auf die Beziehung.

Die positive Ich-Botschaft

Eine Alternative zum Lob besteht in einer klaren Botschaft, die dem anderen mitteilt, wie genau sein oder ihr Verhalten auf einen wirkt. In unseren Effektivitäts-Kursen fordern wir die Teilnehmer dazu auf, solche Botschaften anstelle von Lob zu benutzen. Bei diesen *positiven Ich-Botschaften* handelt es sich um genaue, offene, selbstdarstellende Botschaften, die deutlich mitteilen, was sich *in Ihnen* abspielt.

»Ich fühle mich gut, wenn ...«
»Ich war angenehm überrascht, als ...«
»Ich war erleichtert, als ...«
»Ich habe mich so gefreut, als ...«
»Ich wurde ganz aufgeregt, als ...«

Denken wir daran, daß ein Lob gewöhnlich eine Aussage über andere Personen ist – wie *sie* aussehen, was *sie* sagten, was *sie* taten. Daher kommt ein Lob stets als *Du-Botschaft* an, gefolgt von einem Urteil oder einer Einschätzung wie:

»Das hast du aber gut gemacht.«
»Du bist sehr gut organisiert.«
»Deine Rede war ausgezeichnet.«
»Du hast so schöne Haut.«

Ich-Botschaften andererseits vermitteln etwas über sich selbst, kein Urteil über die andere Person. Dieser Unterschied ist wichtig, weil Urteile genau diejenigen Bestandteile des Lobens sind, die so viele Probleme hervorrufen. Erkennen Sie den wichtigen Unterschied bei den folgenden Vergleichen?

Situation: Ihre Siebenjährige spielte still und zufrieden die ganze Zeit über, als Ihre Freundin am Morgen zu Besuch da war:

»Du warst so artig, als Frau Zimmer hier war.« (Lob)

»Ich fand es richtig gut, daß ich mich heute morgen mit Frau Zimmer unterhalten konnte, ohne unterbrochen zu werden.« (Positive Ich-Botschaft)

Situation: Ihr Zwölfjähriger sprang nach seiner Geburtstagsparty ohne Aufforderung ein und räumte alles auf.

»Das war aber toll von dir, nach der Party aufzuräumen.« (Lob)

»Ich war richtig erleichtert, als ich sah, daß du schon alles aufgeräumt hattest, weil ich nach der Party so müde war. Ich hatte überhaupt keine Lust zum Aufräumen.« (Positive Ich-Botschaft)

Vielleicht versuchen Sie mit der Übung auf der folgenden Seite, Ihre Fähigkeit zu verbessern, positive Ich-Botschaften zu vermitteln. In der linken Spalte finden Sie eine Liste mit typischen Lobformeln, sämtlich beurteilende Du-Botschaften. Lesen Sie sie nacheinander durch und ersetzen Sie sie dann durch eine positive Ich-Botschaft, die Ihrem Kind deutlich sagt, welche Wirkung sein Verhalten in diesem Moment auf Sie hatte. Schreiben Sie diese Ich-Botschaften in die rechte Spalte. Als Hilfe gibt es eine einfache Formel, die Sie benutzen können, um eine gute, positive Ich-Botschaft zu finden. Drücken Sie sowohl aus, welches Gefühl das Verhalten Ihres Kindes in Ihnen auslöste und warum, das heißt, welchen erkennbaren und konkreten Effekt das Verhalten oder die Leistung Ihres Kindes auf Ihr Leben hat. Lesen Sie das Beispiel und vervollständigen Sie die Übung.

Du-Botschaft	*Ich-Botschaft*
1. Das war aber nett von dir, das Frühstücksgeschirr in die Spülmaschine zu stellen.	1. Es war schön, daß ich das Frühstücksgeschirr nicht in die Spülmaschine zu stellen brauchte – da habe ich Zeit gespart.
2. Du bringst jetzt viel zuverlässiger den Müll nach draußen.	2.
3. Es war gut von dir, daß du nicht zu der Fete gegangen bist, weil du wußtest, daß es dort Alkohol gab.	3.
4. Als die Gäste kamen, hast du dich wie eine kleine Dame benommen und ihnen die Mäntel abgenommen.	4.
5. Du wirst jetzt viel besser damit fertig, wenn du bei einem Spiel verlierst.	5.

Natürlich müssen die positiven Ich-Botschaften für die Kinder glaubhaft klingen. Daher müssen sie aufrichtig und echt sein – Botschaften, die tatsächlich Ihre echten Gefühle zu dem Zeitpunkt spiegeln und wie stark Sie sie empfinden. Ich-Botschaften erfüllen gewöhnlich diese Bedingungen, wenn sie spontan, echt und frei von verborgenen Ansprüchen sind. Mit »spontan« meine ich Hier-und-Jetzt-Gefühle, die ungeplant und gewöhnlich unerwartet sind. Mit »echt« meine ich, daß die Botschaften Ihren inneren Gefühlen wirklich sehr entsprechen. Wenn Sie sagen: »Ich fand es so schön, daß du dich an meinen Geburtstag erinnert und mir diese schöne Karte geschickt hast«, achten Sie darauf, ob Sie sich nicht ein kleines bißchen enttäuscht fühlen, weil Ihnen Ihr Kind kein Geschenk gekauft hat! Und wenn ich von »frei von verborgenen Ansprüchen« rede, meine ich, daß Ihre Ich-Botschaft nicht von der Absicht zu erziehen, zu predigen oder zu beurteilen bestimmt ist oder auf eine Verhaltensänderung im Kind abzielt – wie bei den folgenden Doppelbotschaften:

»Mir gefällt, wie du heute abend dein Haar aufgesteckt hast; es ist viel schöner als sonst.«

»Es gefällt mir, wie du endlich die Verantwortung für Aufgaben im Haushalt übernimmst.«

»Das finde ich gut, wenn du dir zur Abwechslung mal die Zeit nimmst, etwas auch zu Ende zu bringen.«

»Na, das sind Noten, die mich richtig stolz machen.«

Aktives Zuhören als Reaktion

Eine weitere wirksame Alternative zum Lob ist eine verbale Reaktion, die nichts weiter vermittelt als empathisches Verstehen und das Akzeptieren dessen, was das Kind ausdrückt oder erlebt. Das bedeutet zunächst, richtig zuzuhören und dann mit Worten zu bestätigen, daß man es auch begriffen hat. Hier ein Dialog, der veranschaulicht, wie eine Mutter einem Kind aktiv zuhört, das eigentlich um Lob bittet.

Tommy: »Findest du, ich habe mich gebessert und räume mein Zimmer nun besser auf?«

Mutter: »Klingt danach, als ob *du* denkst, es ist so, oder?«

Tommy: »Ja, es ist ein bißchen besser als früher.«

Mutter: »Du kannst ein *paar* Verbesserungen erkennen?«

Tommy: »Ja, aber ich vergesse immer noch, meinen Papierkorb auszuleeren.«

Mutter: »An diese Sache kannst du also besonders schlecht denken?«

Tommy: »Genau. Vermutlich muß mich jemand daran erinnern. Vielleicht schreibe ich es auf einen Zettel und hänge ihn an die Tür.«

Bei dieser Unterhaltung nahm Tommys Mutter eine bestimmte Haltung ein: Sie gab kein Urteil von sich, sie lobte nicht, sie ließ sich absolut nicht auf den Inhalt des Problems ein – den Zustand des Zimmers ihres Sohnes. Statt dessen wurde sie zu einem Spiegel für die Gefühle Tommys und gab ihm in Worten wieder, was sie von ihm zu hören glaubte: »Du glaubst, *du* hättest Fortschritte gemacht«, »*du* kannst Verbesserungen erkennen«, »an diese Sache kannst *du* schlecht denken.«

Statt dessen hätte sie ihn loben können: »Ja, ich sehe deutliche Verbesserungen, Tommy, und ich bin stolz auf dich.« Aber sie entschied sich, zuzuhören und Tommys Gefühle zu akzeptieren. Sie erfuhr auch mehr über die Gedanken ihres Sohnes; ein Lob hätte die Unterhaltung vermutlich sofort beendet. Ihre Reaktion auf Tommy ist sehr eindeutig, man nennt sie aktives Zuhören: indem man zuhört und dann mit eigenen Worten »rückmeldet«, was man gehört hat. Man kann erkennen, wie das aktive Zuhören bei Tommy zur Lösung des Papierkorbproblems führte.

Warum sollten Eltern das aktive Zuhören wählen statt eine positive Ich-Botschaft? Weil das aktive Zuhören einige wichtige Vorteile bietet. Einer wurde in der Unterhaltung mit Tommy schon deutlich. Ist Ihnen aufgefallen, wie Tommys Bitte um Beurteilung sich durch das Verhalten seiner Mutter in ein Angebot verwandelte, selbst seinen Fortschritt einzuschätzen? Mit dem aktiven Zuhören spielte die Mutter Tommy den Ball immer wieder zurück und beließ den Sitz der Selbstbewertung beim wahren Problemträger, Tommy.

Was geschieht da? Warum soll die Bewertung beim Kind bleiben? Dies bietet zwei wichtige Vorteile: (1) Oftmals setzt produktive Problemlösung ein, wie bei Tommy, der mit einer Lösung für sein Papierkorbproblem aufwartete, und (2) der Elternteil bietet dem Kind Gelegenheit für ein Stückchen Reifung – hier mehr Selbstverantwortung, weniger Abhängigkeit von den Eltern –, zum aktiven Problemlöser eigener Schwierigkeiten zu werden.

Um unsere Analyse von greifbaren Belohnungen oder Lob, die zur Kontrolle von Kindern eingesetzt werden, zusammenzufassen: Ich meine, daß diese Methode echte Risiken birgt. Sie sind kein Experte in Verhaltenssteuerung; die Methode ist zu komplex und zeitraubend, die Kinder merken Ihre Absicht und betrachten Sie als falsch und indirekt (denn das sind die meisten Menschen, wenn sie Lob als Kontrollmittel benutzen). Sie bilden in Ihren Kindern Verhaltensweisen heran, die Ihnen mißfallen, wie Abhängigkeit, Eifersucht und Geschwisterrivalität; Sie werden als abschätzend und überheblich betrachtet, was eine offene, aufrichtige Kommunikation seitens Ihrer Kinder verhindert, und Sie versäumen zahllose Gelegenheiten, Ihrem Kind zu helfen, zu einem sich selbst beurteilenden, sich selbst leitenden, sich selbst kontrollierenden Problemlöser zu werden.
Aber denken Sie auch daran, daß es Ihren Kindern immer gefallen wird, wenn Sie bei den seltenen Gelegenheiten, bei denen sie etwas ganz Besonderes tun oder sagen, ungewöhnlich gute, anerkennende, liebevolle Gefühle empfinden und Sie ihnen dies dann deutlich mitteilen – ohne *die Kinder* zu beurteilen, ohne die Absicht, *sie* zu verändern. Gewiß wollen Sie in diesen Momenten Ihre Kinder nicht kontrollieren, aber was Sie sagen, wird sie sicherlich beeinflussen! Diese Art Botschaft kann, wie Sie wissen, nicht geplant werden. Sie tritt einfach spontan auf. Sorgen Sie sich nicht, wenn es keine perfekte Ich-Botschaft wird.

»Mensch, in dem Kleid siehst du aber toll aus!«

»Ich schaue mir so gern das Bild an, das du gemalt hast.«

»Du hast schon abgewaschen! Das war aber nett von dir.«

»Manchmal verblüfft mich deine Sensibilität!«

»Was für eine tolle Frisur!«

Für diese seltenen, ungeplanten, nicht-kontrollierenden Botschaften brauchen wir – über den Begriff Lob hinaus – eine andere Bezeichnung.

Kapitel Vier
Nachteile und Gefahren von Strafen

In dem bahnbrechenden Buch *Behind Closed Doors: Violence in the American Family* (Straus/Gelles/Steinmetz, 1980) berichten die Autoren, daß 84 Prozent bis 97 Prozent aller erfaßten Eltern angaben, ihren Kindern zu irgendeinem Zeitpunkt im Leben eine körperliche Strafe erteilt zu haben; Mütter, die ihre Kinder schlagen, tun dies häufiger als zweimal im Monat. Schläge, Klapse oder Prügel kommen zweifelsohne in amerikanischen Familien sehr häufig vor.

Eine derartig große Häufigkeit von körperlicher Züchtigung bestätigt, wie unwirksam Belohnungen sind. In den meisten Familien geben Eltern, die merken, daß es mit der Belohnung wünschenswerten Verhaltens nicht klappt, diese Methode auf und bestrafen statt dessen unerwünschtes Verhalten.

Wir können nur abschätzen, wie viele Eltern andere Strafen außer körperlichen anwenden – ins Zimmer einsperren, ohne Essen ins Bett schicken, das Kind für sein »Schlechtsein« büßen lassen, indem es mehr arbeiten muß, Hausarrest, Anschweigen, Wegnahme eines Lieblingsspielzeugs oder des Fahrrads, Zwangsernährung, das Kind zwingen, am Tisch zu bleiben, bis eine verabscheute Speise aufgegessen ist, das Kind spöttisch beschimpfen, es vor Freunden demütigen, es anbrüllen und ignorieren. Ich habe keinen Zweifel daran, daß annähernd hundert Prozent aller Eltern irgendeine Form von Strafe als Primärmethode für die Kontrolle von Kindern anwenden. Ich habe in vielen Elternversammlungen gefragt, wie viele der Teilnehmer als Kind nie bestraft worden waren. Nur selten hat da einer die Hand gehoben.

In den Schulen ist das kaum anders, doch Untersuchungen zeigen, daß die Häufigkeit der Prügelstrafe bei Schülern in den Vereinigten Staaten von 1,5 Millionen Fällen im Jahre 1976 auf 792 556 im Jahr 1982 sank. Nach dem nationalen Durchschnitt werden 3,5 Prozent aller Schüler im Jahr gezüchtigt (Maurer, 1984). Wir müssen jedoch noch andere Angriffe auf Schulkinder dazurechnen, die nicht gemeldet werden: Klapse, boxen, zerren, schütteln, stoßen, schubsen, treten, gegen die Wand schlagen, ein Kind nicht auf die Toilette lassen, anderen Schülern erlauben, ein Kind zu tyrannisieren, ein Kind aktiv zur Gewalt provozieren, ihm den Mund zukleben, es ans Pult binden, ein Kind zu Liegestützen zwingen, ihm angemessene Pausen und Essen verweigern, es eine Stunde lang in der Ecke stehen lassen.

In Schulen werden auch andere gewaltlose Formen von Strafen angewendet, zum Beispiel rassische Verunglimpfung, fluchen, schreien, Verspottung wegen des Aussehens oder einer Behinderung, bewußtes Ignorieren, daß ein Kind Hilfe braucht, die ganze Klasse für das Verhalten eines einzelnen strafen, ein Kind zum Sündenbock machen, sich in Kinderfreundschaften einmischen und so weiter.

Offensichtlich gibt es für Eltern und Lehrer zahllose Methoden, Kinder zu bestrafen. Die Belege sind eindeutig, daß sie häufig angewendet werden. Welche Beweise aber gibt es für die Wirksamkeit von Strafen?

Strafen haben eine Menge mit dem zu tun, was die Psychologen »Oberflächenwert« nennen, das heißt, es sieht nur so aus, als würden sie funktionieren. Jeder hat schon einmal gesehen, wie ein Kind mit seinem störenden oder ungebührlichen Verhalten im Supermarkt aufhörte, nachdem der aufgebrachte Elternteil ihm einen Klaps versetzt hatte. Wenn Kinder sich in der Schule störend verhalten, wird dies manchmal – zumindest vorübergehend – verhindert, indem der Lehrer mit Strafen droht. Strafen und ihre Androhung verändern also manchmal das Verhalten von Kindern. Jedoch müssen, wie auch bei Belohnungen, bestimmte Bedingungen eingehalten werden, bevor Strafen effizient eingesetzt werden können und über einen bestimmten Zeitraum auch wirksam bleiben. Diese Bedingungen können Eltern und Lehrer jedoch nur sehr schwer erfüllen.

Man braucht Erfahrung, um Strafen wirksam einzusetzen

Genau wie beim Belohnen muß auch beim Strafen große Erfahrung vorhanden sein, damit es bei der Kontrolle von Kindern Wirkung hat – doch die meisten Eltern und Lehrer verfügen natürlich nicht über die langwierige Ausbildung, die erforderlich ist, um in dieser hochtechnisierten Methodologie Kompetenz zu erlangen. Daher haben sie nur geringe Chancen, daß ihre Strafen etwas bewirken. Es stimmt zwar, daß Psychologen erfolgreich Elektroschocks angewendet haben, um Personen das Rauchen abzugewöhnen, und sie haben die gleiche Methode erfolgreich bei der Modifikation störenden Verhaltens von geistig zurückgebliebenen, behinderten und emotional gestörten Kindern angewandt. Doch man braucht dazu eine kontrollierte, laborartige Umgebung, und die Kontrollierenden müssen bestimmten vorgeschriebenen Prozeduren folgen, um Ergebnisse zu erzielen, wie etwa:

1. Wenn ein Verhalten einmal bestraft wurde, muß es stets bestraft werden.
2. Die Strafe sollte unmittelbar nach Eintritt des unerwünschten Verhaltens verabreicht werden.
3. Strafen sollten nicht in Gegenwart anderer Kinder vollzogen werden; sonst wird das Kind beschämt und gegenüber dem Kontrollierenden aggressiv.

4. Der Strafende sollte darauf achten, daß das (zu strafende) Verhalten *niemals* belohnt wird.
5. Kinder sollten nicht zu häufig oder zu streng bestraft werden, sonst entziehen sie sich (geben sich keine Mühe mehr, verlassen die Szene, brechen die Schule ab, laufen von zu Hause fort, treten aus der Sportmannschaft aus, flüchten sich in Alkohol und andere Drogen).

Das sind keine leichten Anwendungsprinzipien, weder für Eltern noch für Lehrer im Klassenzimmer.

Nehmen wir das erste Prinzip: *Einmal bestraft, immer bestraft.* Die meisten Lehrer verletzen dieses Prinzip tagtäglich. Und das ist verständlich. Wie kann ein Lehrer jedes Kind bestrafen, das flüstert? Er hätte keine Zeit mehr für den Unterricht. Die meisten Lehrer, die ich kenne, ignorieren an manchen Tagen, wenn sie sich wohlfühlen, störendes Verhalten, während sie es an anderen, wenn sie ohnehin die Wand hochgehen könnten, bestrafen. Das ist inkonsequent, aber so sind die meisten Lehrer nun einmal – auch nur Menschen.

Nehmen wir das zweite Prinzip: *Schnell bestrafen!* Psychologen, die man für Experten auf dem Gebiet der Verhaltensveränderung hält, sind übereinstimmend der Auffassung, daß eine Strafe am wirksamsten ist, wenn sie unmittelbar während des unerwünschten Verhaltens verabreicht wird. Jede Verzögerung der Bestrafung hat eine Verminderung ihrer Wirksamkeit zur Folge (Azrin/Holz, 1966). In einer systematischen Zusammenstellung von sechzig Forschungsstudien über Strafen sagt der Psychologe Anthony Bongiovanni folgendes über die Praxis des Strafens von Schülern in der Schule:

> Der Lehrkörper müßte immer auf dem Sprung sein, um unerwünschtes Verhalten sofort zu bestrafen. Man fragt sich, wie eine solche Fähigkeit den Prozeß des Unterrichts beeinflussen würde... Die vorhandene Forschung über Strafen legt im Hinblick auf körperliche Züchtigung in Schulen den Schluß nahe, daß sie keine dauerhaften Ver-

haltensänderungen herbeiführt, potentiell für Schüler wie Lehrkörper schädlich ist und im Licht der für maximale Wirksamkeit notwendigen Kontrollen höchst unpraktisch ... Körperliche Züchtigung scheint unpraktisch zu sein, zeitraubend und kontraproduktiv für das Ziel der Erziehung. (Bongiovanni, 1977)

Was soll ein Lehrer also tun, wenn er aus dem Fenster des Klassenzimmers blickt und sieht, wie draußen auf dem Hof ein Kind ein anderes schlägt? Bis er nach draußen gegangen ist, um es zu bestrafen, ist es bereits zu spät, sagen die Experten. Aber selbst wenn der Lehrer ein Sprintweltmeister wäre und innerhalb von Sekunden zu dem Kind gelangte, würde er die Strafe vor den Kameraden des Übeltäters verabreichen – und somit Prinzip Nummer drei verletzen: *Strafe nicht in Gegenwart anderer!*

Nehmen wir nun das vierte Prinzip: *Belohne niemals das (zu strafende) Verhalten!* Ich habe bereits auf die Schwierigkeit hingewiesen, wie man Inkonsequenz beim Bestrafen vermeidet. Zusätzlich ist es schwierig, Inkonsequenz im Falle von zwei Kontrollierenden zu vermeiden. Nehmen wir die folgende Situation: Die Mutter bestraft den siebenjährigen Frank, weil er auf der Straße mit dem Skateboard gefahren ist. Drei Tage später stehen Frank und sein Vater allein vor dem Haus, und Frank zeigt seinem Vater ein paar Tricks mit dem Skateboard auf der Straße. Der stolze Vater sagt: »Mensch! Das kannst du ja toll für dein Alter!« Frank wird belohnt: Verletzung von Prinzip Nummer vier.

In der Schule sind ähnliche Inkonsequenzen bei den einzelnen Lehrern ebenso verbreitet. Jedes Schulkind lernt sehr schnell, daß es strenge Lehrer und nachsichtige gibt. Was in der einen Stunde bestraft wird, kann in der nächsten sogar belohnt werden – zum Beispiel, wenn man anderen Kindern bei den Aufgaben hilft, einen Witz erzählt und die Klassenkameraden zum Lachen bringt. Das reduziert die Wirksamkeit von Strafen auf lange Sicht gesehen erheblich.

Nun zum fünften Prinzip: *Zu häufige und zu strenge Strafen bewirken, daß das Kind sich entzieht.* Wie jeder weiß, benutzen Psychologen bei ihren Lernexperimenten oft Ratten als Objekte. Bei einer dieser Prozeduren beobachteten sie, wie Ratten lernen, ihren Weg durch ein kompliziertes Labyrinth zu finden. Ratten lernen dies unweigerlich, wenn sie konsequent am Ende des Labyrinths mit Futter belohnt werden. Vor einigen Jahren verfiel ein neugieriger Psychologe auf die Idee, die Lernzeit der Ratten zu verkürzen, indem er ein paar Strafen als Ergänzung der Belohnung mit einplante. Er baute also am Eingang eines jeden blinden Ganges ein elektrisches Gitter ein, auf dem die Ratten einen schwachen Elektroschock erhielten, wenn sie die falsche Abzweigung nahmen. Unter diesen Bedingungen lernten die Tiere dann auch sehr viel schneller, einen Weg durch das Labyrinth zu finden als die Ratten, die man bloß belohnt hatte. Das führte den erfreuten Experimentator zu der Annahme, er könne die Lernzeit noch stärker verkürzen, indem er die Elektroschocks verstärkte – und die Strafe dadurch recht schmerzhaft machte.

Aber so ging es nicht. Statt dessen *gaben die Ratten alle Versuche auf.* Sie legten sich an verschiedenen Stellen im Labyrinth hin, nicht bereit, sich weiteren unangenehmen Strafen auszusetzen. Auch Hunde tun dies, wenn sie streng bestraft werden – sie verstecken sich unter dem Bett, kriechen in den Keller oder laufen fort.

Und mit Kindern ist es – ohne sie mit Ratten oder Hunden auf eine Stufe stellen zu wollen – ganz ähnlich. Wenn sie streng oder zu häufig für inakzeptables oder falsches Verhalten bestraft werden, suchen sie sich einen Fluchtweg. Schwer bestrafte Kinder laufen oft von zu Hause fort, sobald sie alt genug dazu sind. Schulabbrecher sind fast immer Kinder, die sich keine Mühe mehr geben, entweder weil sie von den Lehrern körperlich oder seelisch bestraft wurden, oder weil sie den täglichen Strafen des Versagens entkommen wollen, den Vorwürfen der Lehrer und dem Spott der Klassenkameraden. Hart bestrafte Kinder wenden sich auf der Flucht vor derart schmerzlichen Erfahrungen oft Alkohol und Drogen zu.

»Strafen sind akzeptabel, solange sie mild sind«

Fürsprecher der Bestrafung von Kindern rechtfertigen sich stets damit, daß *ihre* Strafen milde, gütig und liebevoll wären. Schwere Strafen, so behaupten sie, seien grausam und unmenschlich (und lieblos). Mit dieser Ansicht geben sich die Fürsprecher von Strafe den Anschein, sie seien in ihrer Autokratie gütig, doch es gibt gute Gründe, an der Wahrhaftigkeit dieser Haltung zu zweifeln.

Zunächst haben Forscher eindeutig herausgefunden, daß milde Strafen nicht abschreckend wirken. Wohl alle Eltern und Lehrer haben die Erfahrung gemacht, daß sie einem Kind eine milde Strafe verabreichten, nur um entrüstet zu sehen, wie das Kind das inakzeptable Verhalten wiederholte, als sei nichts geschehen. Nehmen wir dieses Beispiel: Als Laura ihrem Bruder das Spielauto aus der Hand reißt, reagiert die Mutter, indem sie ihr auf die Hand schlägt und das Auto abnimmt, um es dem Bruder zurückzugeben. Laura sieht sie verdutzt an, setzt dann aber sofort an, sich das Auto wiederzuholen, wobei sie ihre Mutter schuldbewußt angrinst.

In diesem Fall war der Schlag zu milde, um auf Laura einen abschreckenden Effekt zu haben, zu schwach, um sich gegen das stärkere Bedürfnis durchzusetzen, sich das Auto doch noch zu schnappen. Das bringt die Mutter in eine Zwickmühle: Entweder muß sie die Strafe verstärken, was Eltern oftmals hassen, oder sie kann aufgeben und dem kleinen Bruder ein anderes Spielzeug geben. Die letztere Strategie besänftigt vielleicht den Kleinen, bringt Laura aber bei, daß es erlaubt ist, anderen Spielzeug wegzunehmen (belohnende Konsequenz) und daß man dafür nur einen geringen Preis zahlt.

Lauras Mutter könnte zwei »straffreie« Alternativen anwenden, die beide in den folgenden Kapiteln beschrieben und erläutert werden: Sie könnte Laura mit einer Ich-Botschaft konfrontieren (»Ich kann es fast selbst spüren, wie unglücklich Jonathan ist, wenn ihm das Auto so weggerissen wird«); oder sie könnte Laura und Jonathan in einen Problemlösungsversuch einbeziehen (die niederlagelose Methode, wie sie in Kapitel Sieben beschrieben wird).

Psychologen werden uns sogar vermutlich sagen, daß Lauras Klauen durch die milde Bestrafung *verstärkt* wird – weil sie ja sogar noch die Aufmerksamkeit des Elternteils erlangte. Lehrer stehen in der Klasse fast täglich vor diesem Dilemma. Der folgende Vorfall mit Stefan ist dafür ein gutes Beispiel:

Stefan steht am Bleistiftspitzer und betätigt ihn geräuschvoll, bis sein Bleistift kürzer ist als sein Finger; damit lenkt er zugleich die belustigte Klasse ab und regt seinen Lehrer auf. Der Lehrer befiehlt ihm in scharfem Ton, auf seinen Platz zurückzugehen, sonst müsse er nachsitzen. Mit unbewegtem Gesicht teilt Stefan dem Lehrer mit, er habe nur noch einen Bleistift zu spitzen und beginnt auch damit, während die Klasse kichert.

Auch wenn der Lehrer die Drohung wahrmacht und den Jungen nachsitzen läßt, ist zu bezweifeln, ob die Strafe auf Stefan abschreckend wirkt, denn der Spaß seiner Klassenkameraden war eine schöne Belohnung. Stefan lernt hier vermutlich, daß es recht befriedigend ist, mit seinen Clownerien die Aufmerksamkeit und Anerkennung seiner Klassenkameraden zu erlangen, ohne dafür mehr als einen milden und vorübergehenden Mangel zu erleiden. Für Stefan ist die Strafe das Vergehen wohl wert – eine verbreitete Reaktion von Kindern auf schwache Strafen.

Nachweise für das Scheitern milder Strafen wurden 1986 in einer Studie von dem Psychologen Thomas Power und M. Lynn Chapieski geliefert. Sie beobachteten sechzehn vierzehnmonatige Säuglinge beim Spiel mit ihren Müttern. Sie verzeichneten jedes Objekt, nach dem die Kleinen griffen, und wie die Mütter sie zu beschränken versuchten. Sowohl lang- wie kurzfristig hatte weder sofortige körperliche Disziplinierung (leichter Klaps auf die Hand) noch eine körperliche Strafe Erfolg, nachdem eine Ablenkung des Kindes gescheitert war. Die bestraften Babys griffen eher nach zerbrechlichen Gegenständen und fügten sich den Einschränkungen weniger. Bei einem Entwicklungstest sieben Monate später schnitten die bestraften Babys schlechter ab als diejenigen, die keine (oder wenig) Disziplinierungserfahrung hatten. Mit den Worten der Forscher zeigten erstere »weniger Forschungsdrang, was zu einem begrenzten Feld führt, ihre visuellen/räumlichen Fähigkeiten und ihre Problemlösungsfertigkeit zu verbessern«.

Die Risiken schwerer Strafen

Alle Eltern und Lehrer sind wohl schon in die Versuchung geraten, die nächste Strafe härter ausfallen zu lassen, wenn die erste, milde, keine Wirkung zeigte. Bei der – meist wütenden – Reaktion auf das, was wie »Ungehorsam« oder »Dickköpfigkeit« aussieht, fühlen sich die Erwachsenen versucht, »schwerere Geschütze« aufzufahren. Wenn diese auch versagen, besteht die Möglichkeit, daß sie es mit noch härteren Mitteln versuchen. Jetzt steigt das Risiko einer ernsthaften Verletzung; der »Bereich milder Mißhandlung« ist nähergerückt.

Damit die Disziplin auch »greift«, können Eltern und Lehrer verletzende, körperliche Strafen anwenden. Das geschieht häufiger, als man denkt. Einer Studie zufolge, die von den Autoren von *Behind Closed Doors* beschrieben wird, stehen fast vier Kinder von hundert *jährlich* unter dem Risiko einer *ernsthaften* Verletzung, wenn mindestens eine der folgenden gefährlichen Strafformen angewendet wird: Tritte, Bisse, Püffe, Verbrennungen, Schläge und die Bedrohung durch oder Anwendung von Waffen oder Messern. (Straus/Gelles/Steinmetz, 1980)

Das spiegelt sich in einer schockierenden Statistik: Zwischen 1,4 und 1,9 Millionen Kinder waren im Jahr der Untersuchung in den USA schweren körperlichen Verletzungen durch die Eltern ausgesetzt. Schlimmer noch ist, daß diese schweren Formen von Gewalt nur selten einmalige Ereignisse sind, wie die Autoren herausfanden. Sie stellten fest, daß Gewalt regelmäßig passiert.

Statistiken eines nationalen Vereins zur Verhütung von Kindesmißhandlung enthüllten zudem, wie weitverbreitet Kindesmißhandlungen in den Vereinigten Staaten sind:

- 1987 wurden etwa 2,25 Millionen Fälle von Kindesmißhandlung und Vernachlässigung gemeldet. Da viele Fälle nicht gemeldet werden, kann die Zahl viel höher liegen.
- 1986 wurden mindestens 1200 Todesfälle aufgrund von Kindesmißhandlung gemeldet.
- Alle zwei Minuten wird ein Kind von einem oder beiden Eltern angegriffen.

Lesli Taylor und Adah Maurer haben in ihrer aufrüttelnden Broschüre *Think Twice: The Medical Effects of Physical Punishment* die Verletzungen geschildert, die durch körperliche Strafen verursacht werden können:

Von Schlägen an den Kopf: Hämatome (Blutergüsse), die eine Operation erforderlich machen, um Schlimmeres zu verhindern, Gehirnerschütterungen, zerebrale Kontusion, Schwindel, Schädelbrüche, Ohrrisse, Retinablutungen, Gehirnatrophie.

Von Schütteln: Peitschenhieb-Verletzungen im Gehirn, Kompressionsfrakturen der Wirbelsäule.

Von Schlägen auf Brust und Bauch: Lungenrisse, Lungenkollaps, mehrfache Rippenbrüche, Blutungsschock, der innerhalb von wenigen Minuten zum Tod führen kann, Leberrisse, Milzrisse, Magen- oder Darmrisse, Zwölffingerdarmprellungen, Bauchspeicheldrüsenentzündungen, Bluterguß in der Blase.

Von Schlägen und Klapsen: Knochenbrüche, Muskelprellungen, Kugelgelenkdislozierung (ausgerenkter Ellbogen), Steißbeinprellungen, Kreuzbeinbrüche, Beschädigungen des Ischiasnervs, Beinlähmungen, Verletzungen der Genitalien, Sexualstörungen in der Reife.

Ich bin zwar auf keine Untersuchung gestoßen, die dies bestätigt, aber vermutlich hatten in den meisten Fällen, in denen schwere und verletzende Strafen angewendet wurden, die Eltern es zunächst mit milden Formen versucht. Wenn Eltern feststellen, daß milde Strafen nur selten den Gehorsam herbeiführen, den sie erreichen wollen, werden sie so frustriert und wütend, daß sie impulsiv tiefer in ihr Arsenal für stärkere Waffen greifen – nämlich nach einer Form gewaltsamer körperlicher Strafe, die schmerzhaft genug ist, um ernsthafte Verletzungen hervorzurufen. Eltern haben mir gegenüber die Anwendung von Gewalt mit folgenden Bemerkungen zu rechtfertigen versucht:

»Ich mußte dem Balg zeigen, wer der Herr im Haus ist.«

»Wir wollten nicht, daß er glaubte, er könne sich alles erlauben.«

»Wir waren entschlossen, ihn diesen Kampf nicht gewinnen zu lassen.«

»Wir wollten früh damit beginnen, daß unsere Disziplin greift.«

Diese tragische Abfolge von Ereignissen führt oft zu schwerer Kindesmißhandlung. Mir fallen dabei Bilder ein, wie Cowboys Wildpferde »zähmen« oder Hundebesitzer ihre Tiere an Stachelhalsbändern zerren – denn das Ziel der Kontrollierenden ist hier, den Willen der Tiere zu brechen und sie zu absolutem Gehorsam gegenüber ihren Herren zu bringen. Kindern werden solche gewaltsamen und unmenschlichen Strafhandlungen oft im Namen der Disziplin angetan, gerechtfertigt durch die Überzeugung, daß »elterliche Autorität« respektiert werden muß, daß Kinder ihren Eltern gehorchen müssen und die Eltern nicht »verlieren« dürfen.

Eine der vollständigsten und lehrreichsten Analysen von Kindesmißhandlung findet sich in einem Buch von Kadushin/Martin *Child Abuse: An Interactional Event.* Darin werden die Charakterzüge und das Verhalten körperlich mißhandelnder Eltern zusammengefaßt:

> Wir glauben, daß mißhandelnde Eltern strenge Disziplinierer sind, die starre Erwartungen hinsichtlich des kindlichen Verhaltens haben, ohne empathische Berücksichtigung der Gefühle des Kindes oder seiner besonderen Individualität. Die Eltern scheinen das Kind zu besitzen, als seien sie allein für die Prägung des Kindes verantwortlich und hätten ein Gefühl von Rechtmäßigkeit, autonome Entscheidungen darüber zu treffen, was am besten für das Kind sei... Mißhandelnde Eltern neigen dazu, das Verhalten selbst sehr kleiner Kinder als trotzig und bewußt ungehorsam zu empfinden. Strenge Disziplin gilt dann als gerechtfertigt, da das Kind ja den Eltern bewußt nicht gehorcht. (Kadushin/Martin, 1981)

In den Schulen ist dieses Muster kaum anders. Wenn milde Strafen störendes Verhalten nicht verhindern (was die Regel ist), vollziehen Lehrer an Kindern körperliche Strafen (die in den meisten amerikanischen Schulen noch erlaubt sind). Viele Untersuchungen haben belegt, daß körperliche Strafen oft schwere körperliche Verletzungen zur Folge haben, darunter Zerrungen, Knochenbrüche, blutige Striemen, Kopfverletzungen, Blutergüsse am Auge, Hodenquetschungen und Nierenschäden. In einer Zeitschrift in Kalifornien (*Newsletter of the Comittee to End Violence Against the Next Generation*) wurden Hunderte von Fällen geschildert. Hier einige Beispiele:

> In einer Schule in Pittsburgh, einer der »besten« Grundschulen, murmelte ein Schüler der siebten Klasse angeblich etwas vor sich hin. Der Lehrer wurde wütend, griff dem Schüler an die Kehle und schleuderte ihn gegen die Wand.
>
> In Vermont wurde ein Schüler der sechsten Klasse vom

Direktor schwer geschlagen, weil er sich mit einem anderen Schüler geprügelt hatte. Der Direktor schlug das Kind mehrere Male und warf es dabei von seinem Platz auf den Boden. Dann trat er es in Bauch, Rücken und an die Beine und riß an seinen Haaren. Der Schüler erlitt schwere Prellungen am ganzen Körper.

In Missouri stellte man drei Jungen, die man beim Rauchen erwischt hatte, vor die Wahl, entweder geschlagen zu werden oder die Zigaretten aufzuessen: zwei der Jungen mußten danach mehrere Tage ins Krankenhaus.

Selbst die verbreitete Taktik, Schüler zu strafen, indem sie auf verschieden lange Zeit von der Schule verwiesen werden, kann potentiell sehr schädigend sein. Die zeitlich begrenzte Relegation trägt den Schülern oft körperliche Strafen durch die Eltern ein. Darüber hinaus können sie an Selbstvertrauen verlieren, hoffnungslos mit der Arbeit hinterhinken oder dauerhaft der Schule entfremdet werden – auch das sind sämtlich schwere Strafen, die letztendlich dem Selbst schaden.

Wenn die Katz' aus dem Haus ist…

Strafen – oder die Drohung damit – können gelegentlich inakzeptables oder störendes Verhalten bei Kindern verhindern. Das funktioniert aber nur, *solange der Kontrollierende anwesend ist.* Sobald der strafende Elternteil oder Lehrer die Szene verläßt, ist das strafwürdige Verhalten wieder zu beobachten, manchmal sogar noch stärker oder störender als zuvor. Dieses Phänomen ist in unseren Klassenzimmern weitverbreitet, wie jeder Lehrer bezeugen wird; es kommt in allen Familien vor, wie sich jeder Elternteil erinnern wird, und es wurde bei experimentellen Forschungsstudien mit Kindern eindeutig bewiesen.

Eine solche Studie, die klassische Untersuchung von Ronald Lippitt und Robert White an der University of Iowa,

demonstrierte, daß Kinder in einem Jungenclub, der kontrollierende, autoritäre Leiter hatte, beständig feindseligeres, aggressiveres und störenderes Verhalten an den Tag legten, wenn diese Leiter den Raum verließen, als Kinder in einem anderen Club mit nichtkontrollierenden, demokratischen Leitern. Die Kinder aus dem letztgenannten Club konnten, wenn die Leiter den Raum verließen, viel besser mit ihren Aufgaben fortfahren oder Aktivitäten fortsetzen. Die Jungen mit den autoritären Leitern brachen hingegen ihre Aktivitäten ab, sobald der erwachsene Leiter den Raum verlassen hatte, und begannen prompt ihr zuvor verbotenes störendes, aggressives Verhalten (Lippitt/White, 1943). Ich habe Filme dieser Experimente gesehen und weiß noch, wie beeindruckt ich von dem deutlichen Unterschied zwischen diesen beiden Kindergruppen war.
Wie wir zuvor gesehen haben, ist äußerlich angewendete Kontrolle durch Erwachsene nicht die beste Methode, Kindern innerlich erzeugte Selbstkontrolle beizubringen; *strafende Erwachsenendisziplin* bringt keine selbstdisziplinierten Kinder hervor.

Wie Strafen Aggression und Gewalt hervorrufen

In direktem Gegensatz zu der altbekannten Annahme des »gesunden Menschenverstandes«, daß Strafen aggressives Verhalten von Kindern verhindern, deuten alle Beweise darauf hin, daß hartes, strenges, auf Macht pochendes Strafen tatsächlich Aggression bei Kindern *hervorruft.*
Und das geschieht so: Wenn man ein Kind straft, verweigert man ihm irgendwie Bedürfnisse, die es hat. Wenn Bedürfnisse bei Kindern (aber auch bei Erwachsenen) nicht befriedigt werden, fühlen sie sich frustriert – und eine verbreitete Reaktion auf Frustrationen ist Aggression. Psychologen entdeckten schon vor vielen Jahren diese Beziehung. Sie benutzten zunächst Tiere, dann Kinder, später dann

Erwachsene in Laborexperimenten, bei denen es für die Teilnehmer unmöglich war, das zu bekommen, was sie sich stark wünschten oder was sie brauchten (wie Nahrung, Wasser, Spielzeug und andere Belohnungen). Diese Subjekte waren offensichtlich stark frustriert und reagierten sehr häufig – wenn auch nicht immer – mit verschiedenen Formen von körperlich aggressivem, oft gewalttätigem Verhalten gegenüber anderen. Ausgehend von diesen Experimenten formulierten Psychologen die »Frustrations-Aggressions-Theorie« (Dollard u. a., 1939), die heute von nahezu allen Sozialwissenschaftlern als eine zutreffende Erklärung für bestimmte Aggressionsakte akzeptiert wird. Im Alltagsleben sehen wir reichlich Beweise für die Frustrations-Aggressions-Theorie: der Tennisspieler, der verliert und seinen Schläger auf den Platz wirft, das Kind, das einen Spielkameraden schlägt, der ihm ein Spielzeug fortnimmt, der Vater, der seinem Kind einen Klaps gibt, weil es seine Ruhe stört, der Jugendliche, der die Tür hinter dem Elternteil zuschlägt, der ihm die Benutzung des Autos verweigert hat, die Eheleute, die bei einem Streit Geschirr gegen die Wand werfen.

Wenn Kindern etwas, was sie wollen, von Eltern oder Lehrern strafend verweigert wird, können sie ebenfalls aggressiv und manchmal gewaltsam reagieren – indem sie Türen zuknallen, Spielzeug zerbrechen, Dinge auf den Boden werfen, mit der Faust gegen eine Tür hämmern, eine schwächere Person verprügeln, den Lehrer schlagen.

Familien, in denen die Eltern oft strafen, erzeugen hyperaggressive, hyperaktive Kinder. *Strafen verhindern eindeutig kein aggressives Verhalten bei Kindern, sie fördern es vielmehr.* Es ist ein Teufelskreis: Aggressives Verhalten zieht eine Strafe nach sich, die dann weiteres aggressives Verhalten provoziert, was wiederum weitere Strafen nach sich zieht usw.

Strafen rufen nicht nur Aggressivität bei Kindern hervor, weil sie ihnen etwas verweigern und sie frustrieren, sondern auch durch einen Prozeß, der *Lernen am Modell* genannt wird. Wie wir wissen, sind Kinder großartige Imitatoren – sie lernen vom Zusehen, was Erwachsene tun, besonders ihre Eltern. Wenn Eltern daher sehr häufig Gewalt anwenden, um ihre Kinder zu disziplinieren und zu kontrollieren, erteilen sie ihnen eine eindrucksvolle Lektion, die ihre Kinder vermutlich nicht vergessen werden, wie etwa:

Körperliche Aggression und Gewalt sind in menschlichen Beziehungen angemessene und akzeptable Verhaltensformen.

Der Stärkere hat immer recht.

Es ist angemessen, bei denen, die wir lieben, Gewalt anzuwenden.

Wenn du nicht bekommst, was du willst, mußt du dafür kämpfen.

Konflikte werden von denjenigen gewonnen, die größer und stärker sind.

Körperliche Strafen lehren Kinder tatsächlich, selbst Gewalt anzuwenden, sowohl in der Familie wie auch außerhalb. Sie dienen als sehr lebendiges Lehrbeispiel, weil sie im Opfer die Auffassung verankern, daß die Anwendung von Gewalt in menschlichen Beziehungen rechtmäßig ist. So lernt jede neue Generation durch »Lernen am Modell«, gewalttätig zu sein, weil sie in ihren gewalttätigen Familien Gewalt beobachtet und erfahren hat.

Denken wir über die überzeugenden Ergebnisse einer landesweiten Umfrage nach, die von den Autoren von *Behind Closed Doors: Violence in the American Family* durchgeführt wurde (Straus/Gelles/Steinmetz, 1980):

Menschen, die als Jugendliche am häufigsten bestraft wurden, schlagen ihre Partner mit vierfach höherer Wahrscheinlichkeit, als Kinder von Eltern, die keine Gewalt angewendet haben. Ehemänner, die zu Hause als Kind schwere Gewalt erlebten, weisen eine 600fach größere Wahrscheinlichkeit auf, ihre Ehefrau zu verprügeln, als Ehemänner aus nichtgewalttätigen Familien.

Mehr als einer von vier Eltern aus einem gewalttätigen Haushalt verhielt sich so gewaltsam, daß er beim eigenen Kind schwere Verletzungen riskierte.

Während nur 20 Prozent der Kinder, deren Eltern keine körperlichen Strafen anwendeten, ein Geschwister schwer angegriffen hatten, traf dies auf fast 100 Prozent der Kinder zu, deren Eltern häufig körperlich züchtigten. Sie hatten ihrerseits einen Bruder oder eine Schwester schwer angegriffen.

Die Absurdität, körperliche Züchtigung – an sich ein Akt der Aggression – einzusetzen, um Aggression zu verhindern, wird vielleicht nirgendwo deutlicher geschildert als in einem Comic, den ich vor einigen Jahren in einem Magazin sah: Ein Vater gibt seinem kleinen Sohn, den er über die Knie gelegt hat, einen Klaps auf den Po und sagt dabei: »Ich hoffe, du hast jetzt kapiert, daß du deinen kleinen Bruder nicht schlagen darfst!«

Erwachsenen gehen in der Regel die Strafen aus

Ähnlich wie Erwachsenen die Belohnungen ausgehen, wenn die Kinder älter werden, verlieren sie auch allmählich und unweigerlich ihre Macht, die Kinder mit Strafen zu kontrollieren, wenn diese zu Jugendlichen heranreifen. Wenn die Teenager ebenso groß und stark sind wie die Eltern, wird jede Anwendung von Strafe zu einem riskanten Abenteuer für die Eltern, weil sie Gegengewalt erfahren könnten. In der Schule gilt das gleiche für die höheren Klassen. So stehen die Lehrer ohne wirksame Strafen bald mit leeren Händen da.

Trotz der offensichtlichen Möglichkeit, auf Gegengewalt zu stoßen, versuchen viele Eltern weiterhin, Strafen mit Wirkung einzusetzen, auch wenn die Kinder schon fast erwachsen sind. Etwa ein Drittel aller Kinder zwischen fünfzehn und siebzehn werden von ihren Eltern geschlagen. Vermut-

lich herrscht in den meisten dieser Familien eine Doppelmoral – die Eltern fühlen sich berechtigt, die Kinder zu schlagen, aber sie bauen darauf, daß die Kinder dem ungeschriebenen Gesetz folgen, daß Kinder niemals die Hand gegen ihre Eltern erheben.
Selbst gewaltfreie Strafformen verlieren ihre Wirkung, wenn die Kinder heranwachsen. Man kann der Tochter als Strafe die Benutzung des Autos verbieten, dann fährt sie eben einfach bei Freunden mit oder trampt mit Fremden. Wenn man den Sohn straft, indem man ihm eine Woche Hausarrest gibt, bekommen Sie vielleicht plötzlich mit, daß er sich nachts heimlich aus dem Haus schleicht. Drohen Sie mit einer Strafe, wenn Ihre Tochter mit einem Jungen ausgeht, der Ihnen nicht gefällt, und sie wird sicher dafür sorgen, daß sie ihn heimlich treffen kann – vielleicht sogar noch öfter als zuvor.
Um zu begreifen, warum dies so oft geschieht, braucht man sich nur an die Bedingungen zu erinnern, die erfüllt sein müssen, damit es mit einer Strafe klappt. Die erste war, daß die Strafe schwer genug sein muß, um als einschränkend oder schmerzhaft empfunden zu werden. Doch bei Teenagern haben Eltern kaum mehr schmerzhafte Strafen in ihrem Vorrat übrig. Die zweite Bedingung war, daß das Kind dem Strafenden nicht leicht entkommen kann, um der Strafe zu entgehen. Doch Teenager können leicht die Szene verlassen. Ich weiß noch, wie eine Mutter bei einem unserer Kurse zugab: »Die einzige Möglichkeit zu verhindern, daß meine Sechzehnjährige Hasch raucht, wäre, sie an den Bettpfosten zu ketten. Und das ist natürlich lächerlich.« Sie akzeptierte endlich eine Realität, die viele Eltern ignorieren: Wenn die Kinder alt genug sind, aus dem Haus zu gehen, und sich ständiger elterlicher Überwachung entziehen können, haben ihre Eltern den Großteil ihrer Macht verloren, auf die sie sich immer gestützt haben.
Wenn man diese Tatsache nicht begreift, kann das tragische Folgen für Eltern und Kinder haben. Ich bin fest davon

überzeugt, daß der wichtigste Grund für starken Streß und Belastungen in Familien während der Reifejahre ihrer Kinder darauf beruht, daß die Eltern immer noch versuchen, ihre auf Macht beruhende Autorität durchzusetzen, *während sie in Wirklichkeit überhaupt keine Macht mehr haben*. Und dann fragen sie: »Was ist nur schiefgelaufen? Warum klappt es mit der Disziplin nicht mehr?« Die meisten Eltern erkennen nicht, daß gerade ihre Machtlosigkeit sie ohne jeden *Einfluß* läßt. Das unvermeidliche Resultat, wenn man ständig Macht einsetzt, um die Kinder zu kontrollieren, ist, daß Eltern nie lernen, wie man sie *beeinflußt*. Wenn die Kinder heranreifen, können sie tun, was immer sie wollen – es gibt keine Kontrollen mehr, keine Restriktionen. In solchen Fällen beschuldigt man Eltern ganz zu Unrecht, übertolerant zu sein. Sie sind jedoch gar nicht tolerant. Sie sind bloß autoritäre Eltern, die ihre Macht verloren haben. Sie sind machtlos und wünschen sich, sie wären es nicht.

Auch den Lehrern in den Schulen geht die Macht aus. Schon zu Beginn der Oberschule verweigern sich die Kinder der auf Macht beruhenden Disziplinierung oder ignorieren sie, weil die Lehrer entweder zögern, schmerzhafte Strafen anzuwenden, oder es ihnen nicht erlaubt ist. Ihnen bleiben bloß nicht-abschreckende, wirkungslose Bestrafungen wie Nachsitzen, zum Direktor zu schicken oder kurzfristiger Schulverweis.

Für den Kontrollierenden hat Macht ihren Preis

Nicht nur der Kontrollierte wird durch Macht verkrüppelt, auch der Kontrollierende zahlt einen hohen Preis. Lord Acton schrieb einmal: »Macht tendiert dazu, einen zu korrumpieren, und absolute Macht korrumpiert absolut« – und damit meinte er natürlich die Korruption des Machtausübenden.

Die Kontrollierenden dieser Welt fühlen sich ständig von denen bedroht, die sie kontrollieren. Abweichungen und Rebellionen sind unvermeidlich, wenn Herrschaft mittels Zwang die Regel ist, wie die Geschichte aller autoritären Regime zeigt. Wenn eine abweichende Meinung unterdrückt wird, verschwindet sie vielleicht für eine Weile, aber gewöhnlich geht sie nur in den Untergrund und bricht später als Rebellion wieder hervor. Alle Macht ist von daher gesehen instabil. Marilyn French bemerkt dazu in ihrem Buch *Jenseits der Macht:*

> Die Herrscher der Welt haben nie mal einen freien Tag ... daher steht der Herrscher ständig unter Belagerung ... Damit man einen Sklaven in einem Graben hält, muß man selbst dabeibleiben oder einen Aufseher bestellen, der den Gehorsam des Sklaven garantiert. Doch dann wird es notwendig, einen Oberaufseher zu ernennen, der dafür sorgt, daß der Sklave und der Aufseher sich nicht verbünden; dann einen Gouverneur, der sicherstellt, daß die drei sich nicht verbrüdern ... und so weiter. Für einen Herrscher gibt es keinen sicheren Ort. Der Drang, andere zu kontrollieren, ist wie ein Schuß, der nach hinten losgeht; er kann nie befriedigt werden und hält den Kontrollierenden gefangen ... (French, 1988)

Die Ausübung von Macht, um andere zu kontrollieren, ist entsetzlich zeitraubend, oft teuer und bedarf gewöhnlich langweiliger Tätigkeiten, die sicherstellen, daß es auch klappt. Zwang erscheint in der Familie oder in der Schule vielleicht nicht als sonderlich zeitraubend, aber in Wirklichkeit ist er das gewöhnlich. Eltern und Lehrer begegnen oft hartnäckigem Widerstand – passiv oder anderswie – gegen ihre Befehle und Forderungen. Sie erleben es zudem auch als notwendig, die Aktivitäten ihrer Schützlinge zu überwachen, um sicherzugehen, daß sie sich auch fügen, und sich dann um die zu kümmern, die sich nicht fügen. Der Akt der einseitigen Entscheidung oder das Festsetzen von Regeln nimmt für die Kontrollierenden vielleicht weniger Zeit in

Anspruch, als wenn man bei diesem Prozeß Gruppenmitglieder einbezieht, aber autokratische Anführer benötigen oft unangemessen viel Zeit, um die Gruppenmitglieder von der Annahme und der Durchsetzung ihrer Entscheidungen und Anordnungen zu überzeugen. Darauf wies der Chef einer Firma hin, die ich jahrelang beraten habe.

> Als ich »Macht« einsetzte, um Konflikte zu lösen, war ich stolz darauf, jemand zu sein, der rasch Entscheidungen treffen konnte. Das Problem war aber, daß es oft zehnmal so lange dauerte, allen Widerstand gegen meine Entscheidungen zu überwinden, als sie zu treffen. Ich verschwendete zu viel Zeit damit, meine Entscheidungen zu verkaufen – andere dazu zu bringen, sie anzunehmen.

Da die Kontrollierten nur gering motiviert sind, ihnen aufgezwungene Entscheidungen durchzuführen, wie zahlreiche Forschungsstudien gezeigt haben, ist die Durchsetzung zugleich schwierig und zeitraubend. Das ist nirgendwo offensichtlicher als in Schulen, wo Untersuchungen zufolge Lehrer an die 75 Prozent der Unterrichtszeit damit verbringen, den »Polizisten zu spielen«, ihre Regeln oder die der Schulverwaltung durchzusetzen.

Ein weiterer, verborgener Preis für Gruppenleiter, die sich stark auf Macht stützen, ist die Entfremdung von den Gruppenmitgliedern. Zwei Faktoren bewirken, daß diese Beziehung sich verschlechtert. Zuerst einmal empfindet man keine warmen, freundlichen Gefühle gegenüber denen, die man fürchtet und deren Zwänge einen feindselig stimmen. Zweitens: Kontrollierende Leiter vermeiden es gewöhnlich, enge Beziehungen zu Untergebenen aufzubauen, um dem Vorwurf zu entgehen, Favoriten zu haben. Kein Wunder, daß die meisten autoritären Leiter sich an der Spitze einsam fühlen und nur wenige enge Beziehungen zu den Leuten haben, die für sie arbeiten. Ich sehe keinen Grund, warum dies nicht auch auf mit Zwang arbeitende Eltern und Lehrer zutreffen sollte.

Es ist weithin akzeptiert, daß autoritär vorgehende leitende

Angestellte ihre Arbeit belastend finden und sie oft ihrer körperlichen und seelischen Gesundheit schadet. Der Preis, zu den Kontrollierenden zu zählen, kann oft hohen Blutdruck zur Folge haben, Herzprobleme, Magengeschwüre, Schlaflosigkeit und/oder Alkoholismus. Könnte es sein, daß Macht diejenigen krank macht, die sich ihrer bedienen?

Man kann diese Frage leicht mit ja beantworten. Kontrollierende müssen nicht nur – wie erwähnt – ständig auf der Hut sein, sondern sie haben auch Angst, ihre Macht zu verlieren, sie werden mißtrauisch, verlieren das Vertrauen in andere. Wichtiger noch ist, daß das Gewinnen auf Kosten anderer, das Kontrollierende häufig erleben, eine Menge Schuldgefühle hervorrufen kann. Meine vielen Jahre als Berater und Therapeut von Managern, Schulrektoren und Lehrern haben mich davon überzeugt, daß jene, die sich auf Macht stützen, sich ihre eigene psychologische Hölle aus Mißtrauen, Unsicherheit, Wachsamkeit, Anpassung, und Paranoia schaffen.

Einen zusätzlich zu zahlenden Preis übersehen die Kontrollierenden oft: Ihre Untergebenen entwickeln eine Reihe von Verhaltensweisen, die unproduktiv sind und die Effizienz der Gruppe verringern; das Verhalten der Untergebenen wiederum untergräbt die Sicherheit des Kontrollierenden. Einer der schädlichsten Aspekte solchen Verhaltens ist die unübersehbar abnehmende Kommunikation mit dem Kontrollierenden. Autokratische Leiter haben sich oft beklagt: »Niemand sagt mir etwas«, oder: »Ich bin immer der letzte, der etwas erfährt.« Untergebene von machtorientierten Leitern zögern aus Angst vor Strafe, ihre Probleme preiszugeben oder dem Boss eine unangenehme Lösung vorzuschlagen. »Was der Chef nicht weiß, macht ihn nicht heiß«, lautet die Haltung vieler Kontrollierter. Oder: »Sag dem Chef nur, was er hören will.« Dieses selbstschützende Verhalten kann schließlich die Effizienz der ganzen Gruppe verringern, ob es sich nun um eine Arbeitsgruppe, eine Schulklasse oder eine Familie handelt.

In Gruppen mit autokratischen Leitern gedeihen Schmeichelei und Speichelleckerei. Angestellte in Geschäften oder Firmen, die sich immer auf die Seite ihres Chefs stellen, nennt man Jasager. Ein derart einschmeichelndes Verhalten hat zur Wirkung, daß dem Leiter immer weniger bewußt ist, was vor sich geht, was die Leute denken, und es schränkt daher seine Fähigkeit, Probleme auszumachen, stark ein.

Eine weitere, ziemlich vorhersehbare Reaktion auf Zwang und Macht ist verstärkte Rivalität und Konkurrenz unter den Gruppenmitgliedern. Dies kommt in Arbeitsgruppen, in Schulklassen und bei Kindern in Familien vor (Geschwisterrivalität). Besonders in der Geschäftswelt sind starke Machtkämpfe, viele Intrigen und Klatsch zu beobachten. Diese konkurrierenden, kämpferischen Verhaltensweisen stellen die Antithese zu Kooperation und Teamgeist dar, die man in effizienten, produktiven Gruppen braucht, und erklären, warum »Teamarbeit« in Gruppen, deren Leiter Kontrolle mittels Macht ausüben, bloß ein leeres, unerreichbares Abstraktum bleibt.

Manche Gruppenmitglieder behaupten sich bei autoritären Leitern, indem sie einen Weg finden, sich aus dem Umfeld zu entfernen – entweder seelisch oder körperlich. Bei Gruppensitzungen halten sich diese Mitglieder bewußt zurück und ergreifen nie das Wort. Schüler geben sich große Mühe, ein Aufgerufenwerden zu vermeiden, Teenager flüchten sich vor der elterlichen Kontrolle in ihr Zimmer. Manche Kinder brechen aus dem gleichen Impuls heraus die Schule ab.

Es ist höchste Zeit, daß wir aufhören, die hohen Kosten der weitverbreiteten Anwendung von Macht bei den Leitern unserer Gesellschaft lediglich abzuschätzen – von der Familie bis hinauf zu den Regierungsverantwortlichen. Wir haben die Macht zu lange angebetet, zu lange haben wir Illusionen über deren Wirksamkeit nachgehangen. Wir haben ihren schädigenden Wirkungen, ihren starren Grenzen und ihrer Destruktivität viel zu wenig Aufmerksamkeit geschenkt. Macht unterdrückt Kreativität und Produktivität, sie ist gesundheitsschädlich und verringert das Wohlbefinden des Kontrollierenden wie des Kontrollierten. Macht erzeugt jene Kräfte, die sie schließlich vernichten oder ersetzen. Macht beißt sich in den eigenen Schwanz, sie erstickt kreative Abweichungen, sie löscht Vertrauen aus, Kameradschaft, Intimität und Liebe. Macht fesselt den Kontrollierenden ebenso, wie sie den Kontrollierten versklavt.

Kapitel Fünf

Wie Kinder wirklich auf Kontrolle reagieren

Wenn ein Mensch einen anderen zu kontrollieren versucht, ist bei diesem fast immer eine Reaktion oder eine Wirkung zu erwarten.

Der Einsatz von Macht bringt zwei Menschen in eine bestimmte Beziehung zueinander – der eine übt Macht aus, der andere reagiert darauf.

Diese scheinbar offenkundigen Tatsachen werden gewöhnlich in den Schriften der »Disziplinierer« nicht abgehandelt. Sie lassen das Kind unweigerlich aus der »Disziplinierungs-Formel« heraus, vermeiden jeden Hinweis, wie die Kinder auf die Kontrolle durch die Eltern und Lehrer reagieren. Sie bestehen darauf, daß »Eltern Grenzen setzen müssen«, aber nur selten sagen sie etwas darüber, wie Kinder darauf reagieren, wenn ihnen Bedürfnisse auf solche Weise verweigert werden.

»Eltern sollten keine Angst haben, ihre Autorität auszuüben«, raten sie, erwähnen aber kaum einmal, wie die Kinder auf diese auf Autorität beruhenden Zwänge reagieren. Indem sie das Kind aus der Interaktion verschwinden lassen, erwecken die Disziplin-Advokaten den Eindruck, als füge sich das Kind stets bereitwillig der Macht der Erwachsenen und täte genau das, was von ihm verlangt würde.

»Hart, aber gerecht«, »Bestehen Sie auf Gehorsam«, »Scheuen Sie sich nicht, Ihre Mißbilligung durch einen Klaps auszudrücken«, »Manchmal muß man nein sagen«, »Disziplin mit Liebe«, »Demonstrieren Sie das Recht der

Eltern, zu bestimmen«, »Man muß dem Kleinkind beibringen, der elterlichen Führung zu gehorchen und sich ihr zu fügen«. Das sind Zitate aus den vielen Büchern, die die Eltern an die Macht rufen. Diesen Büchern ist gemeinsam, daß sie auf Macht beruhende Disziplin vertreten, ohne auch nur zu erwähnen, wie Kinder darauf reagieren. Mit anderen Worten, diese »Erzieher« stellen die machtzentrierte Disziplin niemals in aller Vollständigkeit dar, als Ursache-Wirkung-Phänomen, als Handlung-Reaktion-Ereignis.
Dieser Mangel ist auffällig, denn er könnte bedeuten, daß sich alle Kinder passiv den elterlichen Forderungen unterwerfen, absolut zufrieden sind und sich in der Rolle des Gehorsamen sicherfühlen, anfangs in der Beziehung zu den Eltern und Lehrern und schließlich zu all den Machthabern, denen sie vielleicht begegnen.
Ich habe jedoch nicht den geringsten Beweis gefunden, der diese These stützt. Die meisten Menschen erinnern sich vielmehr nur allzu gut an die eigene Kindheit, in der man fast alles tat, um sich gegen machtbestimmte Kontrolle zu wehren. Wir versuchten, sie zu vermeiden, sie zu verschieben, sie zu schwächen, sie abzubiegen, ihr zu entkommen. Wir haben gelogen, die Schuld anderen zugeschoben, andere angegriffen, uns versteckt, gebettelt, um Gnade gefleht oder versprochen, etwas nie wieder zu tun.
Strafende Disziplin ist per definitionem *bedürfnisverweigernd* im Gegensatz zu bedürfniserfüllend. Erinnern wir uns daran, daß Strafen nur Wirkung haben, wenn sie vom Kind als abschreckend, schmerzhaft und unangenehm empfunden werden. Wenn Kontrollierer Strafen anwenden, haben sie immer die Absicht, Schmerz zuzufügen oder etwas zu verweigern.
Es scheint daher ganz natürlich, daß kein Kind jemals eine Disziplinierung mittels Strafe wünscht, ganz im Gegensatz zu dem, was die Fürsprecher der Disziplin uns vorgaukeln. Kein Kind »bittet darum« oder ist »dafür dankbar«. Wahrscheinlich stimmt auch, daß kein Kind jemals einen strafen-

den Elternteil oder Lehrer vergißt. Daher finde ich es unglaublich, wenn die Autoren der Elternratgeber, die zur Disziplin aufrufen, diese mit Bemerkungen zu rechtfertigen suchen wie:

»Kinder brauchen nicht nur Strafen, sie wollen sie auch.«

»Kinder wollen grundsätzlich das, was man ihnen zufügt, ob gut oder schlecht, denn Gerechtigkeit bedeutet für sie Sicherheit.«

»Strafen beweisen Kindern, daß ihre Eltern sie lieben.«

»Das Kind, das weiß, daß es einen Klaps verdient, scheint fast erleichtert, wenn es ihn endlich bekommt.«

»Statt durch die Disziplinierungsmaßnahme beleidigt zu sein, versteht das Kind ihren Sinn und begrüßt die Kontrolle, die sie ihm über seine starken Impulse verleiht.«

»Körperliche Züchtigung durch die Hand eines liebevollen Elternteils ist in ihrer Zielsetzung und Praxis etwas völlig anderes als ›Kindesmißhandlung‹ ... das eine ist ein Akt der Liebe, das andere ein feindseliger Akt.«

»Manche eigensinnigen Kinder fordern einen Klaps geradezu heraus, und diesen Wunsch sollte man ihnen erfüllen.«

»Strafen vermitteln den Kindern das Gefühl, sich in ihrer Beziehung sicherzufühlen.«

»Disziplin schafft glückliche Familien und gesunde Kinder.«

Könnte die Absicht dieser Rationalisierungen sein, die Schuldgefühle zu mildern, die die Kontrollierenden empfinden, wenn sie jemanden zu etwas gezwungen oder körperliche Gewalt gegen ihr Kind ausgeübt haben? Dies scheint möglich angesichts des ständigen Beharrens darauf, daß der strafende Erwachsene in Wirklichkeit liebevoll handelt und es nur »zum Besten des Kindes« tut oder als pflichtbewußten Akt »gütiger Herrschaft«. Es scheint, wenn man Kinder streng behandelt, muß das gerechtfertigt werden, indem man sagt: »Streng, aber gerecht«; Strenge ist nur dann gerechtfertigt, wenn sie »liebevoll« ist; Herrscher zu sein ist nur zu rechtfertigen, solange man dabei auch »gütig« ist; Kinder zu zwingen, ist in Ordnung, solange man kein »Diktator« ist; und Kinder körperlich zu mißhandeln ist keine Mißhandlung, wenn man es »liebevoll« tut.

Die Beharrlichkeit, mit der Disziplinierer vertreten, Strafen seien gütig und konstruktiv, könnte mit deren Wunsch erklärt werden, daß Kinder sich schließlich einem höheren Wesen oder einer stärkeren Autorität fügen müssen. Das kann man ihrer Meinung nach nur, wenn man als Kind zuerst lernt, den Eltern und anderen Erwachsenen zu gehorchen. James Dobson, der bereits zitierte biblisch-fundamentalistische Pädagoge, betont dies immer wieder:

> Wenn sich Kinder der liebevollen Führung der Eltern unterwerfen, lernen sie auch, sich der gütigen Herrschaft Gottes selbst zu unterwerfen.
>
> Zur besonderen Disziplin gegenüber einem eigensinnigen Kleinkind: Ein milder Klaps kann vom Alter von 15 bis 18 Monaten an verabreicht werden ... ich wiederhole, dem Kleinkind muß beigebracht werden, zu gehorchen und sich der Herrschaft der Eltern zu fügen, aber dieses Ziel erreicht man nicht über Nacht. (Dobson, 1978)

Es ist die vertraute Geschichte, nach der das Ziel die Mittel heiligt. Der Gehorsam, zunächst gegenüber der elterlichen Autorität, dann einer anderen höheren Autorität gegenüber, wird von den Vertretern der Disziplinierung mittels Strafe so hoch eingeschätzt, daß die Mittel, die sie zu diesem Zweck einsetzen, verfälscht werden, um sie für die Kinder als wohltuend erscheinen zu lassen, statt vielleicht als schädigend.

Die Hoffnung, daß Kinder sich schließlich allen Autoritäten fügen, ist meiner Meinung nach Wunschdenken. Nicht alle Kinder fügen sich, wenn Erwachsene versuchen, sie zu kontrollieren. Kinder reagieren vielmehr mit einer großen Bandbreite von Verhaltensweisen. Psychologen nennen diese Reaktionen *Bewältigungsverhalten* oder *Bewältigungsmechanismen*.

Bewältigungsmechanismen von Kindern

Ich habe im Verlauf der Jahre eine lange Liste von Bewältigungsmechanismen zusammengestellt, die Kinder benutzen, wenn Erwachsene versuchen, sie zu kontrollieren. Diese Liste stammt aus meinen Kursen, wo wir eine einfache, aber sehr ertragreiche Übung machen. Die Teilnehmer werden gebeten, sich an bestimmte Methoden zu erinnern, wie sie machtbezogene Disziplin bewältigten, als sie noch klein waren. Diese Frage führt in jedem Kurs zu fast identischen Listen, was bestätigt, wie universell die Bewältigungsmechanismen von Kindern sind. Achten Sie darauf, wie vielfältig die immer wieder auftauchenden Aspekte gleichwohl sind. (Finden Sie darunter eine bestimmte Methode, die Sie als Kind immer angewendet haben?)

1. Widerstand, Trotz, Negativismus
2. Rebellieren, Ungehorsam, sich widersetzen, frech sein
3. Vergelten, zurückschlagen, angreifen, zerstören
4. Schlagen, sich kämpferisch verhalten, angreifen
5. Regeln und Gesetze brechen
6. Wutausbrüche bekommen, wütend werden
7. Lügen, täuschen, die Wahrheit vertuschen
8. Andere beschuldigen, petzen
9. Andere tyrannisieren und herumkommandieren
10. Sich zusammenrotten, sich verbünden, sich gegen einen Erwachsenen organisieren
11. Speichelleckerei, Beschönigung, Verniedlichung, Einschmeicheln bei Erwachsenen
12. Rückzug, Phantasien, Tagträume
13. Rivalität, siegen müssen, nicht verlieren können, hervorstechen müssen, andere herabsetzen
14. Aufgeben, sich besiegt fühlen, faulenzen, trödeln
15. Weggehen, flüchten, von zu Hause fortbleiben, weglaufen, die Schule abbrechen, Stunden schwänzen
16. Nicht reden, ignorieren, schweigen, den Erwachsenen abschreiben, Distanz halten

17. Weinen, schreien, deprimiert oder hoffnungslos sein
18. Ängstlich sein, schüchtern, furchtsam, Angst, etwas zu sagen, zögern, etwas Neues zu probieren
19. Bestätigung brauchen, ständig nach Anerkennung suchen, sich unsicher fühlen
20. Krank werden, psychosomatische Beschwerden entwickeln
21. Zuviel essen und dick werden, hungern und abnehmen
22. Unterwürfig sein, angepaßt, nachgiebig, pflichtbewußt, schmeichelnd, Streber
23. Stark trinken, Drogen nehmen
24. In der Schule täuschen, abschreiben

Die Eltern und Lehrer in den Kursen machen, nachdem sie *ihre* Listen aufgestellt haben und merken, wie sehr diese eigenen Erfahrungen entspringen, unweigerlich folgende Bemerkungen:

»Warum will man denn Macht anwenden, wenn sie solche Verhaltensweisen hervorruft?«

»All diese Bewältigungsmechanismen sind Verhaltensweisen, die ich bei meinen Kindern oder Schülern nicht mitansehen möchte.«

»Ich sehe in dieser Liste keine einzige positive Wirkung oder eine positive Verhaltensweise.«

»Wenn wir als Kinder so auf Machtausübung reagiert haben, tun das unsere eigenen Kinder bestimmt genauso.«

Nach dieser Übung machen manche Eltern und Lehrer eine Kehrtwendung um hundertachtzig Grad. Sie sehen dann viel deutlicher, daß Macht genau die Verhaltensmuster hervorbringt, die sie bei Kindern am stärksten ablehnen. Sie beginnen zu begreifen, daß sie als Eltern und Lehrer einen schrecklichen Preis dafür zahlen, wenn sie Macht einsetzen: Sie bewirken, daß ihre Kinder und Schüler Gewohnheiten, Züge und Charakteristika entwickeln, die sowohl für die meisten Erwachsenen als inakzeptabel gelten, als auch von Experten als seelisch gestört bezeichnet würden.

Beim Durchlesen dieser Liste der Bewältigungsmechanismen haben Sie vielleicht bemerkt, daß einige Reaktionen »kämpferisch« waren, andere »flüchtend«, andere »nachgebend«. Nützlicherweise teilt man die Bewältigungsmechanismen in diese drei Kategorien ein: *Kampf, Flucht* und *Unterwerfung.*

Die meisten Kinder neigen mehr zu dem einen Reaktionstyp als zu den anderen beiden. Jungen neigen eher dazu, gegen Erwachsenenautorität anzukämpfen, während man von Mädchen eher erwarten kann, daß sie sich ihr fügen. Manche Kinder unterwerfen sich auch, solange sie noch klein sind, und kämpfen dann um so heftiger, wenn sie in die Pubertät kommen. Was die Fluchtreaktionen angeht, so scheinen sie von Kindern jeden Alters angewendet zu werden, wenn die Strafen, die sie erhalten, sehr streng sind oder Belohnungen ihnen zu schwer erreichbar erscheinen. Von zu Hause fortlaufende Kinder stammen häufig aus Familien, in denen streng gestraft wird. Schulabbrecher sind in der Regel diejenigen, denen es schwerfällt, die Mindestnoten zu erreichen.

Jeder dieser Bewältigungsmechanismen provoziert natürlich eine Art Folgereaktion von seiten des Kontrollierenden. Bei einer kämpferischen Reaktion zum Beispiel ist es sehr wahrscheinlich, daß die Erwachsenen strenger strafen. Das trifft auf Widerstand und Trotz, Rebellion und Ungehorsam, Vergeltung, Raufereien, Regeln brechen und Wutausbrüche zu. Diese kämpferischen Bewältigungsmechanismen führen oft in einen Teufelskreis, den wir in Schulen wie in Familien beobachten können – wenn das Ankämpfen des Kindes den Erwachsenen veranlaßt, noch strengere Strafen anzuwenden, die dann noch heftigere Auflehnung nach sich ziehen, die wiederum strengere Strafen bewirken und so weiter. Die Kampfreaktionen findet man typischerweise bei jugendlichen Straffälligen.

Die Unterwerfungsreaktionen provozieren Erwachsene weniger zu strengerer Disziplin, aber sie richten großen

Schaden in den Beziehungen des Kindes zu seinen Altersgenossen an. Die meisten Kinder können andere nicht leiden, die sich einschmeicheln, die immer gut dastehen wollen, die andere beschuldigen, die Angst haben, etwas Neues auszuprobieren, die sich fügen und pflichtbewußt sind oder sich als Streber hervortun. Diese Bewältigungsmechanismen provozieren Spott, Neckereien, Hohn und Ablehnung.
Fluchtreaktionen schädigen höchstwahrscheinlich die Erwachsenen-Kind-Beziehungen dauerhaft, und das Leben der Eltern wie auch des Kindes wird noch unglücklicher, wenn sich Kinder etwa völlig von sinnvoller Kommunikation zurückziehen, den Kontakt zu den Eltern und anderen Kindern meiden, von zu Hause fortrennen, die Schule abbrechen. Einige Fluchtreaktionen sind auch gesundheitsschädlich, wie zuviel Essen, Drogen- und Alkoholkonsum.

Rächende Gewalt gegenüber den Kontrollierenden

Wenn ein Kind dem Schmerz und der Demütigung durch strafende Macht weder entkommen noch sich ihr unterwerfen kann, drückt es Wut und Feindseligkeit oft in aggressiven und gewalttätigen Handlungen gegen Lehrer und Eltern aus. Heutzutage sind Gewalttätigkeiten von Schülern gegen Lehrer überall ein schwerwiegendes Problem.
Vergeltende Gewalt beschränkt sich aber nicht auf das Klassenzimmer. Sie ereignet sich in überraschend hohem Maße auch in Familien. Die Autoren des Buches *Behind Closed Doors* fanden heraus, daß *eines von drei Kindern zwischen drei und siebzehn mindestens einmal pro Jahr die Eltern schlägt.* Der Racheaspekt bei dieser Gewalt zwischen Kind und Eltern wird auch in anderen Ergebnissen aus derselben Untersuchung offenkundig:

> Weniger als eines von 400 Kindern, dessen Eltern nicht schlagen, verhält sich gegenüber den von uns interviewten Eltern gewalttätig. Das steht in auffälligem Gegensatz

zu den Kindern, die meistens von den Eltern geschlagen wurden. *Etwa die Hälfte dieser Kinder* hatte in dem Jahr der Befragung *auch die Eltern geschlagen*. (Straus/Gelles/Steinmetz, 1980)

Angesichts zahlreicher Beweise, wie und warum Kinder sich an Erwachsenen rächen, die versuchen, sie zu kontrollieren, ist es mir schwer verständlich, wie die Autoren der Disziplinierungsbücher und die Vertreter der elterlichen Machtausübung versuchen können, den Eltern die Idee zu verkaufen, daß strafende Disziplin glückliche Familienbeziehungen schafft. Die Bestrafung von Kindern untergräbt und schwächt vielmehr die Beziehung zwischen Erwachsenen und Kindern, und Strafen, die entweder häufig oder streng verabreicht werden, provozieren Gegengewalt.

Wenn Kinder sich von den Eltern »scheiden« lassen

Die tragischste Konsequenz für die Beziehung zwischen Erwachsenem und Kind ist wohl, wenn die Disziplinierer schließlich ihre Kinder verlieren. Heranwachsende lassen sich sehr häufig seelisch von den Eltern »scheiden« – sie ziehen sich aus der Beziehung zurück, während sie körperlich noch zu Hause anwesend sind. Sie geben ihre Bemühungen auf, sich von der strafenden Kontrolle der Eltern zu befreien, sind erschöpft von den endlosen Konflikten und Machtkämpfen zu Hause, ziehen sich mürrisch in Isolation und Distanz zurück und brechen alle vernünftige Kommunikation mit den Eltern ab. Diese Kinder sind darauf aus, so wenig wie möglich zu Hause zu sein, und kommen nur noch zum Essen und Schlafen heim. Ihre Eltern wissen praktisch nichts über ihre Aktivitäten, ihre Überzeugungen, ihre Wertvorstellungen und Gefühle, weil diese Kinder darauf bedacht sind, den Eltern nichts über sich preiszugeben. Sie haben aus tagtäglicher Erfahrung eine Methode gelernt, sich der Kontrolle, den Verweigerungen und den Strafen zu

entziehen und in der Beziehung nicht mehr anwesend zu sein, und, wenn das nicht möglich ist, eine offene, ehrliche Kommunikation zu vermeiden.
Die unerschrockeneren dieser Kinder packen schließlich ihre Sachen und rennen von zu Hause fort. Sie ziehen die Unwägbarkeiten und Gefahren der Außenwelt der Unterdrückung durch strafende, kontrollierende Eltern vor. Untersuchungen über das Leben fortgelaufener Kinder haben ergeben, daß ein großer Prozentsatz das Zuhause verläßt, um den Druck der strafenden Eltern abzuschütteln. Auf ähnliche Weise flüchten viele junge Mädchen in eine Frühschwangerschaft und nutzen eine Ehe als Ausweg aus der tyrannischen Beziehung zu den Eltern.
Erst durch neuere Untersuchungen ist klargeworden, daß eine überraschend hohe Anzahl von fortgelaufenen Heranwachsenden gar nicht von zu Hause fortrennt – sie werden in Wirklichkeit von den Eltern hinausgeworfen! Der häufigste von den Eltern angegebene Grund lautet, das Kind sei »unkorrigierbar«, »unkontrollierbar«, »rebellisch«, »unlenkbar«. Es ist traurig, aber wahr: Einige Eltern sind gewillt, sich von ihren Kindern loszusagen, wenn sie merken, daß sie alle Macht verloren haben, sie zum Gehorsam zu zwingen. Gehorsam erhält für diese Eltern einen höheren Wert als die Beziehung zu ihrem Nachwuchs.
Die Eltern haben in solchen Fällen meist einen schweren Fehler begangen, den sie sofort bereuen. Sie merken, daß ihnen alle anderen Mittel ausgegangen sind, die erwachsen gewordenen Kinder zu kontrollieren, und nun bedrohen sie sie mit dem Satz: »Solange du unter meinem Dach lebst, befolgst du auch meine Regeln. Wenn du das nicht kannst, dann geh.« Genau diese Behandlung wird von den Vertretern der »strengen Liebe« empfohlen. Diese Eltern führen ihre Drohung schließlich aus und zahlen den schrecklichen Preis, die Kinder aus Heim und Familie zu verstoßen.
Das analoge Szenarium in unseren Schulen bildet die fast überall auf der Welt praktizierte Drohung mit Ausschluß

vom Unterricht oder Verweis von der Schule als Mittel, störende Schüler zu kontrollieren. Wenn es mit der Drohung nicht klappt und die Schüler sich gegen die Kontrolle wehren, wie so oft, stehen die Schulverwaltungen vor einem Dilemma: Um das Gesicht zu wahren, müssen sie das Kind nun von der Schule verweisen. Allzuoft ist der Schüler auf immer verloren.

Die Saat für kriminelles Verhalten

Wenn man Eltern nach dem Schlimmsten fragt, was ihren Kindern zustoßen könnte, sagen sie vermutlich: »Mit dem Gesetz in Konflikt geraten.« Genau diese Angst verlockt viele Eltern dazu, strafende Disziplin als vorrangiges Mittel anzuwenden, um Kindern den Unterschied zwischen Gut und Böse beizubringen und Respekt für die Autorität der Erwachsenen zu erzeugen. Sie hoffen, daß strafende Disziplin in den Kindern die moralischen Werte hervorbringt, die einen gesetzestreuen Bürger auszeichnen. Leider stellt sich diese Hoffnung als falsch heraus.

Um zu verhindern, was sie so stark fürchten, bauen die meisten Eltern auf strenge Disziplin. Sie kontrollieren, beschränken, verweigern, setzen Grenzen, verbieten, verhindern, befehlen. Und wenn diese Methoden keinen Gehorsam zur Folge haben, greifen sie zu Strafen. Die Regeln für die Kinder werden gewöhnlich einseitig von den Eltern festgesetzt; Übertretungen ziehen Strafen nach sich. Ungehorsam wird nicht toleriert.

Doch wie wir schon gesehen haben, erzeugt strenge Disziplin keine disziplinierten Kinder. Strafende Disziplin bewirkt vielmehr abweichendes oder kriminelles Verhalten, statt es zu verhüten. Die Tatsachen beweisen das:

- In Studien zur Familiengeschichte von männlichen wie weiblichen jugendlichen Straffälligen zeigte sich im Gegensatz zu nicht straffälligen Kindern ein Muster strenger, strafender, machtbezogener elterlicher Disziplinierung. (Martin, 1975)

- In einer Untersuchung von gewalttätigen Insassen des San Quentin-Gefängnisses fand man heraus, daß 100 Prozent im Alter zwischen ein und zehn Jahren zu Hause extremer Gewalt ausgesetzt gewesen waren. (Maurer, 1976)
- Bei Tätern, die wegen Mordes verurteilt worden waren, stellte man fest, daß sie als Kinder viel häufiger schwere körperliche Strafen erhalten hatten als ihre Brüder, die nicht zu Mördern geworden waren. (Palmer, 1962)
- In einer Langzeituntersuchung über Jungen, die man als zur Kriminalität neigend einstufte, wurden nur 32 Prozent derjenigen mit zwei liebevollen Eltern schließlich verurteilt, 36 Prozent von denen mit einer liebevollen Mutter und einem strafenden, ablehnenden Vater, 46 Prozent derjenigen mit einer strafenden, ablehnenden Mutter und einem liebevollen Vater. *Aber 70 Prozent von jenen, die eine strafende, ablehnende Mutter und einen ebensolchen Vater erlebt hatten, wurden schließlich wegen eines Verbrechens verurteilt.* (McCord/McCord, 1958)

Brian Gilmartin, Autor des »Gilmartin-Reports«, sagt:

> Nahezu jede Untersuchung der familiären und sozialen Hintergründe von gewalttätigen Kriminellen zeigt, daß sie weitaus häufiger als gesetzestreue Bürger in der Kindheit Schlägen und anderen körperlichen Strafen von Eltern und anderen Erwachsenen ausgesetzt wurden. (Gilmartin, 1979)

- Eine Studie im US-Staat Oregon zeigte eine positive Verbindung zwischen Vandalismus in der Schule und körperlicher Züchtigung. In Schulen, in denen häufiger körperlich gestraft wird, ist mehr Vandalismus zu beobachten als in den Schulen, die zurückhaltender handeln. (Hyman/McDowell/Raines, 1975).

Wie genau körperliche Strafen in Kindern die Saat für spätere Kriminalität säen, ist immer noch nicht gänzlich klar. Vermutlich spielen einer oder mehrere der folgenden Faktoren eine Rolle: (1) Rollenvorbilder, (2) die bereits erklärte Frustrations-Aggressions-Reaktion, (3) reaktive Feindseligkeit, die man auf alle Autoritätsfiguren projiziert (Schulverwalter, Chefs, Polizei), (4) das Bedürfnis, sich zu rächen oder etwas zu vergelten, und (5) ein Gefühl von Hoffnungs- und Hilflosigkeit (fehlende Möglichkeit, das eigene Schicksal zu kontrollieren). Gleich, wie die genaue Dynamik aussieht: Körperliches Strafen von Kindern prädisponiert diese möglicherweise zu einem Leben in Kriminalität, voll von Gegenaggression und Gewalt – zuerst gegenüber Geschwistern und Eltern, dann gegenüber Lehrern und Vorgesetzten, später gegenüber allen anderen Autoritäten, denen sie begegnen.

Das Scheitern der Jugendgerichte

Es gibt neben der Familie noch eine andere Institution, bei der die strafende Kontrolle von Jugendlichen immer wieder gescheitert ist. Ich meine die Jugendgerichte, die man um die Jahrhundertwende einrichtete und als sehr fortschrittlich ansah. Ziel dieser Gerichte, so hoffte man, sei »nicht so sehr, zu strafen, als vielmehr zu reformieren, nicht zu degradieren, sondern zu erheben, nicht zu zermalmen, sondern zu entwickeln, keinen ... Kriminellen heranzuziehen, sondern einen wertvollen Bürger«. (Mack, 1909)

In den letzten beiden Jahrzehnten sind jedoch die Konzepte der Jugendgerichte und wie die meisten in der Praxis arbeiten unter starken Beschuß geraten. Wie ist es dazu gekommen? Charles Silberman versuchte in einer mutigen und profunden Attacke das US-System der Jugendgerichtsbarkeit zu analysieren. Er schildert in dem Buch *Criminal Violence, Criminal Justice,* warum seiner Meinung nach die Jugendgerichtsbarkeit viel häufiger Strafen als Therapie zuteilt. Silberman glaubt, es sei reiner Mythos, daß Jugend-

gerichte »im besten Interesse des Kindes« geführt würden, und sieht es ebenso als einen Mythos an, daß sie eher der Rehabilitation und Therapie dienten als der Bestrafung. Dazu eine überzeugende Statistik: 1974 wurden mindestens 460 000 Jugendliche in Jugendgefängnissen eingesperrt und verbrachten dort durchschnittlich elf Tage. Zahlen der Gefängnisbehörden zufolge wurden weitere 255 000 in Erwachsenengefängnissen untergebracht. Doch von diesen waren 75 Prozent der inhaftierten Mädchen und 25 Prozent der Jungen wegen kleinerer Delikte verhaftet worden (für die nur Jugendliche verhaftet werden, wie Schwänzen oder sexuelle Promiskuität usw.). Nicht mehr als 10 Prozent waren wegen Raubes oder anderer Gewaltverbrechen angeklagt. Silberman schließt aus diesen Statistiken, daß Richter, Polizisten und Bewährungshelfer eine große Anzahl von Jugendlichen einzusperren scheinen (eine schwere Form zwingender, strafender Behandlung), um »ihnen eine Lektion zu erteilen« oder »ihnen einen Schrecken einzujagen«, noch ehe sie ein schwereres Verbrechen begangen haben.
Noch schockierender sind die Zahlen aus dem Jahr 1974, daß vermutlich etwa 680 000 Jungen und Mädchen eingesperrt wurden, während sie auf ihren Prozeß oder die Überstellung an eine andere Gerichtsbehörde warteten. In Arizona zum Beispiel sah man nur knapp 10 Prozent der Jugendlichen, die man vor ihrem Prozeß in Verwahrung hielt, als so gefährlich an, daß man sie nach dem Prozeß von der Gesellschaft fernhalten müsse (Silberman, 1978).
Abgesehen von wenigen Ausnahmen sind die meisten Jugendgefängnisse, mehr noch die für Erwachsene, für Jugendliche maßlos bedrückend, strafend und einschränkend. Dazu kommt das Trauma, von der Familie getrennt zu werden, die Degradierung, daß man ihnen allen persönlichen Besitz fortnimmt, die Angst, auf unabsehbar lange Zeit eingesperrt zu sein, die Furcht vor körperlichen Angriffen und sogar sexueller Belästigung.
Wie Eltern und Lehrer haben die Jugendgerichte alle Hoff-

nungen auf zwingende, strafende Maßnahmen gesetzt, um Kinder von delinquentem oder kriminellem Verhalten abzuhalten – auf ein System von mit Abschreckung arbeitenden Maßnahmen. Und dennoch gibt es keinerlei Beweise, daß solche Methoden in der Jugendgerichtsbarkeit wirksamer sind als in Familien oder Schulen. Die Erfahrung einer Jugendhaft erzeugt vielmehr bei zahlreichen Jugendlichen noch stärkere Wut und Aggressivität, führt zu mehr Ablehnung und Rachsucht; sie neigen eher zur Gewalt als zuvor. Ich hege keinen Zweifel, daß es die Selbstachtung und das Selbstwertgefühl der Jugendlichen schädigt.

Es hat den Anschein, daß Jugendliche, die man in Jugendstrafanstalten einsitzen läßt, viel eher brutalisiert als rehabilitiert werden. Silberman zitiert die Warnung von Austin MacCormick, einem der Vorsitzenden der Richtervereinigung, der vor einem nationalen Komitee erklärte: »Es gehen in den Jugendstrafanstalten dieses Landes Dinge vor sich, es werden Disziplinierungsmethoden benutzt, durch die ein Wächter in Alcatraz seinen Posten verlieren würde, wenn er sie bei seinen Gefangenen anwendete.« (Silberman, 1978)

Warnung: Disziplinierung schadet der Gesundheit und dem Wohlbefinden von Kindern

Diejenigen, die in der Kindererziehung nach dem Satz verfahren: »Wer sein Kind liebt, spart mit der Rute nicht«, beziehen sich in der Regel auf das Argument, Disziplin sei »gut für das Kind« und mache Kinder gesünder und glücklicher. Sie fühlten sich dann »sicherer«, »sie wüßten besser, woran sie mit jemandem wären«, sie würden gesellschaftsfähiger, hätten glücklichere Beziehungen. Kurz, Disziplin wird als förderlich für seelische Gesundheit und Wohlbefinden betrachtet. James Dobson formuliert, wie Sie sich erinnern werden, daß die Unterwerfung unter eine Autorität »für gesunde menschliche Beziehungen notwendig« sei.

Aber wie paßt diese Überzeugung zu den Ergebnissen aus der Forschung? Gar nicht. Es gibt zahllose Beweise, daß strenge, strafende Disziplin Kinder vielmehr krank macht – sie ist für ihr seelisches Wohlbefinden sehr schädlich.

- In einer Studie fand der bekannte Experimentalpsychologe Robert Sears heraus, daß zwölfjährige Jungen, deren Eltern stark einschränkten und straften, ausgeprägte Neigungen zu Selbstbestrafung, Unfallhäufigkeit und Selbstmord hatten. (Sears, 1961)
- In drei voneinander unabhängigen Studien wurde gezeigt, daß schüchterne, neurotische Kinder diejenigen sind, die in den Familien stärker eingeschränkt und ausgeprägter kontrolliert wurden als andere Kinder. (Bekker, 1964)
- Mütter von Kindern mit niedriger Selbstachtung benutzten weniger Vernunftgründe und Diskussionen und mehr willkürliche, strafende Disziplin. Sie setzten zudem weniger Belohnungen und mehr Strafen in der Erziehung ihrer Kinder ein. (Coopersmith, 1967)
- Der Psychologe Goodwin Watson führte mit 230 Hochschulabsolventen ausführliche Gespräche, in denen sie angaben, wie oft und streng ihre Eltern sie als Kinder bestraft hatten. Jene, die am häufigsten bestraft worden waren, berichteten im Gegensatz zu denjenigen mit den wenigsten Strafen von viel größerem Haß gegenüber den Eltern, heftigerer Ablehnung von Lehrern, schlechteren Beziehungen zu den Kommilitonen, häufigerem Streit, mehr Sorgen, größerer Schüchternheit, mehr unbefriedigenden Liebesbeziehungen, stärkerer Unsicherheit, mehr Schuldgefühlen, häufigerem Unglücklichsein und Weinen und größerer Abhängigkeit von den Eltern. (Watson, 1943)

In einer Studie identifizierte Dana Baumrind 1971 mehrere elterliche Verhaltensmuster, von denen sie eines »autoritär« nannte. Eltern in dieser Kategorie erzielten eine relativ hohe Punktzahl bei allen folgenden Merkmalen. (1) Bestreben,

Verhalten und Einstellungen im Einklang mit einem absoluten Maßstab zu prägen und zu kontrollieren; (2) Gehorsam, Respekt vor Autorität, Arbeit und Tradition und Wert auf die Aufrechterhaltung von Ordnung legen; (3) Unterdrükkung von verbalem Austausch zwischen Eltern und Kind, (4) Unterdrückung der Unabhängigkeit und Individualität des Kindes. Die Kinder autoritärer Eltern zeigten im Vorschulalter relativ wenig Unabhängigkeit und schnitten bei einem Test unter dem Aspekt »soziale Verantwortlichkeit« nur durchschnittlich ab.

In einer anderen Studie fand man heraus, daß Kinder autoritärer Eltern weniger soziale Kompetenz unter Altersgenossen haben – sie neigen dazu, sich zurückzuziehen, nicht die soziale Initiative zu ergreifen, und zeigen mangelnde Spontaneität. (Baldwin, 1948) Nach den Psychologen Maccoby und Martin (1983) weisen sie auch weniger Zeichen eines »Gewissens« auf und beziehen ihre Kontrolle eher »von außen« – ihre Quelle der Kontrolle liegt außerhalb ihrer, nicht in ihnen, und das hat eine schlechte Selbstkontrolle zur Folge.

Die zahlreichen experimentellen Nachweise, die wir zusammengetragen haben, beweisen: Die Bestrafung von Kindern schadet ihrer seelischen Gesundheit. Jede andere Behauptung ist absurd.

Da die Disziplinierung mittels Strafen Kinder emotional schädigt, folgt daraus, daß sie letztendlich der Gesellschaft schadet: Kranke Kinder wachsen zu emotional verkrüppelten, unproduktiven, antisozialen und oft gewalttätigen Bürgern heran.

High werden und abdröhnen

Genauso erschreckend wie Kriminalität bei Kindern ist die Bedrohung durch Alkoholismus und Drogenmißbrauch. Nicht erst heute greifen Kinder zu Alkohol und anderen

Drogen, doch in unseren Tagen ist Trinken und Drogeneinnahme eine viel häufiger anzutreffende Form des Rückzugs geworden als jemals zuvor.

Wie weitverbreitet Drogeneinnahme unter Profisportlern und Showstars ist, ist heute längst kein Geheimnis mehr: Namen wie die von Elvis Presley, Judy Garland und John Belushi oder Ben Johnson stehen dafür. Durch Alkoholkonsum ausgelöster Vandalismus ist in den Sportstadien der Vereinigten Staaten und Europas weitverbreitet; oft folgen daraus schwere Verletzungen und Todesfälle. Unfälle, bei denen Alkohol im Spiel ist, bilden die zweithäufigste Todesursache unter Jugendlichen.

Die Kontrolle des Angebots dieser gefährlichen Substanzen hat in den letzten Jahren nicht dazu beigetragen, den Mißbrauch zu begrenzen, denn immer tauchte irgend etwas Neues auf, das leicht erhältlich war – LSD, Marihuana, Heroin, Ecstasy, Kokain, Crack.

Die Fälle von Alkoholmißbrauch unter Kindern und Jugendlichen sind zahlreich und haben vielfältige Ursachen, doch ein Hauptgrund scheint zu sein, Unsicherheit, Leid, Einsamkeit, Hoffnungslosigkeit, Ablehnung und anderen Bedürfnisverweigerungen zu entfliehen.

Ein weiterer Grund für Trinkerei und Drogenkonsum ist der Gruppendruck von Altersgenossen, die Angst, Freunde zu verlieren und nicht akzeptiert zu werden, wenn man sich verweigert. Denen, die Drogen nicht widerstehen und mit dem Genuß von Alkohol nicht vorsichtig umgehen können, scheinen Selbstkontrolle und Selbstdisziplin zu fehlen. Man muß jedoch bedenken, daß von allen Jugendlichen, die zu trinken anfangen oder Drogen ausprobieren, nur etwa zwischen 5 und 10 Prozent zu tatsächlichen Problemtrinkern oder Süchtigen werden. Was unterscheidet diese 5 bis 10 Prozent von der viel größeren Gruppe, die sich »beherrschen« kann?

Eine einleuchtende Hypothese lautet, daß die Jugendlichen, die genügend Selbstdisziplin entwickelt haben, um den

exzessiven Genuß von Alkohol und Drogen zu vermeiden, ein Leben führen, das für sie so befriedigend ist, daß sie nicht riskieren wollen, zu verlieren, was sie bereits erreicht haben oder was noch vor ihnen liegt – Freunde, Erfolg in bestimmten Lebensbereichen, eine gute Liebesbeziehung oder Ehe, die Aussicht, einen Beruf zu lernen, das Gefühl von Selbstvertrauen und Selbstachtung. Sie haben zudem das Gefühl, ihr Leben unter Kontrolle zu haben, jene besondere und wichtige »Schicksals-Kontrolle«, die ich schon häufiger erwähnt habe.
Im Gegensatz dazu führen die 5 bis 10 Prozent, die ernste Probleme bekommen, eher ein Leben, das nicht lohnend und unbefriedigend erscheint. Sie fühlen sich vermutlich bereits zu Beginn als Versager. Sie fühlen sich enttäuscht und wertlos, besitzen nur geringe Selbstachtung und erleben sich als hilflos, ihr Geschick zu bestimmen. Diesen »Versagern« bieten Alkohol und Drogen eine schnelle, leichte Fluchtmöglichkeit aus Verzweiflung, vorübergehende Euphorie und Selbstsicherheit.
Ich erkenne zwar an, daß wirtschaftliche, soziale und Umweltfaktoren die Einstellung zu sich selbst und zum Leben stark beeinflussen, doch ich bin überzeugt, den stärksten Einfluß auf diese Einstellungen üben die Situationen zu Hause und in der Schule aus. Ich habe nur einen kleinen Ausschnitt aus der steigenden Zahl von Studien zitiert, die zeigen, daß machtzentrierte, strafende Disziplin in Schulen und in der Familie Kindern das Leben so unerträglich machen kann, daß sie sich an jenen rächen wollen, die versuchen, sie zu kontrollieren, oder der Umgebung entkommen wollen, die für sie so schmerzlich ist.
Strafende und kontrollierende Lehrer und Eltern können Kindern das Leben zur Hölle machen. Ich glaube, daß der sogenannte Krieg gegen Drogen, die Aufforderungen, nein zu sagen, und Programme, die versuchen, die Kinder zur Abstinenz zu bringen, niemals Erfolg haben werden, bis nicht Eltern und Lehrer neue Methoden im Umgang mit

Kindern und Jugendlichen lernen, die das Bedürfnis nach Suchtstoffen überflüssig werden lassen.

Wenn der Kontrollierende an Einfluß verliert

Die meisten Eltern und Lehrer wollen vor allem einen starken, positiven Einfluß auf die Kinder ausüben. Sie wollen den Kindern den Unterschied zwischen Gut und Böse beibringen, sie vom Wert einer guten Bildung überzeugen, sie dazu bewegen, gesund zu leben, ihnen helfen, mit anderen zurechtzukommen, sie dazu bringen, Verhalten aufzugeben, das andere stört – sie zu glücklichen, produktiven Bürgern heranziehen. Wenn sie sich dazu jedoch strafender Disziplin bedienen, vermindern die Erwachsenen ihre Möglichkeiten, einen positiven oder konstruktiven Einfluß auf die Jungen auszuüben, ganz entschieden. Es ist ein Paradox: *Wende Macht an, und du verlierst an Einfluß.*

Dabei wirken mehrere Faktoren mit. Zunächst einmal ruft Macht genau die Reaktionen hervor, die sie selbst schwächen, darunter Widerstand, Rebellion, Vergeltung, Meidung, Rückzug, Täuschung, Bündnisbildung, um so die Macht des Kontrollierenden auszugleichen, Gesetzesvergehen usw.

Zweitens, erwachsene E-Autorität, eine der wichtigsten Einflußquellen, versagt bei Jugendlichen, wenn sie nicht warme, positive Gefühle gegenüber dem sie Beeinflussenden hegen. Ich habe es bereits mit anderen Worten gesagt: Damit Kinder die Erfahrung, die Weisheit oder die Werte eines Erwachsenen akzeptieren, müssen sie diesen Erwachsenen mögen, respektieren und zu ihm aufblicken. Wir wissen andererseits, daß Kinder diejenigen, die versuchen, sie zu etwas zu zwingen, sie zügeln oder die ihnen das Recht verweigern, ihre Bedürfnisse erfüllt zu bekommen, allmählich ablehnen, negativ beurteilen und mit Verachtung behandeln.

Andererseits jedoch wissen wir auch, daß Kinder diejenigen aufsuchen, ihnen zuhören, an sie glauben, sich nach ihnen ausrichten, die sie mit Respekt behandeln, die ihnen vertrauen, die sie nicht herumkommandieren, mit denen man leicht reden kann. Unser Paradox hat also ein Gegenstück: *Gib es auf, Macht anzuwenden, und du gewinnst an Einfluß.*

Wollen wir gehorsame Kinder?

Ein Bewältigungsmechanismus für machtzentrierte Disziplin verdient unsere besondere Aufmerksamkeit. Jeder weiß, daß manche Jugendliche auf Erwachsenenautorität reagieren, indem sie nachgeben, sich unterwerfen, gehorchen. Ich habe bereits mehrfach darauf hingewiesen, daß Gehorsam gegenüber Erwachsenenautorität genau das ist, was die Disziplinierer und die Fürsprecher von elterlicher Machtausübung sich mehr als alles andere wünschen. Daß ihr Kind lernt zu gehorchen, ist das höchste Ziel, Trotz ihre größte Sorge.

In der Geschichte und in vielen Gesellschaften ist Gehorsam gegenüber der Autorität ein tief verwurzeltes und stark gefördertes Verhalten gewesen. Unterwerfung unter eine Autorität wird als notwendige Stütze für soziale Kontrolle innerhalb von Institutionen und Nationen angesehen, als Kitt, der Menschen in Organisationen zusammenhält, als ein Hauptbestandteil allen Zusammenlebens. So wurde der Gehorsam beim Militär, in Religionen und Sekten wie auch in Familien und Schulen zu einer edlen, moralischen Tugend erhoben. Dies besonders in Familien, in denen eine höhere Autorität oder Ideologie eine Hierarchie diktiert, in denen der Ehemann und Vater »Haushaltungsvorstand« ist und die Spitze in der Rangordnung einnimmt, die Frau an zweiter Stelle kommt und die Kinder unten stehen.

Einige Philosophen haben davor gewarnt, daß die Struktur

jeder Gesellschaft durch Ungehorsam erschüttert werden kann. Wie beschrieben, warnen einige zeitgenössische amerikanische Autoren Eltern in ähnlicher Weise, ohne Respekt vor der elterlichen Autorität herrschten nur »Anarchie, Chaos und Verwirrung« (Dobson, 1978).

Doch in den vergangenen Jahrzehnten hat in den USA eine Gruppe von Sozialwissenschaftlern und Historikern begonnen, diese traditionelle Sichtweise zu kritisieren. Der berühmte Historiker C. P. Snow führt die Auslöschung der europäischen Juden durch die Nazis als extremes Beispiel eines entsetzlichen und unmoralischen Verbrechens an, das Tausende von deutschen Soldaten im Namen der Gehorsamkeit ausführten, und kommt zu dem Schluß:

> Wenn man die lange, düstere Geschichte der Menschheit betrachtet, erkennt man, daß im Namen des Gehorsams mehr schauderhafte Verbrechen begangen wurden als im Namen der Rebellion. (Snow, 1961)

Andere Autoren haben die zahlreichen Untaten amerikanischer Soldaten gegen vietnamesische Bürger dokumentiert, die im Gehorsam gegenüber ihren Offizieren begangen wurden. In den achtziger Jahren schockierten die Selbstmorde von fast tausend Mitgliedern der Sekte um Jim Jones als weiteres, schreckliches Beispiel, wie man die »Pflicht, Befehlen zu gehorchen« ausnutzen kann. Bei diesem tragischen Ereignis veranlaßte blinder Gehorsam gegenüber ihrem Anführer die Sektenmitglieder, die eigenen Kinder und schließlich sich selbst umzubringen.

Statt nun Gehorsam gegenüber einer Autorität als Tugend zu betrachten, glaube ich, sollten wir sie als ein Übel ansehen, das in unserer Gesellschaft weite Verbreitung gefunden hat. Wir erziehen einen Bürger von morgen, der glaubt, er solle, ohne zu fragen, alles tun, was man ihm aufträgt. Diese Auffassung nimmt in der Familie ihren Ursprung und wird in den Schulen, beim Militär, in Religionen und religiösen Sekten, in vielen wirtschaftlichen Organisationen verstärkt. Es gibt jedoch genügend Beweise, daß Menschen, die man auf Gehorsam konditioniert hat, sich *allmählich als Ausführungsorgane für die Wünsche anderer Personen verstehen und sich nicht mehr für die eigenen Handlungen verantwortlich fühlen.*

Nirgendwo wurde dies eindrucksvoller demonstriert als in den mittlerweile klassischen Experimenten des Psychologen Stanley Milgram und seiner Kollegen an der Yale-Universität in den sechziger Jahren.

Unter dem Vorwand, zu untersuchen, wie Menschen prinzipiell lernen, wurden Milgrams Versuchspersonen angewiesen, einem angeschnallten »Lernenden« (dem Opfer) Elektroschocks zu erteilen, immer wenn dieser bei einer Aufgabe eine falsche Reaktion zeigte. Die Versuchspersonen wußten allerdings nicht, daß die Opfer in Wirklichkeit Schauspieler waren. Sie erhielten die Schocks auch nicht wirklich, sondern taten nur so. Zuerst protestierten sie lediglich verbal, dann, als die Stärke der Schocks vermeintlich zunahm, stöhnten und schrien sie laut, und schließlich flehten sie darum, daß das Experiment wegen der unerträglichen Schmerzen abgebrochen werde.

Die Leiter (die Autorität in weißen Arztkitteln) verlangten, daß die Teilnehmer die Elektroschocks jedesmal verstärkten, wenn die Lernenden eine falsche Antwort gaben, was zu tun diese natürlich angewiesen worden waren.

Das wahre Ziel des Experiments, das nur den Forschern bekannt war, lag darin, zu erforschen, wie die Versuchspersonen (jene, die die Schocks verabreichten) den Konflikt lösten, entweder der Autoritätsfigur zu gehorchen und immer stärkere Schocks zu verabreichen, oder sich zu weigern, der Autorität zu gehorchen, weil sie den (vermeintlichen) Schmerz ihrer Opfer sahen und deren Bitten hörten, aus der Situation befreit zu werden – ein Konflikt zwischen »Gehorsams-Response« und »Ungehorsams-Response«.

Milgram (1974) selbst empfand die Ergebnisse seiner Studie als »überraschend und erschreckend«. Hier einige Ergebnisse:

- Fast zwei Drittel aller Testpersonen fiel in die Kategorie der »Gehorsamen«.
- Viele Testpersonen standen in der Situation unter beträchtlichem persönlichen Streß und protestierten häufig verbal (»Das scheint dem Mann doch wehzutun« oder: »Ich mache nicht weiter, wenn der Mann so schreit«). Dennoch fuhr eine beträchtliche Anzahl fort, den Opfern Schocks zu versetzen, bis zur höchsten Voltzahl, die das Gerät anzeigte.
- Später gaben einige Teilnehmer zu, daß das, was sie getan hatten, falsch war, aber daß sie nicht in der Lage gewesen waren, sich der Autorität zu widersetzen.

Der häufigste Gedankengang bei diesen gehorsamen Subjekten verlief, wie Milgram nach den darauffolgenden Interviews schloß, so, daß sie sich nicht mehr als für die eigenen Handlungen verantwortlich empfanden. Keiner sah sich mehr als Person, die sich moralisch unannehmbar verhielt, sondern jeder »tat nur seine Pflicht«. Milgram folgerte: »Das Verschwinden eines Verantwortungsgefühls ist die weitreichendste Konsequenz von Unterwerfung unter eine Autorität.« Die Ergebnisse dieses sorgfältig angelegten und originellen Experiments widersprechen deutlich der These, daß es Selbstkontrolle und ein Gefühl von Verantwortung stärke, wenn man Kindern beibringt, gehorsam zu sein. Milgrams Studie stützt eher das Gegenargument: Gehorsam gegenüber einer Autorität fördert das *Verschwinden* von Selbstkontrolle und Verantwortlichkeit.

Gehorsam vor Autorität wurde in den vergangenen Jahren als ein wichtiger Faktor beim sexuellen Mißbrauch von Kindern erkannt. Man fand wiederholt heraus, daß die Mehrheit der Opfer von einem Familienangehörigen oder einem Erwachsenen belästigt worden war, der *dem Kind bekannt war.* Dem Kind war beigebracht worden, die Autorität solcher Erwachsener prinzipiell zu respektieren und ihnen zu gehorchen, und so haben sie sich diesen erwachsenen Autoritätsfiguren oder Eltern willig gefügt. Dem Kind ist in solchen Fällen nicht klar, ob der sexuelle Akt etwas Falsches oder Ungewöhnliches ist. Das Kindern angeborene Zögern, eine erwachsene Autorität herauszufordern, und die sehr reale Möglichkeit von Vergeltung durch diese Erwachsenen kann ebenfalls zu den ambivalenten Gefühlen des sexuell mißbrauchten Kindes beitragen, ob es das Geschehene melden soll oder nicht. Kurz, das Ungleichgewicht in der Machtverteilung in diesen Erwachsener-Kind-Beziehungen und die daraus resultierende Hilflosigkeit des Kindes erklären unter anderem, warum so viele Kinder sich nicht gegen den mißbrauchenden Erwachsenen wehren. Roland Summit sagt dazu:

> Kinder beschreiben ihre erste Erfahrung oft so, daß sie aufwachen und merken, daß ihr Vater (oder Stiefvater oder der Partner der Mutter) ihren Körper mit Händen oder dem Mund erkundet. Seltener spüren sie plötzlich einen Penis in ihrem Mund oder zwischen ihren Beinen... wie bei erwachsenen Vergewaltigungsopfern wird auch von dem kindlichen Opfer (von Mißbrauch) erwartet, daß es sich heftig wehrt, um Hilfe schreit und versucht, sich diesen Angriffen zu entziehen. Gemessen an diesem Maßstab scheitert fast jedes Kind. Die normale Reaktion besteht darin, sich schlafend zu stellen, die Position zu wechseln und die Bettdecke hochzuziehen. Kleine Kinder rufen niemanden herbei, um sich gegen überwältigende Bedrohung zu wehren. Wenn es keinen Fluchtort gibt, haben sie keine andere Möglichkeit, als zu versuchen, sich zu verbergen. Kinder lernen allgemein, die Schrecken und Ängste der Nacht schweigend zu bewältigen. Bettdecken entfalten Zauberkräfte gegen Ungeheuer, aber für einen menschlichen Eindringling bedeuten sie leichtes Spiel.

Zum Abschluß dieses ersten Teils will ich mein eigenes Rezept für Eltern und Lehrer und damit eigentlich für meine Mitmenschen beschreiben:

Wir müssen als Gesellschaft ganz dringend anstreben, im

Umgang mit anderen Menschen – ob Kinder oder Erwachsene – wirksame Alternativen zu Autorität und Macht zu finden und zu lehren, Alternativen, die die Entwicklung von Menschen fördern, die über genügend Mut, Autonomie und Selbstdisziplin verfügen, um sich gegen Kontrolle durch Autorität zu wehren, wenn dieser Autorität zu gehorchen ihrem eigenen Gefühl von Gut und Böse widerspricht.
Ich möchte in den folgenden Kapiteln viele solche Alternativen anbieten und sowohl Eltern wie auch Lehrern eine Reihe von »macht-losen«, nicht auf Zwang basierenden Fertigkeiten und Methoden zeigen, die sie beim Umgang mit Kindern und Jugendlichen wirkungsvoll anwenden können. Ich glaube, den meisten Lesern wird klar werden, daß diese Alternativen hilfreich bei dem Vorhaben sind, aus Kindern autonome, verantwortliche, selbstgeleitete, selbstkontrollierte und selbstdisziplinierte Persönlichkeiten zu machen. Diese Eigenschaften brauchen meiner Überzeugung nach Bürger einer wahrhaft gesunden, demokratischen Gesellschaft.

Teil Zwei

Alternativen zur Disziplinierung in der Kindererziehung

Kapitel Sechs

Nicht-kontrollierende Methoden, um Kinder zu Verhaltensänderungen zu veranlassen

Warum hat sich das Modell, im Umgang mit Kindern Kontrolle mittels Disziplinierung auszuüben, mit nur geringfügigen Abänderungen über Jahrhunderte hinweg gehalten? Warum greifen Eltern und Lehrer immer noch auf die Macht der Strafe zurück, wenn es so wenig Beweise dafür gibt, ob diese das Verhalten von Kindern wirklich ändert? Warum glauben Erwachsene hartnäckig, daß ihnen nur machtbezogene Disziplinierungsmittel zur Verfügung stehen, wenn sie doch unschwer erkennen können, daß die meisten Kinder sich dagegen auflehnen oder dieser Form des Grenzen-Setzens zu entfliehen versuchen, indem sie alle ihnen zur Verfügung stehenden Bewältigungsmechanismen ausprobieren? Und warum versuchen Eltern und Lehrer immer noch, die Kontrolle zu behalten und Jugendliche zu etwas zu zwingen, wenn sie bereits alle Macht verloren haben?

Drei Jahrzehnte Berufserfahrung in der Arbeit mit Eltern und Lehrern haben mir einige dieser Fragen beantwortet. Eine einfache Antwort etwa lautet, daß die meisten Leute hartnäckig die Rolle des Disziplinierers weiterspielen, weil sie glauben, die einzige Alternative dazu bestünde darin, übertolerant zu sein, und diese Rolle gefällt in der Beziehung zu Kindern und allen anderen Menschen niemandem. Ich habe bereits in einem früheren Kapitel auf dieses Schwarzweißdenken hingewiesen. Von diesen zwei Möglichkeiten scheint die autoritäre Rolle den meisten Eltern viel geeigneter als die nachgiebige; es ist besser, Macht auszuüben, als Macht in die Hände der Kinder zu geben; Kinder zu kontrollieren ist besser als das Chaos, das ihrer Meinung nach entsteht, wenn sie die Kontrolle aufgeben.

Ich habe alle Sympathie für Menschen, die Angst vor absolutem Gewährenlassen haben, denn ich habe gesehen, was geschieht, wenn Eltern und Lehrer die Kinder tun lassen, was sie wollen, ohne Grenzen oder Regeln zu setzen. Es macht das Leben für die Erwachsenen zur Hölle und bringt Kinder hervor, die rücksichtslos, gedankenlos, selbstsüchtig, unkontrollierbar und nicht liebenswert sind.

Leider verstehen nur wenige Eltern und Lehrer, daß es viele Alternativen zum Kontrollieren mittels Disziplin gibt, viele Methoden, die Kinder wirksam zu beeinflussen, ein Verhalten zu ändern, das nicht annehmbar ist – Methoden, die sicherstellen, daß beide Partner in einer Beziehung ihre Bedürfnisse erfüllt bekommen.

Es macht seit 1950 meine Arbeit aus, mir diese nicht von Macht ausgehenden Methoden der Beeinflussung auszudenken, sie zu entwickeln und zu vertreten. 1950 war das Jahr, in dem ich ein Seminar für religiöse und pädagogische Führungspersönlichkeiten an der University of Chicago entwickelte, der ich damals angehörte.

Für die Konzeption dieses Kurses verließ ich mich stark auf meine vorangehende Erfahrung als Berater und Therapeut; ich war überzeugt, daß die kommunikativen Fähigkeiten, die ich im Rahmen meiner Therapeutenausbildung gelernt hatte, genau die gleichen wären, die Führungskräfte (Manager, Verwalter, Supervisoren) brauchten, um produktive Arbeitsgruppen zu entwickeln und motivierte und zufriedene Teammitglieder zu bekommen. Für mich stand dies am Anfang eines Jahrzehnts, in dem ich Firmen und Regierungsorganisationen beriet und vornehmlich ein Training für Führungskräfte machte, in dem Methoden vorgestellt wurden, Arbeitskräfte zu motivieren, statt sie mit Belohnungen und Strafen zu kontrollieren.

1962, als mir aufgegangen war, daß die Beziehungen zwischen Eltern und Kindern Ähnlichkeiten mit denen zwischen Chef und Untergebenen aufwiesen, entwickelte ich einen Führungskurs für Eltern. Der hatte sofort Erfolg und zog zuerst Eltern aus dem näheren Bereich, dann aus dem weiteren Umfeld an. Ich nannte es Elterliches Effektivitätstraining (Parent Effectiveness Training – P.E.T.). Allmählich interessierten sich für diese Kurse auch Personen, die selbst zu P.E.T.-Instruktoren werden wollten. Ich bildete viele hundert Bewerber aus, die in den nächsten fünf Jahren für die rasche Verbreitung des Elterntrainings in vielen Staaten sorgten. Das Jahr 1987 markierte den fünfundzwanzigsten Jahrestag des Elterntrainings. Ein Vierteljahrhundert war vergangen, in dem Eltern ausgebildet und unterrichtet worden waren. Diese Erfahrung lieferte mir den eindrucksvollen Beweis, daß die meisten Eltern neue Methoden und neue Fertigkeiten lernen und in ihrer Familie anwenden können, die ihre Aufgaben als Eltern grundsätzlich verändern, das Familienleben stark verbessern und selbstdisziplinierte Kinder hervorbringen.

Mehrere Jahre nach Einführung der P.E.T.-Kurse erhielt ich eine Anfrage von einer Reihe von Schulbehörden mit dem Ziel, den Lehrern die gleichen Fertigkeiten beizubringen wie den Eltern. Das ermutigte mich, das Lehrer-Effektivitäts-Training (T.E.T.) zu entwickeln. Seitdem haben die Lehrertrainings-Instruktoren mehr als hunderttausend Teilnehmer (Schulbeamte, Schulpsychologen wie auch Lehrer) in den Vereinigten Staaten und in einem Dutzend anderer Länder unterwiesen. Das Lehrertraining hat gezeigt, daß die meisten Lehrer diese neuen Alternativen zu traditionellen Disziplinierungsmethoden hinzulernen können und diese nicht auf Macht beruhenden Fertigkeiten und Verfahrensweisen störendes Verhalten in der Klasse abbauen und zugleich die schulischen Leistungen und die seelische Gesundheit der Schüler fördern.

Ich will in diesem Kapitel diese alternativen Methoden und

Fertigkeiten vorstellen, und zwar, indem ich mit denen beginne, die in den frühen Jahren eines Kindes angemessen sind, bevor Sprech- und Kommunikationsfertigkeiten sich voll entwickelt haben. Dann stelle ich zusätzliche Methoden und Verfahren vor, für die gegenseitiger kommunikativer Austausch notwendig ist.

Zuerst aber muß ich einige Dinge zu Elterntrainings- und Lehrertrainingskursen erklären. Bis vor kurzem habe ich mit diesen Kursen nur die Erwartung verknüpft, daß sie die Durchsetzungsfähigkeit von Menschen verbessern und ihnen neue interpersonelle Fähigkeiten, neue kommunikative Fähigkeiten und neue Problemlösungsstrategien vermitteln. Inzwischen aber betrachte ich diese Definition als unzureichend und irgendwie irreführend. Es klingt mir zu sehr mechanistisch und technikorientiert; die Definition erfaßt auch unzureichend, was diese Trainingskurse eigentlich für Eltern und Lehrer – und natürlich Kinder – bedeuten.

Eltern- und Lehrertraining in bestimmten Fertigkeiten und Verfahrensweisen bieten den Teilnehmern ein vollständig anderes Modell, eine andere Rolle, einen anderen Führungsstil, eine andere Methode, sich in Beziehungen mit Kindern und Jugendlichen zu verhalten.

Für eine so vollständige Umwandlung, die viele Kursteilnehmer vollzogen haben, müssen viele eine grundsätzliche Veränderung ihrer Einstellungen vornehmen, ihrer Haltung gegenüber Disziplin, Macht und Autorität. Nach der Kursteilnahme stellen sie fest, daß sie eine neue, nicht machtbezogene Sprache sprechen; sie mußten die traditionelle Sprache der Macht, die weltweit in Beziehungen zwischen Erwachsenen und Kindern gesprochen wird, ablegen. Ich meine hier Wörter wie Autorität, gehorchen, verlangen, erlauben, gestatten, Grenzen setzen, Verweigerung, Disziplin, Einschränkung, strafen, verbieten, Regeln erzwingen, Respekt vor Autorität. Kursabsolventen nehmen eine völlig neue Rolle als Elternteil oder Lehrer ein, eine Rolle »ohne

Macht«, die man mit Worten beschreiben könnte wie: Ermöglicher, Berater, Freund, Zuhörer, Problemlöser, Teilnehmer, Verhandler, Helfer, Stütze.

Diese Wandlung wird im folgenden persönlichen Bericht einer Grundschullehrerin sichtbar, die an einem Lehrertraining teilgenommen hatte:

> Ich habe immer versucht, die Schüler zu kontrollieren, indem ich meiner Klasse Leitfragen stellte, auf die die Kinder fast rituelle Antworten gaben. Zum Beispiel etwa: »Sind wir still, Kinder, wenn wir jetzt zur Bibliothek gehen?« Dann antworteten die Schüler ganz artig: »Ja.« »Und rennen wir dabei?« Sie antworteten: »Nein, wir rennen nicht.« Vor gemeinsamen Fahrten, Feueralarmübungen oder Besuchen übte ich mit der Klasse immer alles ein. Und die Kinder waren damit einverstanden. »Nein, wir rennen niemals.« Aber sie rannten immer, und sie schrien und schubsten einander. Wenn ich sie wieder in der Klasse hatte, stellte ich eine andere Frage: »Halten wir unsere Versprechen, Kinder?« Und die übliche Antwort lautete: »Ja, wir halten unsere Versprechen.«
>
> Als der Lehrertrainings-Instruktor ein Tonband abspielte und ich hörte, wie albern sich eine Lehrerin darauf anhörte, deren Stimme meiner ähnlich war, beschloß ich, etwas anderes auszuprobieren. Ich versuchte es mit Methode III (Problemlosen) bei einem Problem, über das ich der Klasse schon seit Wochen Vorträge hielt: nach der Pause pünktlich wieder hereinzukommen. Früher löste ich das auf meine eigene Weise – sie kamen immer zu spät, und dann mußte ich hinausgehen und sie anbrüllen, damit sie sich aufstellten. Wenn sie alle endlich aufgereiht standen und dann ins Klassenzimmer gingen, hatten wir mindestens zehn Minuten vertan. Wenn wir wieder im Klassenzimmer waren, fragte ich: »Und wenn es läutet, spielen wir dann einfach weiter?« »Nein«, sagten sie. Und ich: »Was machen wir denn, wenn es klingelt, Kin-

der?« Und sie sagten: »Aufstellen.« Und ich wieder: »Von jetzt ab brauche ich euch nicht mehr anzubrüllen, damit ihr euch aufstellt, okay?« Sie sagten: »Okay!« Und am nächsten Tag schrie ich sie wieder ganz genauso an, damit sie sich aufstellten.

Können Sie sich das vorstellen? Na ja, diese Woche machte ich es anders: Ich sagte ihnen, wie leid ich es sei, sie jeden Tag anzubrüllen, nur damit sie sich aufstellten, und wie ich befürchtete, der Direktor würde mir das ankreiden, weil wir immer so viel Zeit dabei verlieren. Dann hörte ich ihnen zu. Ich traute meinen Ohren nicht. Sie sagten, sie seien es leid, in der heißen Sonne zu stehen und auf mich zu warten, und fragten, warum sie sich überhaupt aufstellen müßten. Sie konnten nicht verstehen, warum sie nicht einfach hineingehen konnten, wenn es klingelte. Ich sagte, wir hätten uns doch immer aufgestellt, und sie fragten: »Warum denn?« Ich dachte eine Weile darüber nach, und dann sagte ich, eigentlich gäbe es keinen Grund, warum sich Schüler aufstellen müßten, außer, weil es immer so gewesen sei.

Na ja, das haben sie mir nicht abgenommen. Wir beschlossen dann, zu sagen, was wir wirklich wollten. Mein Bedürfnis war, daß sie sich ordentlich und diszipliniert und in möglichst kurzer Zeit vom Hof wieder ins Klassenzimmer begaben. Ihres war, zu vermeiden, länger als fünf Minuten in der prallen Sonne aufgereiht zu warten, bis ich kam und sie in die Klasse führte, und daß sie nicht wie Soldaten marschieren wollten. Wir einigten uns auf eine Lösung, die ein Kind vorschlug: Wenn es klingelte, sollten sie vom Hof zur Klasse gehen. Ich sollte vom Lehrerzimmer kommen, und man ging gemeinsam hinein.

Das probieren wir jetzt seit drei Tagen aus, und es klappt wunderbar. Wir sparen dabei jeden Tag zehn Minuten und zusätzlich noch die Zeit, in der ich ihnen immer Vorträge über das Aufstellen gehalten habe. Ich brauche jetzt auch nicht mehr auf den Hof hinaus. Doch der größte Unterschied liegt in unserem Gefühl, wenn wir in die Klasse kommen. Sonst spielten immer alle verrückt, nachdem sie sich aufgestellt hatten und leise in die Klasse marschiert waren. Jetzt betreten wir den Raum mit einem guten Gefühl und sind zumindest nicht mehr wütend aufeinander. Das rettet manchmal den ganzen Nachmittag. Das größte Problem war, daß die Kinder mich überzeugen mußten, daß ich ihr Aufstellen nicht brauchte, daß das Aufstellen meine einzige Lösung für ein Bedürfnis meinerseits war, in unserem Fall eine sehr schlechte.

Kinder benehmen sich nie wirklich schlecht

Elterntraining und Lehrertraining verändern radikal die Betrachtungsweise der Eltern und Lehrer in bezug auf kindliches Verhalten. Die meisten Eltern und Lehrer sind der Meinung, daß Kinder sich entweder gut oder schlecht benehmen. Diese Etikettierung von Verhalten als gut und schlecht beginnt schon in sehr frühem Alter. Wir helfen den Eltern in unseren Kursen, zu erkennen, daß Kinder sich eigentlich nicht schlecht benehmen können.

Interessanterweise wird der Begriff fast ausschließlich auf Kinder angewendet – nur selten bei Erwachsenen. Wir hören nie, wie jemand sagt:

»Mein Mann hat sich gestern schlecht benommen.«

»Einer unserer Gäste hat sich gestern bei der Party schlecht benommen.«

»Ich wurde wütend, als mein Freund sich beim Essen danebenbenahm.«

»Mein Chef benimmt sich in der letzten Zeit so schlecht.«

Offensichtlich benehmen sich nur Kinder schlecht – und niemand sonst. Schlechtes Benehmen findet sich ausschließlich im Wortschatz von Eltern und Lehrern und folgt daraus, wie Erwachsene Kinder traditionell betrachten. Diese

»Kategorie« wird auch in jedem Elternratgeber benutzt, den ich gelesen habe, und das waren eine ganze Menge.

Ich glaube, Erwachsene sagen immer dann, ein Kind benähme sich schlecht, wenn es sich entgegengesetzt zu dem verhält, was die Erwachsenen als *richtiges* kindliches Verhalten verstehen. Das Urteil über das Schlechtbenehmen ist eindeutig ein Werturteil des Erwachsenen – ein Etikett, das einem bestimmten Verhalten aufgeklebt wird, eine negative Beurteilung dessen, was das Kind tut. Schlechtes Benehmen ist eine bestimmte Handlung des Kindes, die auf den Erwachsenen so wirkt, als berge sie eine unerwünschte Konsequenz für ihn. Was das Verhalten des Kindes *schlecht* macht, ist die Wahrnehmung, daß dieses Verhalten *für den Erwachsenen* schlecht ist oder sein könnte. Die »Schlechtigkeit« des Benehmens sitzt im Kopf des Erwachsenen, nicht im Kind; das Kind tut vielmehr, was es tun muß oder was für es erforderlich ist, um ein Bedürfnis zu befriedigen.

Drücken wir es anders aus: Der Erwachsene erlebt etwas als schlecht, nicht das Kind. Noch genauer ist es die Folge des kindlichen Verhaltens für den Erwachsenen, die als schlecht wahrgenommen wird (oder als potentiell schlecht), nicht das Verhalten an sich.

Wenn Eltern und Lehrer diesen bedeutsamen Unterschied begreifen, erleben sie eine deutliche Veränderung in ihrer Haltung gegenüber Kindern und Schülern. Sie sehen dann alle Handlungen der Kinder einfach als Verhalten, das ausschließlich zu dem Zweck vorgenommen wird, um ein Bedürfnis zu erfüllen. Wenn Erwachsene beginnen, Kinder als Menschen zu sehen wie sie selbst, die sich verschiedener Verhaltensweisen bedienen, um normale menschliche Bedürfnisse zu erfüllen, neigen sie viel weniger dazu, das Verhalten als gut oder schlecht einzustufen.

Zu akzeptieren, daß sich Kinder eigentlich nicht schlecht benehmen, bedeutet jedoch nicht, daß Erwachsene stets *akzeptieren müssen*, was diese tun. Noch sollte das von ihnen erwartet werden, denn Kinder tun gewiß auch Dinge, die Erwachsene nicht mögen und die mit ihrem eigenen »Anspruch auf Glück« in Konflikt geraten. Aber auch dann benimmt das Kind sich nicht schlecht oder daneben, versucht nicht, dem *Erwachsenen etwas anzutun*, sondern nur, etwas *für sich selbst* zu tun.

Erst wenn Eltern und Lehrer diese wichtige Veränderung vornehmen – erkennen, daß der Kern des Problems beim Erwachsenen liegt –, können sie die Logik einiger nichtmachtbezogener Alternativen begreifen, die helfen, mit Verhalten umzugehen, das sie nicht akzeptieren.

Wer »besitzt« das Problem?

Um diese Verschiebung zu erreichen, benutzen wir das Konzept des »Besitzens«. Ich will es Ihnen erklären. Immer wenn ein Kind etwas tut, das verhindert, daß Sie selbst ein Bedürfnis erfüllt bekommen, betrachten Sie dieses als nicht hinnehmbar, weil es Ihnen ein Problem verursacht. *Sie* sind es, dem dieses Problem »gehört«.

Sollte es jedoch das Kind sein, das einen Mangel erlebt, sehen Sie die Situation so, als »habe« das Kind das Problem. Dann »gehört« das Problem dem Kind.

Wir bitten bei unseren Kursen die Eltern und Lehrer immer, sich ein rechteckiges Fenster vorzustellen, durch das sie jedes mögliche Verhalten des Kindes sehen. Dann erklären wir, daß einige Verhaltensweisen annehmbar sind, andere nicht annehmbar. Verhaltensweisen, die inakzeptabel sind, sieht man unten im Fenster, dort, wo die Erwachsenen das Problem »besitzen« (siehe S. 156).

Es folgen einige Beispiele für kindliches Verhalten, das für die meisten Eltern ein Problem darstellen würde: Das Kind ist laut, wenn der Vater oder die Mutter telefoniert; es trödelt, wenn die Eltern in Eile sind; das Kind geht mit schmutzigen Schuhen ins Wohnzimmer; es schlägt den kleinen Bruder mit einem Bauklotz.

DAS VERHALTENSFENSTER

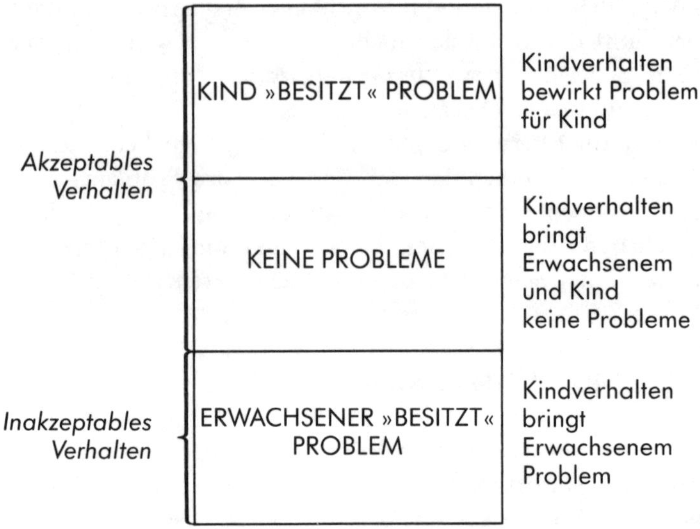

In den oberen Teil des Rechtecks setzen wir jene Verhaltensweisen des Kindes, die anzeigen, daß das Kind ein Problem hat. Beispiele: Kind ist ärgerlich, weil es niemanden zum Spielen hat; Kind sagt, es sei von einem Freund abgelehnt worden; Jugendlicher scheint unglücklich, weil zu dick. Dies sind Probleme, die sie in ihrem eigenen Leben erfahren, unabhängig von den Erwachsenen.

Im mittleren Bereich des »Fensters« steht Verhalten, das weder für den Erwachsenen noch für das Kind ein Problem bedeutet. Das sind die schönen Zeiten in der Beziehung zwischen Erwachsenen und Kindern, wenn Kinder glücklich ihre ganz eigenen Dinge tun oder wenn Erwachsene und Kinder etwas in einer problemfreien Beziehung unternehmen. Wir nennen diesen Bereich die problemlose Zone des Verhaltensfensters.

In diesem Kapitel stelle ich Alternativen zur Disziplin vor, die Eltern und Lehrer anwenden können, um Verhalten zu ändern, das für sie ein Problem darstellt. In einem späteren Kapitel beschreibe ich weitere Methoden, die Kindern helfen, ihre Probleme zu lösen.

Alternative 1: Herausfinden, was das Kind braucht

Barbara, sechs Monate alt, beginnt mitten in der Nacht laut zu schreien. Ihre Eltern wachen aus dem dringend benötigten Schlaf auf und finden dieses Verhalten natürlich unangenehm und inakzeptabel. Aber wie können sie Barbara dazu bringen, mit dem Weinen aufzuhören? Sie müssen den Grund erraten. Das Bedürfnis hinter dem Weinen eines Säuglings zu erkennen, um das Problem der Eltern zu lösen, ist wie das Lösen eines Rätsels:

> Vielleicht ist sie naß oder friert. Ich seh' mal nach. Nein, sie ist trocken. Vielleicht haben wir sie nicht genug aufstoßen lassen, und sie hat Luft im Bauch? Versuchen wir, sie hochzunehmen und sie aufstoßen zu lassen. War wohl nichts, denn sie gibt nichts von sich. Frage mich, ob sie Hunger hat? In der Flasche ist noch Milch, aber sie liegt am Fußende des Bettchens. Versuchen wir es mal! Erfolg! Sie saugt und trinkt. Gut, jetzt wird sie auch schon wieder schläfrig. Vielleicht kann ich sie zurück ins Bettchen legen. Toll! Sie schläft ein. Jetzt können wir auch zurück ins Bett und weiterschlafen.

Eltern müssen es bei Säuglingen oft mit Raten versuchen – wenn diese etwa unaufhörlich jammern, wenn sie unruhig und unglücklich sind, wenn sie nicht einschlafen können, wenn sie das Essen ausspucken, wenn sie trödeln. Merke: Wenn Säuglinge Dinge tun, die für Eltern nicht annehmbar sind, gibt es immer einen Grund – ein Bedürfnis, das sie zu befriedigen versuchen. Wenn Eltern sich darauf konzentrieren, herauszufinden, was das Kind braucht, statt dieses

Verhalten als »schlecht« zu betrachten und zu bestrafen, können sie gewöhnlich die Ursache des inakzeptablen Verhaltens beseitigen oder anbieten, was das Kind braucht und sich selbst nicht besorgen kann.

Wenn Säuglinge und Kleinkinder größer werden und zu sprechen beginnen, wird dieses Ratespiel leichter. Jetzt brauchen die Eltern bloß genau auf die Mitteilungen des Kindes zu hören, wie etwa bei diesen Botschaften:

»Mein Bauch tut weh!«

»Bobby hat meinen Ball genommen.«

»Warum muß ich schon ins Bett?«

Natürlich müssen die Eltern manchmal einfache Fragen stellen, wie etwa:

»Warum weinst du?«

»Was willst du?«

»Warum hast du deinen kleinen Bruder gehauen?«

»Warum bist du noch nicht fertig?«

Die Antworten geben Ihnen Hinweise, was getan werden könnte, um das bestimmte Verhalten abzuändern, das für Sie momentan inakzeptabel ist.

Alternative 2: Machen wir einen Tauschhandel

Eine andere wirksame Methode, inakzeptables Verhalten von Säuglingen und Kleinkindern abzuändern, heißt Tauschhandel: Das eine inakzeptable Verhalten gegen ein anderes eintauschen, das für Sie akzeptabel ist.

Laura, eine neugierige Einjährige, hat ein Paar neue Nylonstrümpfe gefunden, die sie gern anfaßt und an denen sie mit Begeisterung reißt. Sie finden das inakzeptabel, weil Sie befürchten, sie macht sie kaputt. Sie gehen also an Ihre Schublade und holen ein altes Paar heraus, das bereits Laufmaschen hat und nicht mehr zu stopfen ist. Sie geben ihr dieses Paar und nehmen das neue Paar sanft fort. Laura, die den Unterschied nicht erkennt, findet das kaputte Paar

genauso schön zum Berühren und Zerren. Lauras Bedürfnisse sind befriedigt, Ihre auch.
Wenn Erwachsene in Begriffen von Tausch zu denken beginnen, sind sie nicht so schnell mit Macht und Autorität bei der Hand, um das »schlechte« Benehmen zu bestrafen.

Alternative 3: Die Umgebung verändern

Die meisten Eltern und Lehrer wissen instinktiv, daß sie eine Menge unannehmbares Verhalten ändern können, indem sie die *Umgebung* des Kindes ändern, statt mit Zwängen zu versuchen, das *Kind* zu ändern. Wer hat nicht schon einmal gesehen, wie ein quengelndes, anspruchsvolles, gelangweiltes Kind sich völlig still in Dinge vertieft, die man ihm zum Spielen gibt und die sein Interesse fesseln – Ton, Fingerfarben, Puzzles, Bilderbücher oder irgendeine andere Aktivität. Das nennt man »die Umwelt bereichern«, und es ist ein Trick, den Kindergärtnerinnen jeden Tag erfolgreich anwenden.
Dann wieder scheinen Kinder genau das Gegenteil zu brauchen. Wenn Kinder zum Beispiel kurz vor dem Schlafengehen regelrecht aufgedreht werden und durch die Gegend toben, wissen kluge Eltern: Es ist an der Zeit, die »Umgebung zu vereinfachen«. Überstimulierte Kinder beruhigen sich oft, wenn man ihnen ein Märchen vorliest, eine Geschichte erzählt oder sie bittet, ihnen über die Ereignisse des Tages zu berichten. Eine Menge Streit und Ärger zur Schlafenszeit kann vermieden werden, wenn die Eltern sich bemühen, die Umgebung der Kinder zu dieser Zeit reizärmer zu machen.
Und eine Menge inakzeptables – und gefährliches – Verhalten von Kleinkindern kann vermieden werden, wenn sich die Eltern ernsthaft Mühe geben, ihre Umgebung kindersicher zu gestalten, etwa durch:
Unzerbrechliche Gläser und Tassen,

indem sie Streichhölzer, Messer, Rasierklingen außer Reichweite aufbewahren,
Medikamente und scharfes Werkzeug einschließen,
die Kellertür verschlossen halten und
rutschige Teppiche sicher machen.

Wieder herrscht das Prinzip, die Umgebung zu begrenzen statt das *Kind*.

Vorschullehrer sind meist sehr erfahren auf dem Gebiet, Klassenzimmer so abzuändern, daß inakzeptables und störendes Verhalten vermieden oder modifiziert wird. Daher sind Kinder in der Vorschule meist gut beschäftigt, stören nicht und sind leise. Lehrer sehr kleiner Kinder haben gewöhnlich Erfahrung darin, wie sie die Klasse anregend gestalten, um Langeweile zu vermeiden (die gewöhnlich das unerwünschte Verhalten produziert). Gute Vorschullehrer stellen ihren Schützlingen jede Menge stimulierende Alternativen und Möglichkeiten zur Verfügung. Sie nutzen auch individuelle Aktivitäten wirkungsvoll aus – daß Schüler etwa zur selben Zeit verschiedene Dinge tun.

Gute Vorschullehrer wissen auch, wann sie die Umgebung »verschlanken«, die Stimulierung für die Kinder reduzieren müssen. Sie verdunkeln den Raum, setzen eine Ruhepause an oder benutzen »Zentriertechniken« wie Malen, Filme, Videos und Geschichten.

Bei sehr kleinen Kindern kann die Einschränkung oder Begrenzung der Umgebung eine Menge störendes Verhalten verhindern – indem man bestimmten Aktivitäten bestimmte Bereiche zuordnet (wie Verwendung von Fingerfarben nur in der Küche oder der Garage), die Anzahl der Kinder begrenzt, die sich an einem Ort gleichzeitig aufhalten können, und ruhige Ecken bezeichnet.

Unerwünschtes Verhalten entsteht manchmal, wenn die Umgebung von kleinen Kindern zu begrenzt ist. Sensible Lehrer weiten die Umwelt nach draußen aus – sie unternehmen Ausflüge, besuchen einen Sportplatz oder eine Bibliothek, kombinieren Klassen, gehen auf den Spielplatz usw.

Manchmal ist die Klasse oder die Umgebung zu Hause unnötig komplex und schwer für Kinder zu bewältigen. Das gilt besonders für Kleinkinder, die in einer Umwelt funktionieren müssen, die für große Erwachsene gebaut ist. Unerwünschtes Verhalten kann entstehen, wenn zu viele Erwachsene das Sagen haben, und das Regeln und Prozeduren zur Folge hat, die Kinder nicht einhalten können. Lehrer und Eltern können die Umgebung vereinfachen, indem sie Kindersachen in deren Reichweite aufbewahren; Regeln so kenntlich machen, daß Kinder sie sehen können; ihnen einen kleinen Tritthocker geben; Schubladen, Schränke und Stauraum auffällig markieren.

Alternative 4: Die konfrontative Ich-Botschaft

Eine konfrontative Ich-Botschaft ist eine nicht-vorwurfsvolle, urteilslose Botschaft, die dem Kind mitteilt, was der Erwachsene als Reaktion auf ein inakzeptables Verhalten des Kindes erlebt, wie bei den folgenden Botschaften:

»Wenn das Fernsehen so laut ist, kann ich mich nicht mit deiner Mutter unterhalten.«

»Ich werde wohl nicht viel Spaß an den Blumen haben, die ich hier gepflanzt habe, wenn darauf herumgetrampelt wird.«

»Wenn in der Klasse ein solcher Lärm herrscht, kann ich nicht hören, was ihr sagt.«

Eines der Haupterziehungsziele unserer Elterntrainings-Kurse besteht darin, die Benutzung solcher Ich-Sprache zu fördern, als Alternative zu den traditionellen, vorwurfsvollen und oft mit Zwang verbundenen Du-Sätzen. Du-Botschaften aktivieren schwere Geschütze voll Schuld, Urteil, Einschätzung, Kritik und Zwang. Es sind Formulierungen von Erwachsenen, die bei Kindern »schlechtes Benehmen« anprangern, wie in den folgenden Beispielen:

»Du müßtest es aber besser wissen.«

»Hör mit dem Krach auf, sonst kannst du nach draußen gehen.«

»Du solltest dich schämen.«

»Du machst mich verrückt.«

»Wenn du deine Sachen nicht forthängst, kriegst du eine Ohrfeige.«

»Du ißt wie ein Schwein.«

»Jetzt habe ich durch dich wieder Kopfschmerzen.«

Ich-Botschaften belassen die Verantwortung beim Erwachsenen (denn es ist ja der Erwachsene, der das Problem »besitzt«), und sie veranlassen Kinder mit größter Wahrscheinlichkeit dazu, ihr Verhalten aus Rücksicht zu ändern. Wenn Kinder nicht aufgrund ihres Verhaltens beschuldigt oder herabgesetzt werden, sondern hören, daß jemand ein Problem mit ihnen hat, dann sind sie viel eher bereit, zu helfen und ihr Verhalten selbst zu ändern.

Ganz anders bei den Du-Botschaften. Kinder werden trotzig und sperren sich gegen eine Veränderung, wenn sie beschuldigt und herabgesetzt werden. Du-Botschaften schädigen die Selbstachtung des Kindes. Kein Wunder, daß Kinder sich rächen, indem sie selbst Du-Botschaften benutzen und die Situation damit bis hin zu einem verbalen Schlagabtausch verschärfen – und das bedeutet verletzte Gefühle, Tränen, zugeknallte Türen und Strafandrohungen.

Viele Menschen sind negativ überrascht, wenn sie zum ersten Mal entdecken, wie sehr ihre normalen Gespräche Du-Botschaften enthalten. Sie hatten immer den Eindruck, ehrlich zu sagen, was ihnen in den Sinn kam. »Das letzte, was ich wollte«, beharren sie, »war, daß mein Kind sich dadurch schuldig fühlen sollte. Das hatte ich selbst oft genug erlebt.« Aber warum sind Du-Botschaften dann so verbreitet?

Es scheint leichter, sich in Du-Botschaften auszudrücken. Man braucht dazu wenig Selbstreflexion, und sie gehen einem leicht von der Zunge. Man verlagert so die Verantwortung für seine Gefühle von sich auf andere. Sie liefern eine leichte, spontan wirkende Methode, denjenigen eins auszuwischen, die uns ein Problem bereiten. Doch sie erreichen in der Regel nicht ihr Ziel; tatsächlich bewirken Du-Botschaften Widerstand und Trotz bei Kindern. Darüber hinaus gilt für Du-Botschaften:

- Sie lösen destruktiven Streit und gegenseitige Beschimpfungen aus;
- sie bewirken, daß Kinder sich schuldig, herabgesetzt, kritisiert und verletzt fühlen;
- sie können bewirken, daß ein Kind sich an Ihnen rächen und Sie herabsetzen will;
- sie vermitteln mangelnden Respekt vor den Bedürfnissen des anderen.

Du-Botschaften aufzugeben und zu lernen, Ich-Botschaften zu benutzen, heißt jedoch mehr, als nur eine neue Fertigkeit zu lernen. Eltern und Lehrer erleben dabei eine größere Veränderung in ihrer Wahrnehmung, wenn sie akzeptieren, daß es ihr Problem ist, wenn ein Verhalten eines Kindes für sie nicht akzeptabel ist.

Wenn Kinder zu klein sind, um Ich-Botschaften zu verstehen, müssen die Eltern nonverbale Botschaften benutzen, wie in den folgenden Beispielen:

Vater trägt den kleinen Toni durch den Supermarkt, und er tritt Vater dabei lachend in den Bauch. Vater setzt Toni sofort ab, reibt sich den Bauch, wo es wehgetan hat, und geht weiter. (Nonverbale Botschaft: »Es tut mir weh, wenn du mir in den Bauch trittst, daher will ich dich jetzt nicht weiter tragen.«)

Judith trödelt und zögert beim Einsteigen ins Auto, obwohl Mutter ziemlich in Eile ist. Mutter legt die Hand auf Judiths Rücken und schiebt sie sanft auf den Sitz. (Nonverbale Botschaft: »Ich muß dich jetzt hier reinbringen, weil ich es eilig habe.«)

Ich-Botschaften bewegen Kinder nicht nur dazu, sich zu ändern, sondern lassen sie auch wissen, daß Eltern und Lehrer »auch nur« Menschen sind: auch sie haben Gefühle,

Bedürfnisse, Wünsche und Grenzen der Belastbarkeit. Ich-Botschaften bedeuten, daß zwischen Erwachsenem und Kind eine annähernde Gleichheit besteht. Wir wissen auch, daß die auffällige Wirksamkeit von Ich-Botschaften daher rührt, daß sie bei Kindern wie ein Appell wirken – als Bitte um Hilfe. Die dahinterliegende Botschaft ist: »Ich habe ein Problem mit deinem Verhalten und brauche deine Hilfe.« Wie Sie sich vielleicht aus Ihrer eigenen Kindheit erinnern, waren Sie, wenn Sie solche Appelle an Ihre Hilfsbereitschaft gehört haben, zehnmal bereiter, Ihr Verhalten zu ändern, als nach einer Strafe, Ermahnung, Beschimpfung, einem Vorwurf, einer Drohung oder nach einem herabsetzenden Kommando wie:

»Du bist ein unartiger Junge.«
»Du gehst jetzt in dein Zimmer.«
»Du benimmst dich wie ein Baby.«
»Hör auf, sonst setzt es was.«
»Tu das ja nie noch mal.«
»Du hast mir den ganzen Tag verdorben.«
»Du bist ein Nagel zu meinem Sarg.«

Man könnte Ich-Botschaften auch »Verantwortungs-Botschaften« nennen, und zwar aus zwei Gründen. (1) Ein Erwachsener, der eine Ich-Botschaft sendet, übernimmt Verantwortung für seinen eigenen inneren Zustand (lauscht in sich hinein, was er hört), und er zeigt seine Verantwortung, indem er diese Selbsteinschätzung dem Kind offen mitteilt; (2) Ich-Botschaften belassen die Verantwortung, das inakzeptable Verhalten zu ändern, beim Kind – im Gegensatz zum Kind, das sich vom Erwachsenen dazu gezwungen fühlt. Gleichzeitig vermeiden Ich-Botschaften negative Urteile, die Du-Botschaften begleiten, und stärken beim Kind den Willen zur Rücksichtnahme und Hilfsbereitschaft, statt ihn vorwurfsvoll, wütend und rachsüchtig zu machen.

Ich-Botschaften erfüllen drei wichtige Kriterien für eine erfolgversprechende Konfrontation:

1. Sie fördern mit ziemlicher Wahrscheinlichkeit die Bereitschaft zur Änderung.
2. Sie enthalten eine nur ganz geringfügige negative Einschätzung des Kindes oder Schülers.
3. Sie verletzen die Beziehung nicht.

Eine Lehrerin berichtete von dem folgenden Vorfall, nachdem sie in der Klasse zum ersten Mal Ich-Botschaften benutzt hatte (Gordon, 1977):

> Ich zögerte, bei den Kindern eine Ich-Botschaft auszuprobieren. Sie sind so schwer zu kontrollieren. Endlich nahm ich allen Mut zusammen und äußerte gegenüber einer Gruppe von Kindern, die mit Wasserfarben hinten in der Klasse beim Spülstein eine ziemliche Schweinerei veranstalteten, eine eindeutige Ich-Botschaft. Ich sagte: »Wenn ihr Farben mischt und sie über den Spülstein und den Tisch verschmiert, muß ich später alles abwaschen oder werde vom Hausmeister angebrüllt. Ich bin es leid, hinter euch herzuputzen, und sehe andererseits keine Chance, es zu verhindern.« Ich wartete, was sie tun würden. Ich hatte eigentlich damit gerechnet, daß sie lachen und diese »Ist-mir-doch-egal-Haltung« einnehmen würden, wie das ganze Jahr über. Aber das taten sie nicht. Sie sahen mich einen Moment lang an, als seien sie überrascht, daß ich mich aufregte. Dann sagte einer: »Komm, wir machen sauber.« Ich war baff. Sie haben sich zwar nicht mit einem Schlag in Musterschüler verwandelt, aber sie machen nun jeden Tag die Tische und den Spülstein sauber, ob sie mit Farben gekleckert haben oder nicht.

Mit dieser Erfahrung steht diese Lehrerin nicht allein da. Die meisten Lehrer müssen einfach nur allen Mut zusammennehmen, um die Kinder direkt und offen zu konfrontieren – denn es heißt, ihnen gegenüber etwas preiszugeben. Doch fast ausnahmslos erleben sie, wenn sie das Risiko einmal eingegangen sind, daß die Schüler, die sie bisher als rücksichtslos und schlecht betrachtet haben, mehr Rücksicht auf die Gefühle des Lehrers zeigen als erwartet.

Ein weiterer Lehrer wies darauf hin, wie schwer es für ihn war, von den vorwurfsvollen, Schuld hervorrufenden Du-Botschaften zu Ich-Botschaften überzuwechseln:

> Mir fiel es richtig schwer, Ich-Botschaften zu senden, auch wenn ich begriff, wie meine Du-Botschaften den Schülern und unserer Beziehung schadeten. Zum einen war mir beigebracht worden, es sei unhöflich, das Wort »ich« zu benutzen. Meine Lehrer verbrauchten bei meinen Aufsätzen immer reichlich rote Tinte, wenn ich über mich in der ersten Person schrieb. Eine andere Sache, vermutlich schlimmer, war, daß mir als Kind beigebracht worden war, niemandem meine Gefühle zu zeigen, daß es unmännlich sei und ein Zeichen von Schwäche, wenn man andere wissen läßt, wie man sich fühlt. Mir fällt es immer noch schwer, festzustellen, was ich fühle. Es scheint so, daß ich innerlich immer aufgebracht bin, und ich weiß, daß ich dahinterkommen und herausfinden muß, was mich wirklich ärgert. (Gordon, 1977)

Die Schüler werden in diesem Lehrer nun einen »echten« Menschen sehen, weil er allmählich die innere Sicherheit entwickelt, seine Gefühle zu zeigen, zuerst sich selbst, dann anderen, um sich als eine Person darzustellen, die in der Lage ist, Enttäuschung, Verletztsein, Wut oder Angst zu empfinden. Er wird von den Schülern als ehrlich wahrgenommen, als jemand mit einer Schwäche, mit Gefühlen von Unsicherheit – irgendwie wie die Schüler selbst.

Zu guten Ich-Botschaften gehören keine Schlußfolgerungen wie: »Du solltest dies oder das tun«, »Das solltest du tun«, oder: »Ich meine, du solltest...« Sie ermöglichen den Kindern vielmehr, eigene Lösungen für das Problem des Erwachsenen zu entwickeln. Diese Lösungen sind oft überraschend einfallsreich und kreativ und wären Erwachsenen vielleicht nie eingefallen. Selbst Zwei- und Dreijährige sind zu ungewöhnlich kreativen Lösungen fähig, wie der folgende Vorfall zwischen einer Mutter und dem dreijährigen Mark zeigt, der vor Angst nachts nicht schlafen konnte. Er kam dann oft ins Zimmer seiner Eltern und weckte sie auf. Seine Mutter berichtete:

> Er hatte Angst vor bestimmten Gegenständen in seinem Zimmer. Tagsüber liebt er Monster, aber nachts bekommt er Angst. Dann kam er immer zu uns ins Bett. Wir sagten: »Mark, weißt du, wir hätten es lieber, wenn du nachts in deinem Bett bleibst, denn wir brauchen unseren Schlaf wirklich, und wenn du reinkommst und uns aufweckst, sind wir am nächsten Tag sehr müde und grantig.« Die ersten zehn Nächte ging er nicht darauf ein, schließlich aber doch. Er stand dann auf und legte eine Platte auf seinen Plattenspieler. Da sagten wir, auch der Plattenspieler würde uns wecken. Es war so süß – er stellte den Apparat dann so leise, daß er nur noch das Brummen hören konnte. Aber das reichte, um ihn zu trösten. Uns störte das Summen dann nicht mehr.

Ein Vater berichtete uns von einer anderen einfallsreichen Lösung, auf die sein Sohn verfiel, nachdem der Vater kritisiert hatte, daß der Sprößling den frischgesäten Rasen zertrampelte:

> Ich kam nach Hause und sah, daß Garys Badmintonnetz am Rand der Auffahrt gespannt war, genau auf dem neuen Rasen, den ich gerade eingesät hatte. Im frisch gesprossenen Gras waren zahlreiche Fußabdrücke. Ich sagte ihm sehr deutlich, wie schlecht mir sei, wenn ich das neue Gras so verwüstet sehe, weil ich nicht die Zeit hätte und mir auch nicht die Arbeit machen wollte, es noch mal einzusäen. Er knurrte seine Zustimmung dazu und verschwand – fernsehen. Ein paar Tage später kam ich nach Hause, und ein Ballspiel war in vollem Gange, mit vier oder fünf Jungen aus der Gegend und meinem Sohn. Dieses Mal hatten sie das Netz über die Auffahrt gespannt, und ich bemerkte, wie die Jungen über das frische Gras sprangen, statt darauf zu treten. Ich sagte etwas dazu, und einer der Jungen platzte heraus: »Für jeden Schritt auf den Rasen gibt's einen Freistoß.« Ich

habe nie herausgefunden, wie sie auf diese Lösung kamen, aber die wäre mir selbst bestimmt nie eingefallen.

Kinder wollen selbst Lösungen finden, weil sie nicht gern sehen, wenn man ihnen Bedürfnisse verweigert. Man kann fast zusehen, wie es in den kleinen Köpfen arbeitet, um einen Ausweg zu finden, der die Bedürfnisse der Eltern berücksichtigt und bei dem sie doch auch weitermachen können, wie sie wollen. Vielleicht bestimmte das auch das Verhalten eines Jungen bei dem folgenden Vorfall:

> Eine junge Mutter aus einem unserer Elternkurse hatte die Stereoanlage schön poliert, weil sie Besuch erwartete. Ihre beiden Söhne, sieben und vier, wollten an diesem Nachmittag Schallplatten hören, aber die Mutter wollte keine Fingerabdrücke auf dem Gerät. Sie hätte beinahe gesagt: »Laßt mich doch die Platten auflegen«, vermittelte ihnen aber statt dessen eine Ich-Botschaft: »Wenn ihr die Abdeckung öffnet, gibt es bestimmt Fingerabdrücke, und ich muß den Apparat dann noch mal abwischen, ehe der Besuch kommt.« Ihr Siebenjähriger bot ihr dann seine eigene kreative Lösung an: Er zog seine Pulloverärmel über die Finger und öffnete den Deckel, ohne einen einzigen Fingerabdruck zu hinterlassen.

Ich muß wiederholen: *Wir neigen dazu, die Fertigkeiten von Kindern zu unterschätzen, bis wir ihnen eine Chance geben, sie zu zeigen.*

Alternative 5: Die präventive Ich-Botschaft

Wenn Eltern oder Lehrer ein Bedürfnis darlegen, dessen Erfüllung weitere Unterstützung, Kooperation oder direkte Aktivität von Kindern oder Schülern verlangt, nennen wir das eine präventive Ich-Botschaft.

Im Gegensatz zur konfrontativen Ich-Botschaft, deren Sinn es ist, Kinder zu beeinflussen, inakzeptables Verhalten abzuändern, das bereits geschehen ist, sollen präventive Ich-

Botschaften Kinder beeinflussen, in Zukunft ein bestimmtes Verhalten zu zeigen, um so den Mißmut des Erwachsenen (sein Nichtakzeptieren) zu vermeiden. Es ist also eine Botschaft, die andere frühzeitig wissen läßt, was man vielleicht braucht oder wünscht.

Wenn man anderen seine Bedürfnisse mitteilt, fördert das Nähe und signalisiert die Einbeziehung des Gegenübers in das, was man plant. Es verhindert, daß Kinder später überrascht sind, und bereitet sie auf mögliche Veränderungen vor, die Sie vielleicht von ihnen erwarten. Hier einige Beispiele für deutliche, präventive Ich-Botschaften:

»Mir wäre es lieb, wenn du mir rechtzeitig sagen würdest, daß du nicht gleich von der Schule nach Hause kommst, damit ich mir keine Sorgen mache, wenn du nicht auftauchst.«

»Ich möchte gern, daß wir klären, was noch getan werden muß, bevor wir ins Wochenende fahren, damit wir auch Zeit genug haben, alles zu erledigen.«

»Wir machen nächste Woche einen Ausflug ins Museum, daher möchte ich mit euch festlegen, welche Regeln wir dazu aufstellen müssen, um irgendwelche Probleme zu vermeiden.«

»Oma kommt auf eine Woche zu Besuch, und ich möchte, daß wir uns überlegen, was wir tun müssen, um den Aufenthalt für alle angenehm zu machen. Oma muß fast die ganze Zeit im Rollstuhl sitzen, daher wäre mir lieb, wenn wir besonders darüber nachdenken, welche Veränderungen wir im Haus vornehmen müssen, damit sie sich ausreichend bewegen kann.«

Immer wieder stellen Eltern und Lehrer erstaunt – und erfreut – fest, daß sie nach solchen positiven Botschaften Kooperation erleben. Kinder reagieren gewöhnlich so:

»Das wußten wir nicht.«

»Du hast uns nie gefragt.«

»Ich bin froh, daß du mir das sagst.«

Wie viele unerfüllte Bedürfnisse und nicht realisierte Ziele von Eltern und Lehrern kann man darauf zurückführen, daß sie »nie gefragt« haben oder so aggressiv klingende Forderungen stellten, daß die Kinder abschalteten oder trotzig reagierten?

Um zu vermeiden, daß man aggressiv, fordernd oder autoritär klingt, ist es wichtig, die Gründe für das eigene Bedürfnis zu benennen, wie bei der folgenden präventiven Ich-Botschaft:

> »Ich habe mich entschieden, wieder arbeiten zu gehen, weil ich gern meinen Beitrag zu den Haushaltskosten leisten möchte. Ich brauche auch eine Arbeit, die mir die Chance gibt, meine Ausbildung zu nutzen. Ich brauche aber von euch Kindern Hilfe bei der Hausarbeit, die ich sonst immer allein erledigt habe.«

Sie werden feststellen, daß präventive Ich-Botschaften nicht nur Ihnen selbst, sondern auch den Kindern und Schülern viele Vorteile bringen:

- Sie bleiben sich Ihrer Gefühle und Bedürfnisse bewußt, sind dafür verantwortlich und haben sie unter Kontrolle.
- Andere erfahren, wie Ihre Bedürfnisse aussehen und wie stark Sie sie empfinden.
- Sie geben ein Modell für Offenheit, Direktheit und Aufrichtigkeit ab und fördern dadurch vergleichbares Verhalten bei anderen.
- Sie vermindern das Risiko künftiger Konflikte und Spannungen aufgrund unbekannter oder nicht geäußerter Bedürfnisse und vermeiden teilweise unerfreuliche Überraschungen, die oft sogar die engste Beziehung erschüttern.
- Sie übernehmen die volle Verantwortung für Ihre eigenen Pläne und stellen sich auf künftige Bedürfnisse ein.
- Ihre Beziehungen zu den Kindern bleiben intakt, weil sie auf Offenheit, Ehrlichkeit und gegenseitiger Bedürfnisbefriedigung beruhen.

Eine weniger offenkundige Wirkung von präventiven Ich-Botschaften ist, daß Kinder lernen, daß ihre Eltern auch nur

Menschen sind: Sie haben auch Bedürfnisse, Wünsche und Vorlieben wie jeder andere auch. Und diese Ich-brauche-Botschaften geben Kindern eine Reaktionsmöglichkeit, ohne daß von ihnen verlangt wird, mit etwas aufzuwarten, das ihren Eltern gefällt.

Eine Mutter, die drei heranwachsende Söhne allein aufzog, beschreibt, wie sie einmal ihrem Sohn Don eine präventive Ich-Botschaft über einen Elternabend vermittelte:

> Ich fühle mich Don viel näher – ich kann ihm mitteilen, wie ich mich fühle. Neulich ging ich abends zu dieser Elternveranstaltung, wo ich Gitarre spielen und singen sollte. Er wollte, daß ich gehe, aber ich hatte das noch nie gemacht und fühlte mich nicht danach, einfach ganz allein dort reinzugehen, wo ich niemanden kannte. Ich sagte also zu Don: »Ich war noch nie bei einer Veranstaltung in deiner Schule und habe ein bißchen Angst davor. Ich möchte, daß du dich dort ein bißchen um mich kümmerst und mich nicht einfach so sitzen läßt.« Das hat er auch getan! Er führte mich hinein und stellte mich einigen Leuten vor, die ich nicht kannte, und brachte mir eine Tasse Tee. Er hat sich richtig um mich gekümmert! (Gordon, 1978)

Alternative 6: Gangwechsel, um Widerstand abzubauen

Sie werden zwar überrascht sein, wie oft Kinder konstruktiv und hilfsbereit reagieren, wenn sie eine Ich-Botschaft von Ihnen hören, aber Sie sollten gelegentlich auch Widerstand, Trotz, Schuldgefühle, Leugnen, Unbehaglichkeit oder verletzte Gefühle erwarten. Es ist verständlich, daß Ich-Botschaften zuweilen auch diese Reaktionen hervorrufen. Sie konfrontieren Kinder mit dem Wunsch, daß diese ein vertrautes Verhalten ändern. Die Kinder sind oft überrascht oder erschrocken, wenn sie hören, wie Sie sich fühlen oder daß sie Ihnen ein Problem bereiten, auch wenn Sie zufällig eine sehr gelungene Ich-Botschaft verwendet haben.

Wenn Sie also eine nicht ungewöhnliche, derartige Reaktion auf Ihre Ich-Botschaft bekommen, nützt es nichts, wenn Sie dann weiter mit positiven Botschaften auf die Kinder einhämmern – eine Strategie, die man in Selbstbehauptungskursen gewöhnlich empfiehlt. Wenn Sie Ihre Botschaft wiederholen, hören Kinder nur: »Ich will dies oder das, und es ist für mich nicht wichtig, was *du* willst.«

Wenn Sie auf Ihre Ich-Botschaft Widerstand oder eine vergleichbare Gefühlsreaktion erleben, müssen Sie rasch von der positiven »Senderhaltung« in die lauschende/verstehende Haltung wechseln. Ein solcher Wechsel signalisiert: »Ich will sensibel auf deine Gefühle reagieren, die meine Behauptung in dir ausgelöst hat.« »Ich schiebe meinen Versuch auf, zu bekommen, was ich will, und höre, was du gerade fühlst.« Dieser Gangwechsel (stellen Sie es sich als einen Wechsel aus einem Vorwärtsgang in den Rückwärtsgang vor) läßt andere wissen, daß Sie es nicht darauf anlegen, auf deren Kosten Ihre eigenen Bedürfnisse zu erfüllen. Sie sind zwar nicht bereit, Ihre Bedürfnisse aufzugeben, aber Sie wollen verstehen, was für Probleme die Person hat, an die Sie Ihre Botschaft gerichtet haben. Das kann dazu führen, daß man gemeinsam nach einem Kompromiß sucht.

Ein solcher Gangwechsel hat oft die unmittelbare Auflösung des Widerstandes des Empfängers zur Folge. Es scheint Verhaltensänderungen beim Kind zu fördern, wenn man seine Gefühle akzeptiert. *Kinder empfinden es als einfacher, sich zu ändern, wenn sie das Gefühl haben, der Erwachsene versteht, wie schwer dies sein kann.* Hier nun eine Unterhaltung zwischen einem Vater und einer Tochter, die demonstriert, welche unmittelbare Wirkung der Gangwechsel haben kann:

Vater: »Ich ärgere mich, daß der Abwasch immer noch im Spülstein steht. Hatten wir nicht verabredet, daß du gleich nach dem Essen abwäschst?«

Jane: »Ich war nach dem Essen so müde, weil ich letzte Nacht bis drei Uhr aufgeblieben bin, um den Aufsatz zu schreiben.«

Vater: »Dir war einfach nicht danach zumute, gleich nach dem Essen abzuwaschen?«

Jane: »Ja, ich habe bis halb elf geschlafen. Ich erledige das noch, ehe ich ins Bett gehe, okay?«

Vater: »Ist mir recht.«

Hier noch ein weiteres Beispiel für einen Gangwechsel, dieses Mal, nachdem ein Lehrer einen Schüler auf sein häufiges Zuspätkommen angesprochen hat:

Lehrer: »Albert, dein ewiges Zuspätkommen macht mir Probleme. Wenn du zu spät kommst, muß ich die Stunde unterbrechen. Das stört mich, und es frustriert mich.«

Schüler: »Ja, nun, äh, ich habe momentan so viel zu tun, und irgendwie schaffe ich es nie, pünktlich hier zu erscheinen.«

Lehrer (wechselt den Gang und hört zu): »Ach so. Du hast in der letzten Zeit deine eigenen Probleme?«

Schüler: »Genau. Mr. Selles hat mich gebeten, nach der dritten Stunde im Chemielabor mitzuhelfen – die Sachen für die vierte Stunde aufzubauen und so. Das macht mir Spaß.«

Lehrer (immer noch zuhörend): »Du freust dich also, daß er dich darum gebeten hat?«

Schüler: »Genau! Vielleicht kann ich nächstes Jahr richtiger Assistent bei ihm werden, und einen solchen Job kann ich sicher gut gebrauchen.«

Lehrer (immer noch zuhörend): »Das bessert dein Taschengeld auf, und das ist sehr wichtig.«

Schüler: »Ja. Ich weiß, daß es Sie stört, wenn ich zu spät komme. Ich hatte nicht gewußt, daß es ein Problem ist. Ich habe versucht, mich ganz leise hereinzuschleichen.«

Lehrer (immer noch zuhörend): »Du bist also ein bißchen überrascht, daß es für mich ein solches Problem darstellt, auch wenn du versuchst, leise zu sein.«

Schüler: »Nein, eigentlich nicht. Ich verstehe, was Sie meinen. Sie unterbrechen und müssen meinen Namen abhaken und so weiter. Ich bin meistens zu spät, weil Mr. Selles und ich uns zu lange unterhalten. Ich werde ihm sagen, daß es für Sie ein Problem ist, und einfach ein paar Minuten früher weggehen, okay?«
Lehrer: »Das würde mir sicher helfen. Danke, Albert.«

Alternative 7: Problemlösung

Manchmal beeinflussen weder Ich-Botschaften noch ein Gangwechsel ein Kind, sein Verhalten unmittelbar zu verändern. Solche Botschaften schaffen aber vielleicht eine versöhnliche Atmosphäre, die die Tür für eine andere Art von Problemlösung öffnet.

Obwohl eine Ich-Botschaft einem Kind genau verdeutlicht, warum sein Verhalten für Sie inakzeptabel ist, hat es vielleicht immer noch ein starkes Bedürfnis, sein Verhalten aus Gründen fortzusetzen, die Ihnen zu dem Zeitpunkt unbekannt sind. Wenn es also sein Verhalten nicht unmittelbar ändert, »besitzen« Sie nun beide das Problem. Sie haben nun die Aufgabe, sich an eine gemeinsame Problemlösung zu machen, die gewöhnlich mindestens die folgenden vier Schritte enthält:

1. Das Problem definieren. (Was sind Ihre Bedürfnisse, was sind die Bedürfnisse des Kindes?)
2. Mögliche Lösungen entwickeln.
3. Jede vorgeschlagene Lösung einschätzen.
4. Übereinstimmung erzielen (eine gemeinsame Entscheidung über eine Lösung treffen, die für beide Seiten akzeptabel ist).

Wie das funktioniert, wird von einem Elternkursabsolventen und Trainingsinstruktor geschildert:

Wir hatten einen schönen Spielplatz bei uns zu Hause im Hof, und alle Kinder aus der Gegend kamen zu uns, um zu spielen. Mein Problem war, daß ich sie sonntags morgens nicht da haben wollte, weil ich dann frei haben und kein Kind sehen will. Ich will meine Ruhe und einfach nur meinen Kaffee trinken und die Zeitung lesen. Ich sagte daher: »Es wäre mir wirklich lieb, wenn ihr vor dem Mittag nicht an die Tür kämt, weil ich eine Zeit für mich allein sein will, um Kaffee zu trinken und die Zeitung zu lesen!«

Aber das klappte nicht, weil sie alle Viertelstunde an der Tür klingelten, ob denn noch nicht Mittag sei. Meine Ich-Botschaft hatte also nicht gewirkt. Da beschloß ich, das Problem gemeinsam mit ihnen zu lösen. Mal sehen, was dabei herauskam. Denn ich mag Kinder wirklich gern und wollte, daß sie sich hier wohl fühlten, aber ich brauchte auch Zeit für mich.

Wir kamen zu der Lösung, daß ich zur Mittagszeit vor dem Haus eine Fahne hissen würde, denn wir hatten dort einen Mast. Wenn sie die Fahne sahen, war das ihr Zeichen, sie durften auf den Hof kommen. Aber ehe die Fahne aufgezogen war, durften sie nicht einmal an die Tür kommen.

Am ersten Sonntag ging ich mittags nach vorn, um die Fahne zu hissen, und sah, daß auf dem Gehsteig sämtliche Kinder aufgereiht waren, die Blicke aufs Haus geheftet, um zu sehen, wann die Fahne gezeigt würde. Das hat das Problem wirklich gelöst. Ich weiß gar nicht mehr, wer mit dieser Lösung ankam – sie tauchte einfach auf, aber es hat geklappt.

Wir werden diese Problemlösungsmethode im nächsten Kapitel eingehender besprechen. Hier will ich nur darauf hinweisen: Wenn Ich-Botschaften anfangs nicht funktionieren, müssen Sie vielleicht zur Problemlösung übergehen, um eine Form zu finden, in der Ihre Bedürfnisse ebenso befriedigt werden wie die des Kindes.

Alternative 8: Wut – was steht dahinter?

Manche Eltern und Lehrer meinen, wenn sie zum ersten Mal Ich-Botschaften ausprobieren, nun könnten sie ihre angestauten Emotionen »ausspucken« wie ein menschlicher Vulkan. Eine Mutter kam in einen Kurs und verkündete, sie habe die ganze Woche über ihren beiden Kindern ihre Wut gezeigt. Das einzige Problem sei, daß ihre Kinder von ihrem neuen Verhalten in Angst und Schrecken versetzt worden seien.

Warum ist Wut für Kinder so erschreckend und schädigend? Wie kann man Eltern und Lehrern helfen, Wut zu vermeiden? Was ist Wut überhaupt?

Im Gegensatz zu den meisten anderen Gefühlen wird Wut fast unweigerlich auf eine andere Person gerichtet. Wut wird gewöhnlich als Botschaft ausgedrückt, die sagt: »Ich bin wütend auf *dich*« oder: »*Du* machst mich wütend.« Daher ist es eigentlich eine Du-Botschaft und keine Ich-Botschaft. Und man kann diese Du-Botschaft nicht verkleiden, indem man sagt: »Ich fühle mich wütend.« Daher wird Wut von Kindern als vorwurfsvolle Du-Botschaft empfunden. Sie hören, daß sie schlecht sind, weil sie die Wut des Erwachsenen ausgelöst haben. Der vorhersehbare Effekt ist dann, daß sie sich herabgesetzt, beschuldigt und schuldig fühlen, genau wie nach anderen Du-Botschaften, die sie gehört haben.

Ich bin inzwischen davon überzeugt, daß Wut etwas ist, was wir *nach* einem anderen Gefühl erzeugen. Wir »schaffen« das wütende Gefühl im Anschluß an ein *Grund*gefühl. Hier zwei Beispiele, wie das vor sich geht:

> Ich fahre auf der Autobahn, und ein anderer Fahrer schert ganz knapp vor mir ein. Mein Grundgefühl ist Angst. Ich habe mich wirklich erschrocken. Als Reaktion auf meine Angst hupe ich ein paar Sekunden später und verhalte mich wütend, schreie vielleicht sogar etwas wie: ›Du Blödmann! Sonntagsfahrer!‹ Niemand würde

bezweifeln, daß es sich in diesem Fall um eine reine Du-Botschaft handelt. Zielsetzung meines wütenden Verhaltens ist, den anderen Fahrer zu bestrafen, damit er sich schuldig fühlt, weil er mich erschreckt hat. Er soll eine Lektion lernen und es nicht wieder tun. (Gordon, 1977) Eine Mutter verliert im Kaufhaus ihr Kind aus den Augen. Ihr Grundgefühl ist Angst – sie fürchtet, ihm könnte etwas zugestoßen sein. Wenn jemand sie fragte, was sie auf der Suche nach ihm fühlt, würde sie wohl sagen: »Ich habe furchtbare Angst« oder: »Ich mache mir schreckliche Sorgen.« Wenn sie das Kind endlich findet, ist sie sehr erleichtert. Bei sich sagt sie: »Gott sei Dank, alles ist in Ordnung.« Nach außen aber gibt sie etwas völlig anderes von sich. Sie verhält sich wütend und fährt das Kind an, etwa so: »Du unartiger Junge!« oder: »Ich bin richtig sauer auf dich! Wie kannst du nur so dumm sein und dich verlaufen!« Ich glaube, die Mutter spielt in dieser Situation die Wut, um dem Kind eine Lektion zu erteilen oder es zu bestrafen, weil es ihr einen Schrecken eingejagt hat.

Wut als »Nachfolgegefühl« wird fast immer in einer Du-Botschaft geäußert – eine, die ein negatives Urteil beinhaltet und dem Kind einen Vorwurf macht. Ich bin überzeugt, daß Wut meistens eine bewußte Haltung ist, die man einnimmt, um Vorwürfe und Strafen auszudrücken oder dem Kind eine Lektion zu erteilen. Man zeigt ihm so, daß sein Verhalten ein unangenehmes Gefühl ausgelöst hat (das Grundgefühl). Wenn wir auf andere wütend werden, können wir diese Rolle bewußt annehmen, um sie zu beeinflussen, um ihnen zu zeigen, was sie getan haben, ihnen eine Lektion zu erteilen, sie zu überzeugen, es nicht wieder zu tun, oder uns rächen. Ich meine hier nicht, daß die Wut vielleicht nicht echt ist. Sie ist sogar sehr echt und jagt den Blutdruck in die Höhe, beschleunigt den Puls und bewirkt, daß man innerlich kocht und äußerlich bebt. Aber diese Reaktionen erfolgen gewöhnlich, *nachdem* man sich *wütend verhalten* hat.

Es ist das wütende Verhalten, das die körperlichen Veränderungen mit sich bringt. Meines Erachtens bringen sich die Menschen dazu, vor Wut zu kochen und zu beben, weil sie zuerst dazu veranlaßt worden sind, Angst zu haben, sich verletzt, verlegen, eifersüchtig, einsam oder was auch immer zu fühlen. Hier noch ein paar Beispiele:

Ein Kind macht im Restaurant Theater. Das Grundgefühl der Eltern ist Verlegenheit. Ihr »Nachfolgegefühl« ist Wut. »Hör auf, dich wie eine Zweijährige zu benehmen. Ich wünschte, ich hätte dich nicht mit hierhergenommen.«

Ein Kind bringt ein Zeugnis mit lauter Dreien und Vieren nach Hause. Das Grundgefühl der Mutter ist Enttäuschung. Ihr »Nachfolgegefühl« ist Wut: »Ich hab' doch gewußt, daß du das ganze Halbjahr getrödelt hast. Darauf kannst du ja wirklich stolz sein!«

Lehrer bringen sich auf gleiche Weise in Rage, wenn sie ein unangenehmes Grundgefühl erleben. Hier einige Beispiele:

Ein Schüler fällt beim Aufhängen von Unterrichtsmaterial fast aus dem Fenster. Das Grundgefühl des Lehrers ist Angst. Doch dann verhält er sich wütend und sagt: »Komm sofort da runter! Ich sehe doch, daß du nicht richtig aufpaßt!«

Die Lehrerin hat sich große Mühe gegeben, ein interessantes Experiment zu machen, aber ihre Schüler sind unruhig und gelangweilt und schieben einander Zettelchen zu. Ihr Grundgefühl ist Enttäuschung. Wütend sagt sie: »Ich glaube, ich versuche nie wieder, ein Thema für diese Klasse interessant darzustellen. Wie undankbar ihr doch seid!«

Ein Schüler versteht nicht, wie man Brüche addiert. Das Grundgefühl beim Lehrer ist Frustration. Der Lehrer schreit wütend: »Du versuchst es ja nicht einmal! Das ist so simpel, daß ein Drittkläßler es begreifen würde, ehe du es schnallst!«

Lehrer geben immer bereitwillig zu, daß wütend geäußerte

Botschaften überhaupt nicht dabei helfen, daß Kinder etwas lernen. Wenn das der Fall wäre, würde kein Schüler jemals durchs Abitur fallen.

Wie können Eltern und Lehrer lernen, den Kindern keine wütenden Du-Botschaften mehr zu vermitteln? Die Erfahrungen in unseren Kursen sind sehr ermutigend. Zuerst helfen wir den Erwachsenen, den Unterschied zwischen Grundgefühl und »Nachfolgegefühl« zu verstehen. Daraufhin können sie sich besser auf ihre Grundgefühle konzentrieren und ihre »Nachfolgegefühle« besser unter Kontrolle halten. Das hilft, sich bewußter zu werden, was wirklich in ihnen vor sich geht, wenn sie sich wütend fühlen. Es hilft auch, das Grundgefühl zu identifizieren, wie in diesen Situationen:

Eine gewissenhafte Mutter berichtete in ihrem Elterntrainingskurs, wie sie herausgefunden hatte, daß ihre häufigen Wutausbrüche gegen die zwölfjährige Tochter eine Nachfolgereaktion auf ihre Enttäuschung waren, daß das Mädchen sich nicht als so fleißig und begabt herausgestellt hatte wie die Mutter. Frau C. erkannte allmählich, wieviel ihr der schulische Erfolg der Tochter bedeutete, und daß sie die Tochter immer, wenn sie sie mit ihrer Leistung enttäuschte, mit wütenden Du-Botschaften bombardiert hatte.

Herr J., ein Therapeut, gestand im Kurs, endlich begriffen zu haben, warum er auf seine elfjährige Tochter so wütend war, wenn sie in der Öffentlichkeit waren. Seine Tochter war schüchtern, im Gegensatz zu dem sehr offenen Vater. Immer wenn er sie Freunden vorstellte, wollte die Tochter niemandem die Hand reichen oder die üblichen Höflichkeiten von sich geben. Ihr gemurmeltes, fast unhörbares »Hallo« brachte den Vater in Verlegenheit. Er gestand, daß er befürchtete, seine Freunde würden ihn als strengen, strafenden Vater einschätzen, der ein unterwürfiges und verschrecktes Kind erzeugt habe. Als er das erkannt hatte, merkte er, daß er keine wütenden Gefühle mehr empfand. Er konnte allmählich die Tatsache akzeptieren, saß seine Tochter einfach nicht das gleiche, offene Wesen hatte wie er. Und als er nicht mehr wütend war, fühlte sich seine Tochter auch nicht mehr so gehemmt.

Ein Lehrerkurs-Teilnehmer sprach über seine Erfahrungen mit einem bestimmten Schüler und die Wutgefühle, die er über die Beziehung empfand:

Ich war immer wütend auf Karl, obwohl ich nie genau sagen konnte, was mich an ihm so wütend machte. Ich schrieb es ab unter: »Kommt eben mal vor.« Karl gehörte einfach zu jenen Menschen, die mir gegen den Strich gehen. Aber er regte mich ständig auf. Als wir uns in dem Kurs mit Wut beschäftigten, fragte ich mich: »Was ist mein Grundgefühl gegenüber Karl?« Ich kann nur sehr schwer zugeben, was ich dabei herausfand, denn es läßt mich viel unsicherer erscheinen, als ich mich tatsächlich fühle. Mein Grundgefühl war Angst. Ich hatte Angst, daß Karl mich mit seinem Können und seiner Schlagfertigkeit vor den anderen Schülern schlecht aussehen lassen könnte. Letzte Woche habe ich ihn nach dem Unterricht beiseitegenommen und ihm einfach gesagt, wie bedroht ich mich fühle, wenn er mich in eine Diskussion über eine unwichtige Sache verwickelt oder mich mit technischen Fragen bombardiert, auf die ich keine Antwort wissen kann. Er war wie benommen und sagte, er versuche nicht, mich bloßzustellen, sondern er wolle eigentlich bei mir nur Punkte sammeln. Am Ende haben wir darüber gelacht, und ich fühle mich durch ihn nicht mehr bedroht. Wenn er es heute mal vergißt und mich wieder mit Fragen bepfeffert, lache ich einfach und sage: »Na gut, ein Punkt für dich.«

Wenn Eltern und Lehrer feststellen, daß sie häufig wütende Du-Botschaften äußern, lernen sie, daß es besser ist, sich die Fragen vorzuhalten: »Was geht in mir vor? Welche Bedürfnisse von mir werden durch das Verhalten des Kindes bedroht? Welche Grundgefühle gefallen mir nicht?«

Wie Ich-Botschaften den Sender verändern

Wenn Eltern und Lehrer anfangen, Ich-Botschaften zu äußern, bemerken sie nicht bloß einen Unterschied bei den Kindern, sondern erleben auch eine deutliche Änderung in sich selbst. Die unterschiedlichen Sätze, die diese Veränderung beschreiben, drücken alle ein Gefühl von größerer Ehrlichkeit, Aufrichtigkeit und Offenheit aus:

»Ich tue nicht mehr als ob, wenn ich keine Lust habe, mit den Vorschulkindern zu spielen.«

»Ich bin nicht mehr so wischiwaschi.«

»Ich bin jetzt viel genauer – meine Worte passen zu meinen Gefühlen.«

»Ich bin ehrlich – ich stehe mit Leuten auf der gleichen Stufe.«

»Ich-Botschaften erlauben mir, mit anderen offen und ehrlich umzugehen.«

Offensichtlich gilt auch hier die alte Maxime: »Du wirst zu dem, was du tust.« Wenn man eine neue Form offener Kommunikation benutzt, fängt man an, in sich selbst genau die Ehrlichkeit zu spüren, die die Ich-Botschaften den anderen vermitteln. Die Fähigkeit zu Ich-Botschaften wird zum Instrument, in Kontakt mit dem eigentlichen Selbst zu kommen. Du-Botschaften können diese Funktion nicht erfüllen, weil sie ausschließlich auf den anderen ausgerichtet sind.

Unsere Gespräche mit Elterntrainings-Absolventen liefern uns eindeutige Beweise, daß der Kurs auch so etwas wie ein Einüben von Ehrlichsein darstellt. Eine Mutter berichtete:

> Mir kommt es so vor, als ob ich vor dem Elterntraining bestimmte Rollen spielen mußte – mich auf bestimmte Weise verhalten mußte. Ich glaube, so brauche ich nicht mehr zu sein. Ich habe die Freiheit, ich selbst zu sein. Ich habe auch die Freiheit, auszuprobieren, ob ich immer noch geliebt und akzeptiert bin, und wenn das nicht so ist, na ja, dann ist das auch in Ordnung. ... es hat meinen Mann frei gemacht, offener zu sein, gesprächsbereiter,

nicht mehr mit den Gefühlen hinterm Berg zu halten... Die Sache mit den ehrlichen Ich-Botschaften, wie man sich fühlt... [ist, daß] ich nun meine, daß es in Ordnung ist, wenn ich sage: »Ich habe dazu keine Zeit« oder: »Ich kann das im Moment nicht.«

Ein Vater berichtete uns von der Veränderung, die mit ihm vorgegangen war:

Es ist jetzt viel besser, denn ich glaube, wir beide brauchen keine elterlichen Versprechen mehr zu machen, die wir ohnehin nicht halten können. Und das ist eine ziemliche Erleichterung. Wenn etwas nicht geht, sagen wir ihnen: »Nein, vielleicht morgen, aber im Augenblick habe ich etwas Wichtigeres zu tun.«

Eine Mutter sprach darüber, wie sie und ihr Mann dazu erzogen worden waren, ihre Gefühle zu unterdrücken:

Das war eins unserer größten Probleme – negative Gefühle zu akzeptieren, was in unseren beiden Familien nie hingenommen wurde. Damit meine ich, daß wir alle immer glücklich und interessiert und aktiv zu sein hatten. Langeweile oder Depressionen waren einfach schlecht. Ich glaube, am besten an dem Elternkurs war, daß mir klar wurde, daß es in Ordnung ist, wenn man sich auch mal schlecht fühlt.

Eine andere fühlte sich durch das Konzept der Ich-Botschaften befreit:

Ich finde es befreiend – daß ich mich ausdrücken kann und mich nicht schuldig fühle, weil ich egoistisch bin oder so. Ich glaube, es hilft, wenn man die Freiheit hat, seinen Kindern solche Botschaften zu geben. Ich habe früher nie gesagt: »Ich fühle mich so und so.«

Ich-Botschaften haben einen eindeutig kathartischen Effekt – sie helfen Eltern, ihre Gefühle auszudrücken, statt sie in sich anzustauen, wie dieser Mann uns erklärte:

Bei einer Ich-Botschaft schließt man seine Gefühle nicht weg. Man drückt aus, was man fühlt, und weiß, daß jemand anders einen gehört hat. Ob sie damit etwas anfangen oder nicht, scheint jedenfalls nicht mehr so wichtig.

Der Rektor einer Schule für verhaltensgestörte Oberschüler gab uns diesen eindrucksvollen Bericht darüber, wie er mit einigen seiner Schüler ins reine kam:

Wochenlang schon hatte ich das Verhalten einer Jungengruppe voll Unwillen hingenommen, die ständig einige Regeln der Schule ignorierte. Eines Morgens sah ich aus dem Bürofenster, wie sie ganz lässig über die Wiese kamen und Colaflaschen unter dem Arm trugen. Das ist gegen die Schulregeln. Da war es soweit. Ich hatte gerade eine Stunde im Lehrertrainingskurs hinter mir, in der Ich-Botschaften erklärt worden waren. Daher rannte ich hinaus und drückte ein paar meiner Gefühle aus: »Ich fühle mich von euch verdammt frustriert! Ich habe alles versucht, um euch durch die Schule zu helfen. Ich bin mit Herz und Seele bei dieser Arbeit. Und ihr verstoßt einfach immer wieder gegen die Regeln. Ich habe mich für eine vernünftige Pausenregelung eingesetzt, aber nicht einmal daran haltet ihr euch. Und jetzt kommt ihr hier mit Cola an, und auch das ist gegen die Abmachungen. Ich hab' wirklich nicht übel Lust, wieder an eine normale Schule zu gehen, wo ich zumindest das Gefühl habe, etwas zu erreichen. Hier fühle ich mich wie ein völliger Versager!« An diesem Nachmittag wurde ich von einem Besuch der Jungengruppe überrascht. »He, Mr. G., wir haben darüber nachgedacht, was heute morgen passiert ist. Wir wußten nicht, daß Sie das so trifft. Sie sind noch nie so ausgeflippt. Wir wollen aber keinen anderen Direktor, der wäre nie so gut wie Sie. Wir haben uns daher vorgenommen, die Pausen nicht zu überschreiten. Und an die anderen Regeln halten wir uns auch.« (Gordon, 1977)

Sie unterhielten sich noch eine Weile, und die Jungen kamen ihm und einander näher. Sie verließen den Raum als Freunde, mit herzlichen Gefühlen und der Art von Nähe, die zwischen Erwachsenen und Schülern nur selten herrscht.

Diese Geschichte zeigt, wie Kinder reagieren und Verantwortungsbewußtsein zeigen können, wenn Erwachsene sich mit ihnen auf eine Stufe stellen. Ich glaube, es schmeichelt Kindern, wenn sie wissen, daß sie allein es sind, die Erwachsenen etwas geben können, was diese in einer konkreten Situation brauchen. Wie schade, daß Lehrer und Schulbeamte so oft versäumen, die Bereitschaft des Schülers zu fordern, die Bedürfnisse von Erwachsenen zu erfüllen. Wie schade, daß sie anordnen, befehlen und Schüler herabsetzen, statt ihnen offen zu sagen, wie sie sich fühlen.
Wenn Eltern und Lehrer Ich-Botschaften senden, geben sie zudem ein Rollenvorbild: Sie zeigen, daß es berechtigt ist, anderen zu sagen, daß man etwas von ihnen will oder braucht. Und sie stellen ein Vorbild darin dar, daß es eine Methode gibt, Gefühle mitzuteilen, ohne anderen Vorwürfe zu machen, ihnen zu drohen oder sie herabzusetzen.
Kinder, die dieses Vorbild erleben, zeigen uns, daß sie lernen, selbst Ich-Botschaften zu benutzen, damit sie das, was sie in ihren Beziehungen brauchen, auch bekommen. Da Eltern und Lehrer mit ihnen auf gleicher Stufe stehen, wirken diese Kinder auf andere offen, ehrlich, direkt und echt. Sie werden als aufrichtig und vertrauenswürdig erkannt, und andere wissen, woran man mit ihnen ist.
Ich-Botschaften sind offensichtlich keine Methode für Erwachsene, Kinder zu kontrollieren, sondern eher eine, die die Verantwortung beim Kind beläßt, damit es sich selbst kontrolliert. Ich-Botschaften fördern Selbstverantwortung und Selbstdisziplin. Die Bestätigung dieses wichtigen Prinzips stammt aus einem klassischen Experiment mit Vorschulkindern von Diana Baumrind an der University of California. Baumrind (1967) fand heraus, daß Vorschulkinder, die ein hohes Maß an Selbstkontrolle und Selbstdisziplin aufwiesen, Eltern hatten, die keine strafenden Botschaften benutzten oder Strafen verhängten, sondern statt dessen ausgiebig von Argumenten sowie von einem Verfahren Gebrauch machten, das sie »kognitive Strukturierung«

nannte. Dieser wissenschaftlich klingende Begriff bedeutet dasselbe wie unsere Ich-Botschaft – den Kindern die negative Wirkung ihres Verhaltens auf andere mitteilen. Baumrind erklärt, daß diese Botschaften Kindern helfen, die Folgen ihres Verhaltens zu internalisieren und ein *Gewissen oder innere Kontrolle zu entwickeln* – was ich Selbstdisziplin nenne, im Gegensatz zu von außen auferlegter Disziplin. Solche Botschaften sind nach Baumrind weit wirksamer, wenn Eltern sich allgemein akzeptierend verhalten (im Sprachgebrauch der Elternkurse: wenn die Eltern den Großteil des Verhaltens ihrer Kinder in den oberen beiden Flächen des Verhaltensfensters sehen). Kinder von Eltern, die gewöhnlich akzeptierend sind, achten offensichtlich stärker auf die gelegentliche Ich-Botschaft, die ihnen sagt, daß ein bestimmtes Verhalten nicht akzeptabel ist. Diese Botschaft erweckt ihre Aufmerksamkeit. Doch Kinder von Eltern, die die meiste Zeit »Nichtannahme« zeigen, bemerken nichtakzeptierende Botschaften (»schon wieder«) entweder nicht oder reagieren nicht darauf.

Die modifizierende Wirkung von Ich-Botschaften auf störendes Verhalten bei Schülern wurden nach einem Experiment deutlich, an dem ein Lehrer der fünften und einer der sechsten Klasse teilnahmen. Bei diesem Experiment wurde beiden Lehrern das Konzept der Ich-Botschaft beigebracht, wurde ihnen gezeigt, wann sie anzuwenden waren, und wurden ihnen Übungen und Rollenspielsituationen aufgegeben. Der Lehrer der fünften Klasse konnte daraufhin störendes Verhalten um 50 Prozent senken und die Arbeitszeit der Schüler um 25 Prozent steigern. Doch er kehrte bald zu den alten Du-Botschaften zurück, und die Vorteile verschwanden. Der Lehrer der sechsten Klasse behielt seine Ich-Botschaften bei acht ausgewählten Schülern bei, von denen er bei sechsen damit störendes Verhalten verringerte und vier ihre Arbeitszeit steigerten (Peterson u. a., 1979).

In einer anderen Untersuchung wurde die relative Wirkung von Strafen und Ich-Botschaften bei dem Versuch miteinander verglichen, Kinder davon abzuhalten, mit attraktivem Spielzeug im Zimmer zu spielen. Sehen Sie sich die Botschaft an, die den Kindern bei diesem Experiment vermittelt wurde, und sie haben eine gute Ich-Botschaft vor Augen. (So wurde sie in dem Experiment allerdings nicht genannt.)

> Mit einigen dieser Spielzeuge solltet ihr nicht spielen und sie auch nicht berühren, denn ich habe sie nur ein einziges Mal, und wenn sie zerbrochen werden oder abgenutzt, könnte ich sie nicht mehr benutzen. Aus diesem Grund möchte ich nicht, daß ihr mit diesem Spielzeug spielt oder es anfaßt.

Diese Botschaft (auch »kognitive Botschaft« genannt) zeigte höhere Wirkung als eine Strafe bei dem Bestreben, zu verhindern, daß die Kinder mit dem verbotenen Spielzeug spielten, *wenn der Experimentleiter abwesend war.* Die Forscher drückten es so aus: »Die inneren Denkprozesse des Kindes, das, was das Kind sich selbst sagt, wenn es vor der Versuchung steht, wirken als Kontrolle des kindlichen Verhaltens viel stärker als eine von außen angewendete Strafe.« Ein weiteres Ergebnis derselben Studie lautete: »Die Wirkungen der Ich-Botschaft zur Kontrolle des Dranges, im Verhalten abzuweichen, hielten eine Weile vor, während die Wirkung einer körperlichen Strafe sank« (Parke, 1969). Diese Studie bietet eines der besten Argumente gegen strafende Disziplin und für nicht-machtbezogene Ich-Botschaften.

Auch das Konzept der Selbstachtung sagt uns eine Menge über den Wert von Ich-Botschaften. Selbstachtung – oder deren Fehlen – ist im Leben des Menschen sehr wichtig. Positive Selbstachtung fällt nachgewiesenermaßen mit hoher Motivation oder Leistungsstreben zusammen, beim Sport, bei der Arbeit, in der Schule. Man hat auch nachgewiesen, daß Kinder mit hoher Selbstachtung mehr Freunde haben, sich besser gegen schädigende Einflüsse von Altersgenossen wehren können, weniger empfindlich auf Kritik reagieren oder auf das, was andere über sie denken, einen höheren IQ haben, besser informiert sind, harmonischere Körperbewegungen zeigen, weniger schüchtern sind oder zu Lampenfieber neigen und sich besser behaupten und ihre Bedürfnisse erfüllt bekommen können. Hohe Selbstachtung wird von einigen als Wesenskern eines Menschen betrachtet, als Grundlage für seelische Gesundheit.

Der Psychologe Stanley Coopersmith hat in einer bekannten Studie (1967) versucht, die Vorbedingungen für hohe Selbstachtung herauszufinden – das, was sie tatsächlich ausmacht. Er stellte fest, daß Mütter von Jungen mit hoher Selbstachtung »verbale Argumentation (wie unsere Ich-Botschaft) und Diskussionen« verwendeten, während Mütter von Jungen mit niedriger Selbstachtung eher zur willkürlichen, strafenden Disziplin griffen. Diese Studie stützt eindeutig die Haltung, die ich wiederholt gegen strafende Disziplin eingenommen habe. Und sie bestätigt den Vorzug von nicht-machtbetonten Methoden, die wir in unseren Kursen lehren – daß man Ich-Botschaften übermittelt, wenn das Verhalten des Kindes inakzeptabel ist. Coopersmith bestätigt experimentell auch die schädigende Wirkung von vorwurfsvollen Du-Botschaften, die, wie wir wissen, so oft herabsetzend, kritisch, abwertend und scheltend sind, Botschaften, die unweigerlich an der Selbstachtung und am Selbstrespekt nagen.

Ich werde an späterer Stelle eine Studie beschreiben, die zeigt, daß die stärkste Wirkung der Elternkurse eine Zunahme an Selbstrespekt bei den Kindern war.

Kapitel Sieben

Neue Wege, wie man in Familie und Klassenzimmer regiert

Wir haben uns im vorigen Kapitel angesehen, wie Eltern und Lehrer Kinder wirksam dahingehend beeinflussen können, Verantwortung für die Änderung eines Verhaltens zu übernehmen, das für den Erwachsenen nicht hinnehmbar ist, statt dagegen mit Autorität oder vorwurfsvollen Du-Botschaften vorzugehen. In diesem Kapitel biete ich eine weitere Alternative zu machtbetonter Disziplinierung – eine neue und bessere Weise, wie man in einer Familie oder in der Schulkasse regieren kann.

Diese neue Art von Leitung und Steuerung ist, wie ich belegen werde, weniger eine Methode, inakzeptables und störendes Verhalten von Kindern zu ändern, sondern ein Weg, wie man solches Verhalten *verhindert*. Dieser neue Managementstil hat sich bereits in vielen Firmen und Fabriken bewährt und kann bei der Leitung von Familien und Schulklassen ähnlich erfolgreich wirken.

Mitwirkung – das Zauberwort

In den Firmen Amerikas hat sich aufgrund eines neuen Führungsstils eine stille Revolution vollzogen, die man *partizipierendes Management* oder Mitwirkung nennt (manchmal auch »japanisches Modell der Organisationsführung«, doch dieser Begriff kann irreführend sein). Bei dieser neuen Methode wird die Einbeziehung des Angestellten bei Entscheidungen über Arbeitsplatzgestaltung, Produktionsmethoden, Qualitätskontrolle, Produktdesign und Dienstleistungen, Regeln und Politik der Firma verstärkt.

Mehr als sechstausend amerikanische Firmen, darunter General Motors, Ford und Honeywell, haben diese Philosophie übernommen und ihre Manager und leitenden Angestellten entsprechend ausgebildet. Meine Firma »Effectiveness-Training« bietet diese Ausbildung an. Der Kurs »Leader Effectiveness Training« (Effektives Führungstraining) wird in einem Buch mit dem Titel *Manager-Konferenz* beschrieben (Gordon, 1979).

John Simmons und William Mares haben in ihrer Pionierarbeit *Working Together* (1983) die Ergebnisse ihrer Untersuchung von fünfzig Firmen in den Vereinigten Staaten und in Europa zusammengefaßt, die Projekte anregten, um die Mitwirkung der Angestellten bei Entscheidungsfindungen und Problemlösungen zu verstärken. Sie fanden die Vorteile der Partizipation beeindruckend:

> Eine Produktivitätszunahme um 10 und mehr Prozent war nicht ungewöhnlich und hielt sich über mehrere Jahre. Zu Beginn kann die Produktivität pro Angestellten um 100 Prozent zunehmen. Streitigkeiten am Arbeitsplatz sanken von 3000 auf 15 Fälle und hielten sich auf dieser Ebene. Krankheitstage und Fluktuation können um die Hälfte verringert werden ... Für einige, die bei der Einführung der Partizipation federführend waren, bestand jedoch ein wichtiger Vorteil in der menschlichen Entwicklung. Die materiellen Vorteile sind sekundär. Die Leute fühlen sich einfach besser. Sie gehen gern zur Arbeit. Sie haben mehr Selbstachtung und Selbstvertrauen. Sie haben Kontrolle über ihr Leben gewonnen, wenn auch nur in einem Teilbereich, und ein Gefühl von Machtlosigkeit verloren. (Simmons/Mares, 1983)

Diesen demokratischen Führungsstil oder »Demokratie am Arbeitsplatz« sollte man nicht mit »politischer Demokratie« verwechseln. Demokratie am Arbeitsplatz ermöglicht den Leuten direkte Mitwirkung an Entscheidungen, die ihre Stelle betreffen, während politische Demokratie einem allgemein das Recht zur Wahl eines »Stellvertreters« verleiht, der sich um die Probleme kümmert – aber mehrere Stufen von den Alltagssorgen des Wählers entfernt ist.

Teilnehmendes Management bedeutet eine radikale Umverteilung und Aufteilung der Macht innerhalb einer Organisation. In krassem Gegensatz zur althergebrachten Managementtheorie, die eine Mauer zwischen jenen errichtet, die das Sagen haben, und denen, über die bestimmt wird, haben die Arbeiter und Angestellten mehr Kontrolle über ihre Stelle und Arbeitsbedingungen und treffen zusammen mit den Managern Entscheidungen über Regeln und Vorschriften innerhalb der Firma. James F. Lincoln, ein Pionier bei dieser Entwicklung und Geschäftsführer einer Firma, beschrieb es provokativ: »Jeder Arbeiter soll managen, jeder Manager soll arbeiten.«

Bei Lehrern, bei Vertretern der Schulverwaltung und bei Lehrerausbildern wächst die Überzeugung, daß die Schülermitwirkung bei Entscheidungen ein Schlüsselelement in Schulen mit guter Disziplin ist (das heißt in Schulen mit ausgeprägter Selbstdisziplin der Schüler).

Ausgeprägter als viele andere hat William Glasser, ein bekannter Psychologe und Schulberater, die Analogie zwischen der traditionellen Manager-Angestellten-Beziehung und der Lehrer-Schüler-Beziehung erkannt. In seinem Buch *Control Theory in the Classroom* (1986) schreibt er:

> Man sieht auch Lehrer als Manager an, zumindest in dem Ausmaß, in dem sie ihre Schüler anweisen und ihre Macht einsetzen, wenn sie sie mit Strafen oder Belohnungen dazu zu bringen versuchen, ihren Anweisungen zu folgen. Als Manager lassen sie nur selten das traditionelle Rollenverständnis mit Anwendung von direkter Strafe oder Belohnung hinter sich. Die meisten Lehrer überlegen nur selten, was Manager vielleicht tun könnten, um über dieses althergebrachte Konzept hinauszugehen, denn sie

sehen sich viel stärker als Arbeiter statt als Manager, und Arbeiter denken nicht viel darüber nach, was Manager tun könnten. Erst wenn sie sich ausschließlich als Manager betrachten und ihre Schüler, nicht sich selbst, als Arbeiter, wird sich etwas an dem Aufwand ändern, den die meisten Schüler in der Schule betreiben. (Glasser, 1986)

Glasser weist darauf hin, daß Lehrer, die zu modernen Managern werden, bereit sind, ihre Macht zu teilen, während ein traditioneller Manager niemals bereit sein würde, Macht abzugeben und in der Regel immer nur nach mehr strebt. Der traditionelle amerikanische Lehrer organisiert seine Klasse auf seine Weise, leitet alle Arbeiten, verteilt alle Aufgaben, entwickelt alle Maßstäbe für Leistungen, setzt alle Ziele, benotet die Arbeit, stellt die schlechten Schüler fest, denen er entweder versucht zu helfen oder die er scheitern läßt, um sie loszuwerden.

Glasser beschreibt eine provozierende Heilkur für unsere Schulen: *Das kooperative Lernteam*, das auch die Rolle des Lehrers als partizipativer Manager fördern würde. Er warnt uns davor, daß »wir unsere Schulen nicht verbessern, wenn wir nicht versuchen, das, was wir lehren wollen, in erkennbar anderer Form anzubieten als bislang«. Hier Glassers Vergleich des Lernteam-Modells und des traditionellen Lehrmodells (die Erläuterungen zum traditionellen Modell sind kursiv gedruckt):

1. Schüler gewinnen Zugehörigkeitsgefühl, indem sie in Lernteams von zwei bis fünf Schülern zusammenarbeiten. Die Teams sollten vom Lehrer zusammengestellt werden, damit Schüler mit hohem, durchschnittlichem und niedrigem Leistungsgrad kombiniert werden. *Schüler arbeiten als Individuen.*
2. Das Zugehörigkeitsgefühl bietet die Einstiegsmotivation für Schüler, zu arbeiten, und wenn sie damit Erfolg haben, entwickeln Schüler, die vorher nicht mitgearbeitet haben, bald ein Gefühl, daß Wissen Macht ist, und

auch sie geben sich mehr Mühe. *Wenn sie als Individuen keinen Erfolg haben, haben sie auch keinen Antrieb, sich anzustrengen, und keine Möglichkeit, ein Gefühl dafür zu entwickeln, daß Wissen Macht bedeutet.*

3. Die besseren Schüler finden es befriedigend und helfen den Schwächeren, weil sie die Kraft und die Freundschaft erleben wollen, die zu einem Team mit guter Leistung gehört. *Bessere Schüler kennen die schwächeren meist überhaupt nicht.*
4. Die schwächeren Schüler befriedigt es, soviel zu leisten, wie sie nur können, denn nun ist alles nützlich, was sie zum Team beitragen können. Als sie noch allein arbeiteten, brachte ihnen ihre Mühe nichts ein. *Schwächere Schüler tragen anfangs nur wenig zur Klassenleistung bei, und das wird im weiteren Verlauf immer weniger.*
5. Schüler brauchen sich nicht nur auf den Lehrer zu verlassen. Sie können (und werden dazu aufgefordert) sich größtenteils auf sich selbst verlassen, auf ihre eigene Kreativität und auf die anderen Teammitglieder. All dies befreit sie von der Abhängigkeit vom Lehrer und gibt ihnen zugleich mehr Macht und Freiheit. *Fast alle Schüler, außer ein paar wenigen Begabten, hängen vollständig vom Lehrer ab. Sie verlassen sich fast nie aufeinander, und es gibt nur wenig Anregung, einander zu helfen. Einander helfen wird Betrügen genannt.*
6. Lernteams können eine Struktur bieten, die den Schülern hilft, das oberflächliche Vorgehen aus der Vergangenheit zu überwinden (steriles Faktenlernen, oberflächliches Denken) ... Ohne diese Struktur haben die meisten Schüler nur geringe Chancen, genug zu lernen, um die wichtige Wissen-ist-Macht-Verbindung für sich selbst herzustellen. *Die Klagen der Schüler, sie seien gelangweilt, sind gerechtfertigt. Gelangweilte Schüler arbeiten nicht.*
7. Die Teams können selbst erarbeiten, wie sie den Lehrer und andere Schüler (und Eltern) davon überzeugen kön-

nen, daß sie den Stoff gelernt haben. Die Lehrer ermutigen die Teams, andere Beweise als Klassenarbeiten dafür anzubieten, daß der Stoff gelernt wurde. *Der Lehrer (oder das Schulsystem) entscheidet, wie die Schüler eingeschätzt werden, und sie werden nur selten aufgefordert, mehr zu tun, als für die vom Lehrer angeordneten Tests zu arbeiten.*

8. Die Gruppen werden vom Lehrer regelmäßig neu zusammengesetzt, damit alle Schüler eine Chance erhalten, bei einem guten Team mitzuarbeiten. Bei einigen Aufgaben, aber nicht allen, werden jedem Schüler eines Teams die Noten für das Team gutgeschrieben. Schüler mit guten Leistungen, die sich vielleicht beklagen, wenn aufgrund einer Gruppennote ihre eigenen Noten sinken, werden dennoch immer in einem gut abschneidenden Team sein, daher leiden sie langfristig nicht als Individuen. Das fördert zudem die Eigenleistung, ungeachtet der Teamleistung. *Schüler konkurrieren nur als Individuen, und wer gewinnt und wer verliert, ist in den meisten Klassen offensichtlich, außer in einigen Leistungskursen in den ersten Wochen.*

Man braucht nicht viel Phantasie, um zu erkennen, wie anders es in der Schule aussehen würde, wenn Glassers Modell von Lernteams verwirklicht würde.

Die Überlegenheit von kooperativer Arbeit gegenüber Wettbewerb wurde in einer ungewöhnlich umfassenden Übersicht über 122 Studien schlüssig bewiesen, die zwischen 1924 und 1980 veröffentlicht wurden. Die Ergebnisse waren bemerkenswert: In 65 Untersuchungen stellte sich heraus, daß Kooperation höhere Leistungen bewirkt als Wettbewerb, nur acht kamen zu dem umgekehrten Schluß, 36 konnten keinen statistisch bedeutsamen Unterschied feststellen. Kooperation brachte 108 Studien zufolge höhere Leistungen als unabhängige Arbeit, sechs Studien kamen zu dem umgekehrten Ergebnis, und in 42 stellte man keinen Unterschied fest. Die Überlegenheit der Kooperation galt für alle Bereiche und alle Altersgruppen (Johnson u. a., 1981).

Zusätzlich zur Förderung von besseren Leistungen hat sich kooperatives Lernen als vorteilhaft dabei erwiesen, Brücken zu schlagen und engere Beziehungen zwischen Menschen verschiedener Hautfarben und gesellschaftlicher Herkunft zu schaffen, während Wettbewerb eine Atmosphäre von Feindseligkeit, Neid und Rivalität fördert. Wichtig ist das, was mit Schülern verschiedener Herkunft in derselben Klasse passiert (Johnson u. a., 1984). Wenn kooperatives Lernen Kinder einander näher bringt, verbringen sie auch mehr Zeit außerhalb der Schule miteinander.

Eine kleine, aber wachsende Zahl von Schulen verwendet neue Beziehungsformen, die den Schülern die Gelegenheit eröffnen, mehr bei der Entscheidung darüber mitzureden, was mit ihnen innerhalb und außerhalb der Schule passiert. Einige Schulen haben den Schülern sogar erlaubt, ihre eigenen Lernfortschritte zu überwachen und Themenbereiche zu benennen, in denen sie Förderung brauchen. In einer dieser Schulen stellte man fest, daß sich die Arbeitsgewohnheiten der Schüler eindeutig verbesserten, was sich auch in ihren Leistungen niederschlug (McLaughlin, 1984).

Wiederum andere haben den Schülern die Verantwortung übertragen, sich die Lernziele selbst zu setzen und sich auf sie zugeschnittene Kollegkurse zu gestalten, damit sie diese Ziele schneller erreichen (Burrows, 1973).

Ich habe Berichte von Schulen gesehen, die den Schülern die Verantwortung übertrugen, Verhaltensweisen ihrer Altersgenossen zu korrigieren, die sie als unproduktiv empfanden (Duke, 1980), und Berichte über Schulen, in denen die Meinungen und Urteile der Schüler über die Lehrfähigkeit ihrer Lehrer erfragt wurden und wie man die Lehrer-Schüler-Beziehung verbessern könne (Jones/Jones, 1981).

Noch mehr Pionierarbeit leisteten Schulen, die aktive Schülerbeteiligung zusammen mit Lehrern und Verwaltern bei diversen, die Schule betreffenden Themen erlaubten, etwa über Lehrbücher, Schulschwänzen, Unpünktlichkeit, neue Kurse, Budgetkürzungen, Energiesparmaßnahmen und Schuldisziplin (Aschuler, 1980, Ulrich/Batchelder, 1979).

Solche Anwendung des »teilnehmenden« Managementprinzips und der Einbeziehung von Schülern ist nicht sehr verbreitet, besonders nicht in den traditionellen Privatschulen der USA. Hoffen wir jedoch, daß daraus ein Trend wird. Es ist ermutigend, immer mehr Persönlichkeiten des Bildungswesens zu sehen, die das Potential dieses neuen Management- und Führungsstils erkennen, um selbstdisziplinierte Schüler heranzuziehen. Ein Beispiel ist Arthur Combs (1985), ein bekannter pädagogischer Psychologe und Berater im Schulwesen, der schreibt:

> Selbstdisziplinierte Verantwortung beruht auf Mitwirkung an Entscheidungsprozessen, damit ein Schüler das Gefühl bekommt, daß er eine Rolle spielt und sein Leben im Griff hat. Das lernt man, indem man sich Problemen stellt, Lösungen findet und mit den Konsequenzen lebt. Jeder Lehrer kann Methoden finden, wie man den Schülern solche Verantwortung im Klassenzimmer geben kann.

Ein herausragendes Beispiel für das Mitwirkungs-Prinzip ist die Cluster School, 1974 von Lawrence Kohlberg in Harvard gegründet. Sie wird eine »gerechte Gemeinschaft« genannt und praktiziert Selbstbestimmung, gegenseitige Fürsorge, Gruppensolidarität, die Entwicklung ethischer Maßstäbe, eine demokratische Gemeinschaft und nutzt die üblicherweise vorkommenden Klassen- und Schulprobleme als Ausgangspunkte für ethische Diskussionen und moralische Entscheidungen. Disziplinprobleme »verhandelt« ein offizielles »Richter«-Gremium, das Gerechtigkeitskomitee, das aus Schülern, Lehrern und Verwaltern besteht (Kohlberg, 1980).

In einer vier Jahre lang die Auswirkungen dieser Cluster-Schule begleitenden Untersuchung (Power, 1979) fand man heraus, daß sich die ethische Grundeinstellung der Schüler im Verlauf der Zeit zu einer ausgeprägteren, reiferen, humanistischeren Form von moralischen Prinzipien entwickelte und die Schüler sich besser an die Regeln hielten, die sie für sich selbst aufgestellt hatten. In einer anderen Studie stellte man eine sehr bedeutsame Reifung des moralischen Urteils jener Schüler fest, die in früheren Schulen immer Schwierigkeiten gehabt hatten (Wasserman, 1976).

In einer Studie von achtzehn »Schulen innerhalb einer Schule« oder »alternativen High-Schools« in Kalifornien fanden Wissenschaftler heraus, daß sowohl Lehrer wie Schüler von weniger gravierenden Verhaltensproblemen berichteten als in konventionellen High-Schools. Persönlichere Lehrer-Schüler-Beziehungen, die Beteiligung der Schüler an der Verwaltung der Schule und eine nichtautoritäre Regelstruktur trugen zu dem sehr niedrigen Prozentsatz von Disziplinarproblemen bei. Im Gegensatz dazu besaßen die untersuchten konventionellen High-Schools oft eine große Anzahl bis ins kleinste geregelter Vorschriften und starre Methoden, mit Verstößen umzugehen (Duke/Perry, 1978).

Sowohl die Cluster School als »gerechte Gemeinschaft« wie auch die nicht-autoritären, alternativen High-Schools sind vielversprechende neue Modelle, wie man Schüler dazu bringt, *sich selbst zu disziplinieren* – indem man sie ihre eigenen Maßstäbe dazu, was richtig und falsch ist, entwickeln läßt und sich entsprechend dieser Maßstäbe verhält.

Der Psychologe Raymond Corsini hat ein neues Modell der Erziehung entwickelt, das er zunächst individuelle Erziehung nannte, inzwischen aber das Corsini Vier-R-System (C4R) nennt. In einem Artikel in dem Magazin *Holistic Education Review* von 1980 beschrieben er und ein Kollege, D. Lombardi, ihre Modellschule wie folgt:

> C4R bietet ein Lernumfeld, das auf gegenseitigem Respekt beruht und in dem Kinder als den Erwachsenen (Eltern und Lehrkörper) ebenbürtig betrachtet werden; es bietet eine Umgebung, in der Rechte und Pflichten

durch eine »Verfassung« aufgestellt werden, die das Funktionieren der Schule regelt und die grundsätzlich am amerikanischen Demokratieideal ausgerichtet ist. Das C4R-System setzt vier Ziele für schulische Entwicklung: *Verantwortung* (responsibility) (die entwickelt wird, indem man Kinder an den Entscheidungen über ihre Erziehung unter sorgfältiger, realistischer Anleitung beteiligt), *Respekt* (der gefördert wird, indem man die Schüler mit Respekt behandelt und von ihnen Respekt verlangt), *Erfindungsreichtum* (resourcefulness) (gefördert durch Gelegenheiten, sich auf die drei Hauptlebensaufgaben vorzubereiten: Beruf und Freizeit, Familienleben und Teilhabe an der Gesellschaft) und *Verständnis* (responsiveness) (wird gefördert, indem man eine schulische Umgebung anstrebt, in der man Vertrauen in andere und Gefühle füreinander demonstriert).
Es folgen ein paar eher ungewöhnliche Aspekte bei C4R: (1) Kinder haben einen großen Entscheidungsspielraum darin, wo sie an ihrem Schultag sein und was sie tun wollen; (2) Kinder haben fünf verschiedene Möglichkeiten, wissenschaftliche Themen zu erarbeiten: (a) in der Klasse, (b) in der Bibliothek, (c) in Zusammenarbeit mit Altersgenossen, (d) in Zusammenarbeit mit Lehrer/Tutor und (e) zu Hause; (3) jedes Kind sucht sich seinen Lehrer/Berater selbst aus dem Lehrkörper aus; (4) es gibt keine Noten; (5) die Art und Qualität des Lernens beruht auf objektiven Tests, die wöchentlich als bestimmte Lerneinheiten aufgegeben werden; (6) Lehrer dürfen nicht ohne Anwesenheit des Schülers mit den Eltern sprechen; (7) Kinder »benennen« Lehrer als Berater, aber wenn ein Lehrer ein Kind »angenommen« hat, kann nur das Kind zu einem anderen Lehrer/Berater überwechseln; (8) es gibt keine Zeugnisse, nur wöchentliche Fortschrittsberichte für die Schüler mit dem Rat, sie den Eltern zu zeigen; (9) Kinder setzen sich ihr eigenes Lerntempo und können gleichzeitig verschiedene Fächer auf verschiede-

nen Stufen studieren; (10) Schüler erhalten keine Belohnungen, Zeichen von Anerkennung oder besondere Aufmerksamkeit, wenn sie Besonderes leisten.

Die demokratische, entspannte Atmosphäre in der Schule entspringt wohl zwei Quellen: einer Philosophie der Freiheit und der Verantwortung für das einfache Disziplinierungssystem, das auf drei Regeln beruht und logische, vorhersehbare und von vornherein akzeptierte Konsequenzen für das Übertreten der Regeln durch alle – Eltern und Kinder – hat.

Die C4R-Regeln laufen wie folgt: (1) Tu nichts, was gefährlich oder schädigend sein kann; (2) Halte dich stets an einem beaufsichtigten Ort auf oder sei unterwegs zu einem solchen; (3) Wenn ein Lehrer das Zeichen gibt, das Klassenzimmer zu verlassen, tu dies sogleich und schweigend.

Der C4R-Disziplinierungsprozeß ist eine genaue Analogie zu unserem Rechtssystem. Alle Schüler kennen die drei Regeln der Schule und die Folgen, wenn man sie bricht. Es gibt bei »Verfehlungen« einen Prozeß, und der Schüler hat das Recht auf Beratung, da in diesem System bei Disziplinarvergehen der Lehrer/Berater des Kindes zu seinem Rechtsanwalt vor dem Direktor wird. Jedes Kind besitzt genaue Kenntnis über die Folgen einer Reihe von Übertretungen. Beispiel: Nach der sechsten Übertretung wird eine Konferenz mit dem Direktor, dem Berater des Kindes und seinen Eltern einberufen.

An dieser Stelle muß wiederholt werden, was ich zuvor gesagt habe: Die einzig wirksame Form von Disziplin in Schulen wie auch in Familien ist Selbstdisziplin, und man wird keine selbstdisziplinierten Kinder erleben, wenn Erwachsene Disziplin auferlegen und mit Machtmitteln durchsetzen. Wir müssen die traditionelle Disziplin abschaffen und uns neue, wirksamere Wege ausdenken, wie man Familien und Schulen leitet.

Gruppen brauchen Regeln

Die Verteidiger der »guten, alten Disziplin« und strenger Erwachsenenautorität gegenüber Kindern versuchen oft, ihre Position zu bekräftigen, indem sie behaupten, ohne eine solche Kontrolle von außen und die Disziplin von Erwachsenen würden chaotische Zustände herrschen – keine Regeln, keine Grenzen. Ein Freibrief für Kinder, alles zu tun, was sie wollen.

Die diese düsteren Warnungen ausstoßen, übersehen offensichtlich, daß die Familien und Schulen, die die strafende, auf Macht beruhende Disziplin abgeschafft haben, immer noch Regeln und Richtlinien besitzen, die das Verhalten ihrer Mitglieder steuern. Gar keine oder unwirksame Regeln sind nicht die einzige Alternative zu ausschließlich von Erwachsenen aufgestellten Regeln. Ich will das erklären:

Alle Gruppen, gleich welcher Größe oder welcher Art, brauchen Gesetze, Regeln, Vorschriften, Leitlinien oder ein Handlungsmodell. Ich sage ausdrücklich, daß sie benötigt werden und nicht abzuschaffen sind. Ohne sie würden Gruppen schnell in Verwirrung, Chaos und Konflikten versinken. Die Funktion von Regeln und Leitlinien kann unersetzlich sein. Sie können Mißverständnisse und Konflikte zwischen Menschen verhindern, Rechte und Privilegien definieren, regeln, was man in menschlichen Beziehungen als angemessen, gerecht und fair empfindet; sie können Leitlinien darstellen, um Menschen dabei zu helfen, welche Grenzen sie ihrem eigenen Verhalten setzen müssen.

Der kritische Punkt ist jedoch nicht, *ob* Gruppen Regeln brauchen, sondern wie man alle Gruppenmitglieder motiviert, sich ihnen zu fügen.

Irgendwann im Leben hat wohl jeder schon die Unlust gespürt, sich einer Regel oder Vorschrift zu fügen, an deren Aufstellung wir nicht mitgewirkt hatten. Ohne die Gelegenheit erhalten zu haben, sich an der Aufstellung einer Regel zu beteiligen, meinen die meisten Menschen, sie sei ihnen aufgezwungen worden und lehnen sie ab. Doch wenn man Menschen aktiv an der Festlegung einer Regel beteiligt, die sie betrifft, sind sie viel stärker motiviert, sich ihr auch zu fügen – und fühlen sich gewöhnlich verpflichtet, sie zu achten. Psychologen nennen dies das »Prinzip Partizipation« und haben dessen Kraft in zahlreichen Forschungsstudien bewiesen.

Diese Verpflichtung ist die Basis unserer V-Autorität, jener Autorität, die ihren Einfluß von der Verpflichtung des einzelnen auf eine Entscheidung ableitet, bei der er mitgewirkt hat, oder auf einen Vertrag, den er freiwillig eingegangen ist. Ein Hauptziel unserer Lehrer- und Elternkurse besteht darin, Eltern und Lehrer dahingehend zu beeinflussen, Kinder am Prozeß der Festlegung von Regeln zu beteiligen, die sie befolgen sollen, statt daß Erwachsene die Regeln allein aufstellen.

Wenn man Kindern die Gelegenheit gibt, an der Bestimmung der Leitlinien mitzuwirken und Regeln aufzustellen, geschehen mehrere gute Dinge. Die Kinder fühlen sich in sich wohler, verspüren höhere Selbstachtung und Selbstvertrauen. Am wichtigsten aber ist, daß sie das Gefühl bekommen, mehr Kontrolle über ihr Geschick zu haben, mehr persönliche Kontrolle über das eigene Leben. Sie fühlen sich auch als gleichberechtigte Mitglieder in der Familie, der Klasse oder Schule, mit gleichwertiger Stimme bei Entscheidungen und der Aufstellung von Regeln – sie gehören zu einem Team, sind keine Bürger zweiter Klasse. Das bedeutet, daß Familien und Klassen, die gemeinsam und demokratisch funktionieren, eine engere und herzlichere Beziehung zueinander haben als jene, in denen sich die Erwachsenen als Boß oder Autorität verstehen und von den Kindern erwarten, daß sie die Regeln befolgen, die sie für sie aufgestellt haben.

Ein weiterer Grund für die Förderung voller Teilhabe von Kindern bei Entscheidungen in der Familie wie in der Schulklasse ist, daß auf diese Weise oft bessere Lösungen für Probleme erzielt werden. Zwei Köpfe (oder drei, vier) sind besser als einer; gemeinsame Entscheidungen beruhen nicht bloß auf dem Wissen und der Erfahrung von Erwachsenen, sondern auch auf dem Wissen und der Erfahrung der Kinder. In meinem ersten Buch, *Group-Centered Leadership* (1955), habe ich darauf hingewiesen, daß in den meisten Diskussionen darüber, wer die klügste oder beste Entscheidung treffen kann, der Gruppenleiter gegen die Mitglieder gesetzt wird, wobei am Ende der Leiter gewinnt. Ich habe betont, daß dies nicht die richtige Fragestellung ist. Die Frage sollte vielmehr lauten: Wer kann die klügere Entscheidung treffen, der Gruppenleiter *ohne die Talente der Gruppe* oder die ganze Gruppe *mit dem Leiter*?

Meiner Meinung nach lautet die Antwort: Die ganze Gruppe, der Leiter eingeschlossen. Daher sollte die Mahnung: »Vater weiß am besten Bescheid«, die bedeutet, Vater wisse alles besser als Sohn oder Tochter, durch die vernünftigere Frage: »Aber weiß Vater alles besser, als Vater und Kinder zusammen?« beantwortet werden.

Zusammenfassend wollen wir noch einmal sagen, daß die Teilnahme von Kindern bei der Aufstellung von Regeln wichtige Vorteile hat: (1) höhere Motivation der Kinder, Regeln aufzustellen und sich ihnen zu fügen; (2) Entscheidungen von höherer Qualität; (3) engere, herzlichere Beziehung zwischen Kindern und Erwachsenen; (4) höhere Selbstachtung, Selbstvertrauen und ein Gefühl von Kontrolle über ihr Schicksal seitens der Kinder und (5) mehr persönliche Verantwortung und Selbstdiziplin.

Eltern, die an unseren Kursen teilgenommen haben, lieferten uns Hunderte von Beispielen, wie man das Mitwirkungsprinzip bei der Entscheidungsfindung und dem Aufstellen von Familienregeln benutzen kann. Wir haben eine Möglichkeit gefunden, diese Aufgabe zu erleichtern und zu systematisieren. Ein Instrument dafür ist der sogenannte Sechs-Schritte-Problemlösungsprozeß, den ich beschreiben werde.

Ich habe mir diese Schritte von dem Psychologen, Erzieher und Philosophen John Dewey abgeschaut, der glaubte, wenn man sie befolgt, würde man bei allen möglichen Problemen, denen man im Leben begegnen mag, zu kreativen Lösungsmöglichkeiten gelangen. Wir benutzen diesen Prozeß nicht nur als Leitlinie für individuelle Problemlösungen, sondern auch für Gruppen (Familien, Schulklassen, Arbeitsgruppen) oder wenn wir zwei oder mehr Personen helfen, ihre Konflikte zu lösen (eine besondere Art von Problem).

Der Sechs-Schritte-Prozeß der Problemlösung

Nun sind wir bereit, den tatsächlichen Prozeß, wie man in Gruppen Probleme löst, zu beschreiben, die Schritte, die gewöhnlich dazugehören, wenn man ein Problem angehen, eine gute Lösung dafür finden und die getroffene Entscheidung durchsetzen will. Um das zu veranschaulichen, benutze ich ein wirkliches Problem aus meiner eigenen Familie, das einige Jahre zurückliegt. Es ist ein in vielen Familien anzutreffenes Problem und ruft gewöhnlich eine Menge Streit und schlechte Gefühle hervor: Wer erledigt die Hausarbeit? Wie teilt man diese Arbeit auf?

Traditionell legen in Familien an sich die Eltern die Regeln über die Hausarbeit fest, und die Kinder wirken bei diesen Entscheidungen nur wenig oder gar nicht mit. Und wie zu erwarten, haben Kinder etwas dagegen, wenn sie gebeten werden, Hausarbeit zu erledigen, oder wenn man es ihnen aufträgt; daher übernehmen sie nur wenig Verantwortung dafür, sie pünktlich und sorgfältig zu erledigen, ohne daß die Eltern viel meckern und schimpfen. Die meisten Kinder betrachten Hausarbeit als ausschließliche Aufgabe ihrer Eltern. Das kann ja auch kaum anders sein, wenn die Eltern sie bitten, »Mama beim Abwasch zu helfen« oder »Papa beim Autowaschen zu helfen«, als »gehörten« diese Jobs Mama oder Papa.

Die Verteilung der Hausarbeit wird effizienter, wenn alle Familienmitglieder an dem Problemlösungsprozeß beteiligt werden; man sollte am Beginn eine Liste aller Arbeiten aufstellen, die in einem Haushalt erledigt werden müssen, um ihn am Laufen zu halten, und dann entscheiden, wer was wie oft und in welcher Qualität erledigt.
Ich kann mich noch heute genau an die Zusammenkunft in unserer Familie erinnern, als wir uns mit diesem Problem auseinandersetzten. Angeregt wurde die Konferenz von meiner Frau, weil sie feststellte, daß sie nach einem vollen Arbeitstag außer Haus noch einen ungewöhnlich hohen Anteil an Hausarbeit zu erledigen hatte.
Bei der Beschreibung der Problemlösung weise ich auch auf die besonderen Schritte hin, die unsere Familie tat, die gleichen sechs Schritte, die Eltern und Lehrer in unseren Kursen lernen. Wir empfehlen diese Schritte als Leitlinie für alle beteiligten Personen, gleich, welches Problem sie versuchen zu lösen, sei es ein persönliches (»Was will ich mit meinem Leben anfangen?«), sei es ein Familienproblem (»Welche Regeln sollten fürs Fernsehen gelten?«) oder ein Eltern-Kind-Konflikt (Der Sohn will ein Motorrad, aber Sie sind wegen der damit verbundenen Gefahren ausdrücklich dagegen).
Meine Frau Linda begann die Sitzung, indem sie ihr Problem mit einer angemessenen Ich-Botschaft benannte: *Schritt 1: Identifizierung und Definition des Problems.* »Ich finde es nicht gerecht, wenn ich genauso viel Hausarbeit erledige wie zu der Zeit, bevor ich die neue Stelle angetreten habe. Ich will, daß wir darüber eine Entscheidung treffen, wie wir die Hausarbeit gerechter verteilen. Ich möchte damit anfangen, daß wir alles aufschreiben, was hier erledigt werden muß.«
Michelle, die Tochter, die noch zu Hause lebt, und ich stimmten (nach anfänglichem Brummen) zu, Linda beim Aufstellen der Liste zu helfen, die zu unserem großen Erstaunen (natürlich nicht Lindas) am Ende sechsundzwanzig verschiedene Arbeitsgänge umfaßte.

Dann begannen wir, alternative Ideen zu entwerfen. *Schritt 2: Alternative Lösungen entwickeln.* »Suchen wir zuerst Jobs heraus, die wir gern erledigen«, und: »Wie kann man bestimmte Jobs miteinander kombinieren, wie Abendessen kochen und hinterher aufräumen, oder Katie (unseren Hund) waschen und füttern?« Die Auflistung zahlreicher solcher Lösungsvorschläge dauerte etwa eine halbe Stunde, dann kam ausgiebiges Einschätzen und Überdenken der verschiedenen Lösungsvorschläge, die uns eingefallen waren. *Schritt 3: Einschätzung der alternativen Lösungen.* »Ich finde es nicht fair, wenn ich mich um die Reparaturarbeiten bei beiden Autos kümmern soll«, oder: »Das Gießen der Topfpflanzen dauert nicht so lange wie das Einkaufen«, oder: »Das Aufräumen nach dem Abendessen sollte auch heißen, daß man Küche und Eßzimmer fegt«, und: »Wer räumt denn nach dem Frühstück auf?«. Schritt 3 nahm fast eine weitere halbe Stunde in Anspruch.

Schließlich waren wir in der Lage, die Entscheidungen festzulegen. Da ich die Aufgabe übernommen hatte, Protokoll zu führen, las ich die verschiedenen Aufgaben vor, die jedem von uns nun zugeschrieben worden waren, fragte aber häufig: »Hatten wir das so beschlossen?« *Schritt 4: Entscheidungen treffen.*

Wir waren immer noch nicht fertig, weil wir uns noch mit einigen schwierigen Details der Durchführung befassen mußten: »Wie oft muß Katie gewaschen werden?« »Wie bald nach dem Essen soll das Geschirr in die Spülmaschine eingeräumt und der Boden gefegt werden?« »Was ist, wenn wir zum Essen eingeladen sind oder auswärts essen?« »Wer macht die Einkaufsliste?« Die Festlegung dieser Durchführungsbestimmungen – *Schritt 5: Die Entscheidung durchführen* – dauerte weitere zehn Minuten.

Unser letztes Thema mußte auf einer späteren Sitzung abgehandelt werden, nämlich: »Wie stellen wir fest, ob unsere Entscheidungen gut waren und ob sie klappen?« *Schritt 6: Spätere Überprüfung.* »Was, wenn man es sich anders überlegt und eine bestimmte Aufgabe plötzlich nicht mehr erledigen will?« Wir kamen schließlich überein, unseren Entscheidungen eine Probezeit von mehreren Wochen zu geben. Und wenn dann jemand eine Klage hatte oder seine Pflichten wechseln wollte, konnte man eine Versammlung einberufen und alles diskutieren. Ich erinnere mich, daß das einzige Problem bei dieser Folgekonferenz Lindas Bemerkung darstellte, daß ich bei meinen zwei Abenden, an denen ich Essen kochte und aufräumte, vergessen hatte, den Boden zu fegen. Ich behauptete, der Boden sei mir sauber erschienen, aber sie entgegnete, sie habe am nächsten Tag sehr viel Staub und Brotkrumen auf der Kehrschaufel gehabt. Ich mußte zugeben, daß mich das Fegen nervte und ich es entweder vergaß oder bewußt nicht tat, in der Hoffnung, keiner würde es merken.

Unsere Entscheidungen über die Hausarbeit blieben mehrere Jahre unverändert, bis Michelle eines Tages erklärte, daß sie nicht mehr kochen wollte. Sie wollte nicht mehr an zwei Abenden pro Woche das Essen vorbereiten, dafür aber an allen sechs Abenden aufräumen. Ohne zu zögern, stimmten Linda und ich zu. Später gestanden wir beide uns, daß wir glaubten, dabei gut abzuschneiden, weil wir es leid geworden waren, daß Michelle an fast allen Abenden, an denen sie mit dem Kochen dran war, Hamburger servierte. Man sollte nun noch sagen, daß nicht alle Probleme sich auf diese übersichtliche Weise in sechs Schritten lösen lassen. Oft bietet jemand bei Schritt 2 eine so elegante Lösung an, daß keine anderen Möglichkeiten mehr entwickelt zu werden brauchen, und der Evaluierungsschritt, Schritt 3, fällt sehr kurz aus. Manchmal fällt es Leuten schwer, eine allgemein akzeptierte Lösung zustande zu bringen (Schritt 4), und so müssen sie zu Schritt 2 zurückgehen und weitere Lösungsmöglichkeiten überlegen oder sogar zu Schritt 1, um das Problem neu zu definieren.

Versuchen Sie, in dem folgenden Problemlösungsprozeß die sechs Schritte herauszufinden; es geht um einen Vater und eine Mutter mit zwei Kindern von sieben und neun Jahren. Einer der Eltern beschrieb die Zusammenkunft so:

Das Fernsehen geriet immer in Konflikt mit unserem Abendessen. Die Kinder wollten mit den Tellern zum Fernseher laufen und kamen nicht wieder an den Tisch zurück. Es gab immer viel Gemecker darüber. Bei einer Problemlösungssitzung der Familie brachte ich das Thema auf. Meine Frau und ich formulierten den Kindern gegenüber Ich-Botschaften. Das Fernsehen ärgere uns, die Eltern:

1. Mich ärgere es, weil ich gern mit den Kindern beim Abendessen rede – wenn ich von ihrem Tagesablauf höre, von meinem erzähle. Ich war verletzt, wenn ich das nicht tun konnte.

2. Für meine Frau war die Vorbereitung des Abendessens ein Problem. Sie mußte es warm halten, weil sie nie wußte, wann sie es auftragen konnte.

3. Wenn wir versuchten, sie, die Kinder, zum Essen am Tisch zu zwingen, gab es Theater, verletzte Gefühle, und niemand hatte mehr Spaß am Essen; wenn wir vor dem Fernseher aßen, blieben die Teller dort stehen, und meine Frau und ich fühlten uns beide unbehaglich, weil wir mit ihnen nicht mehr über den Tag reden konnten.

Danach drückten die Kinder ihre Bedürfnisse aus:

1. Die besten Sendungen für ihre Altersstufe kamen zwischen sechs und sieben Uhr.

2. Gewöhnlich arbeitete ich an zwei Abenden in der Woche, und meine Frau fand es dann in Ordnung, wenn die Kinder beim Essen fernsahen. Ich fand das auch in Ordnung.

3. Die Kinder boten an, an Wochentagen nicht fernzusehen. Ich fiel fast in Ohnmacht. Meine Frau und ich fanden das nicht akzeptabel, weil wir glaubten, das ginge zu weit. Es war ein Vorschlag, den sie vermutlich nicht einhalten konnten.

4. Sie antworteten, daß sie sich auf eine Sendung pro Tag

von Sonntag bis Freitag beschränken würden. Dem stimmten wir zu – mit der Möglichkeit von Ausnahmen. *Ende*: Das Theater ums Fernsehen hörte wirklich auf. Die Kinder suchen sich ihre Sendungen sorgfältig aus und halten sich an ihre selbstgewählte Begrenzung. Das war eine Lösung, die wir niemals erwartet hätten – aber es war wunderbar. Wir hatten abends Zeit für gemeinsame Spiele. Die Kinder hatten Zeit für ihre Hausaufgaben, und sie kamen früher ins Bett. Dieser gemeinsam akzeptierte Plan hielt anderthalb bis zwei Jahre. Dann hatten sich die Gewohnheiten herausgebildet, die Kinder waren älter und es bestand keine Notwendigkeit mehr für solche Regeln. Das Problem war einfach verschwunden. Bei uns zu Hause wird immer noch wenig ferngesehen.

Gespräche mit Eltern, die an Elterntrainingskursen teilgenommen haben, lieferten uns viele verschiedene Beispiele, wie sie mit ihren Kindern Probleme lösen. Mit der gleichen Sechs-Schritte-Methode haben Familien Richtlinien aufgestellt und Vereinbarungen getroffen, wenn es ums Fernsehen ging, um die Schlafenszeit, wann die Kinder zu Hause sein müssen, wie man einander wissen läßt, wo man ist, wie die Kinder sicher nach Hause kommen, wenn sie etwas getrunken haben, wie man den Swimmingpool sicher benutzt, wie man mit Fremden an der Tür umgeht, wie man gefährliche oder komplizierte Geräte handhabt, wohin man in die Ferien fährt – kurz, um Lösungen für alle möglichen vorstellbaren Probleme.

Es ist wichtig, darauf hinzuweisen, daß wir bei unseren Kursen keine bestimmte oder »beste« Lösung für Probleme vorschlagen oder vorschreiben. Wir bieten vielmehr einen Ablauf an, eine Methode – den Sechs-Schritte-Prozeß –, die allen Familien helfen wird, Lösungen für Probleme zu finden, die *in dieser einzigartigen Familie am angemessensten scheinen*. Verschiedene Familien bieten bei ein und demselben Problem die verschiedensten Lösungen.

Ich möchte auch betonen, daß die Sechs-Schritte-Methode

nicht immer die beste Lösung hervorbringt oder eine, die ein Problem für alle Zeiten löst. Manche Familien sehen, daß die erste Lösungsform nicht funktioniert, und müssen sich zusammensetzen und eine bessere finden. Vielleicht ändern sich die Bedingungen, die Kinder werden älter, die Familie zieht in eine neues Haus – eine jede solche Veränderung kann neue Regeln und neue Lösungen erforderlich machen. Zweifelsohne ist einer der Hauptvorteile dieses Problemlösungsprozesses seine Flexiblität und Anpassungsfähigkeit an neue Situationen.

Konfliktlösungen – die niederlagelose Methode

Das gemeinsame Regelsetzen soll Konflikte verhindern, und es klappt damit gewöhnlich viel besser, als wenn diese Regeln von Erwachsenen allein festgelegt werden. In Familien wie in Schulklassen entstehen jedoch sehr häufig Konflikte, für die es noch keine Regeln gibt. Das heißt, es muß etwas geschehen, um diese Konflikte zu lösen, weil sonst die Beziehung gefährdet ist. Wie werden Konflikte in menschlichen Beziehungen gewöhnlich gelöst?

Ich habe schon mehrfach betont, daß die meisten Eltern und Lehrer den Umgang mit Kindern in Begriffspaare wie »streng« oder »nachgiebig«, »hart« oder »weich«, »autoritär« oder »tolerant« fassen. Wenn man in solchem Schwarzweißdenken befangen bleibt, sieht man die Beziehung zu Kindern leicht als Machtkampf an, als Wettstreit zwischen verschiedenen Willenskräften, als Kampf darum, wer siegt und wer verliert. Ein Vater bemerkte einmal zu Anfang seines Elterntrainingskurses:

> Man muß früh anfangen, sie wissen zu lassen, wer der Herr im Haus ist. Sonst nutzen sie einen aus und beherrschen einen. Das ist das Problem bei meiner Frau – sie läßt die Kinder am Ende immer gewinnen. Sie gibt immer nach, und die Kinder wissen das.

Zwei Mütter von Jugendlichen drückten es so aus:

Ich versuche, meiner Tochter zu geben, was sie haben will. Aber dann leide ich gewöhnlich. Sie trampelt auf mir herum. Wenn man ihr den kleinen Finger reicht, nimmt sie immer die ganze Hand.

Mir ist egal, wie sie darüber denkt, und es ist mir auch völlig schnuppe, wie andere Eltern damit umgehen – meine Tochter läuft nicht mit Punkerfrisur herum. In diesem Streit gebe ich keinen Zoll nach. Diesen Kampf werde ich gewinnen.

Auch Kinder sehen ihre Beziehung zu den Eltern als einen Kampf an, in dem es nur Siegen und Verlieren gibt. Kati, eine aufgeweckte Fünfzehnjährige, deren Eltern sich sorgen, weil sie nicht mit ihnen redet, sagte uns in einem Gespräch:

Was bringen Gespräche denn schon? Sie gewinnen ja doch immer. Ich weiß das, noch ehe wir eine Diskussion anfangen. Sie setzen sich immer durch. Immerhin sind sie ja die Eltern. Sie wissen immer, daß sie recht haben. Daher lasse ich mich auf überhaupt kein Gespräch mehr ein. Ich verzieh' mich einfach und rede nicht mit ihnen. Natürlich ärgert sie das, aber das ist mir egal.

Ken, ein Oberschüler, hat gelernt, mit der Gewinner-Verlierer-Einstellung seiner Eltern auf andere Weise fertigzuwerden:

Wenn ich wirklich etwas will, gehe ich nie zu meiner Mutter, denn die reagiert immer sofort mit nein. Ich warte, bis Pa nach Hause kommt. Normalerweise kann ich ihn auf meine Seite ziehen. Er ist viel toleranter, und gewöhnlich bekomme ich von ihm, was ich will.

Eltern und Lehrer wollen häufig Konflikte beilegen, indem sie eine Lösung fordern, bei der *sie* gewinnen. Andere Eltern und Lehrer, allerdings sehr viel weniger, geben Kindern ständig nach, aus Angst, sie könnten »die Bedürfnisse des Kindes frustrieren«; in diesem Fall gewinnt das Kind, und der Erwachsene verliert.

Wir bezeichnen in unseren Kursen diese beiden Methoden

einfach als *Methode I* und *Methode II*. So funktioniert Methode I:

Wenn ein Konflikt zwischen einem Erwachsenen und einem Kind auftritt, beschließt der Erwachsene, welche Lösung angebracht ist, in der Hoffnung, daß das Kind sie akzeptiert. Wenn sich das Kind dagegen wehrt, droht der Erwachsene damit, Macht anzuwenden oder wendet sie tatsächlich an – M-Autorität –, um das Kind zu zwingen, sich zu fügen (*Erwachsener gewinnt, Kind verliert*).

Und so funktioniert Methode II:

Wenn ein Konflikt zwischen einem Erwachsenen und einem Kind entsteht, versucht der Erwachsene vielleicht, das Kind davon zu überzeugen, die Lösung des Erwachsenen zu akzeptieren. Doch wenn das Kind sich dagegen wehrt, gibt der Erwachsene entweder nach oder auf und erlaubt dem Kind, sich durchzusetzen (*Kind gewinnt, Erwachenser verliert*).

Es ist wohl jedem klar, daß Methode I davon abhängt, daß der Erwachsene über M-Autorität verfügt und gewillt ist, sie, falls erforderlich, anzuwenden. Die Wirkungen dieser machtbezogenen Methode auf den Verlierer sind vorhersehbar: Groll, wenig Bereitschaft, die Lösung zu akzeptieren, und eine Reaktion, die sich in einem oder mehreren der Bewältigungsmechanismen *Kampf, Flucht* oder *Unterwerfung* ausdrückt. Erwachsene zahlen einen hohen Preis für die Anwendung von Methode I – sie verschwenden viel Zeit damit, sie durchzusetzen (mit Nörgeln, Erinnern, Nachhaken, Drohen), sie riskieren, daß das Kind sich ihnen entfremdet, und sie verweigern dem Kind die Möglichkeit, sich an der Problemlösung zu beteiligen und dazu beizutragen, eine Lösung zu finden.

Methode II heißt nachgeben, indem man sich fälschlich tolerant verhält und die eigenen Bedürfnisse denen des Kindes opfert. Kinder, die von ihren Eltern Methode II gewohnt sind, haben selten einen Grund zu Rebellion, zu Feindseligkeit und Aggressivität; sie werden sich auch nicht anpassen oder unterwürfig reagieren. Doch diese Kinder setzen dann Wutausbrüche ein, um das zu bekommen, was sie wollen; sie lernen, wie man Eltern und Lehrern Schuldgefühle vermittelt; sie sagen häßliche, abwertende Dinge, um sich durchzusetzen. Sie wachsen mit dem Glauben auf, daß ihre eigenen Bedürfnisse wichtiger sind als die anderer Menschen. Das Leben solcher Kinder besteht nur aus Wollen und Nehmen; sie sind unkooperativ und nehmen auf die Bedürfnisse anderer keine Rücksicht. Sie sind nicht sehr liebenswert.

Kinder, die zu Hause immer ihren Willen durchsetzen, erwarten das ganz ähnlich auch im Kontakt mit ihren Altersgenossen. Aber die sehen sie als »verwöhnt« an. Das gleiche gilt für die Lehrer (von denen die meisten daran gewöhnt sind, in der Klasse *ihren* Willen durchzusetzen).

Methode II bewirkt beim Erwachsenen Groll und Wut. Es ist schwer für Eltern und Lehrer, Zuneigung gegenüber einem Kind zu empfinden, das rücksichtslos, unkooperativ und nicht zu bändigen ist. Eltern, die sich der Methode II bedienen, empfinden die Elternschaft gewöhnlich als Belastung, und sie freuen sich schon darauf, wenn die Kinder alt genug sind, um aus dem Haus zu gehen. Elternschaft ist für diese Mütter und Väter nur selten eine Freude. Das ist sehr traurig. Glücklicherweise stellten wir fest, daß nur 10 Prozent aller Eltern vornehmlich Methode II anwenden.

Da nur wenige Erwachsene in ihrer Kindheit etwas anderem als Methode I oder II begegnet sind, wenn sie mit Eltern oder Lehrern einen Konflikt hatten, sind sie überrascht, wenn wir in unseren Eltern- und Lehrerkursen eine dritte Methode zur Konfliktlösung anbieten – eine gewinner- oder niederlagelose Methode, eine Alternative zu den beiden Sieg-Niederlage-Methoden. Und so funktioniert Methode III, die niederlagelose Methode:

Wenn ein Konflikt zwischen einem Erwachsenen und einem Kind eintritt, bittet der Erwachsene das Kind, sich an der gemeinsamen Suche nach einer Lösung zu beteiligen, die für beide annehmbar ist. Beide können mögliche Lösungen vorschlagen, die dann eingeschätzt werden. Es wird eine für beide Seiten akzeptable Entscheidung getroffen, welche Lösung die beste ist. Sie beschließen, wie sie ausgeführt wird. Dazu braucht man keinen Zwang, denn es wird keine Macht eingesetzt, sondern V-Autorität.

Ein Konflikt ist an sich nichts Schädliches. In allen Beziehungen gibt es Meinungsverschiedenheiten und Unterschiede. Wenn nie Konflikte vorkommen, könnte es sein, daß die Kinder zu eingeschüchtert sind, um die Eltern oder den Lehrer herauszufordern. Ein Konflikt wird jedoch destruktiv, indem man die »Ich-gewinne-du-verlierst«-Methode (oder umgekehrt) anwendet, denn beide bedeuten Wettkampf.

Der Psychologe Morton Deutsch, ein wichtiger Forscher auf dem Gebiet »Kooperation versus Wettbewerb«, bezeichnet diesen Unterschied präzise in seinem Buch *Distributive Justice* (1985).

> Ein kooperativer Prozeß führt zur Definition widerstreitender Interessen als gemeinsames Problem, das durch gemeinsame Anstrengung gelöst werden soll. Dies ermöglicht die Anerkennung der Rechtmäßigkeit der Interessen des anderen und der Notwendigkeit, nach einer Lösung zu suchen, die alle Bedürfnisse berücksichtigt. Im Gegensatz dazu löst eine Auffassung, nach der es nur eine Lösung des Konfliktes gibt, die der einen Seite von der anderen aufgezwungen wird, rivalisierendes Verhalten aus – durch überlegene Kraft, Täuschung oder Gerissenheit.

Kooperation ist nicht das Gegenteil von Konflikt. Sie schafft vielmehr ein Klima, in dem Konflikte vorkommen, aber auch kreativ und produktiv gelöst werden können, indem man die vergiftenden Wirkungen von Sieg/Niederlage und Machtkampfhaltungen vermeidet, die die meisten Menschen in ihren Beziehungen in einer solchen Position einnehmen. Im Geiste solcher Kooperation benutzen die Absolventen unserer Lehrer- und Elternkurse die niederlagelose Methode, um gemeinsam für Erwachsene wie Kinder akzeptable Lösungen zu finden.

Es ist keine Methode, die man nur bei älteren Kindern anwenden kann; die niederlagelose Methode funktioniert überraschenderweise auch bei sehr kleinen Kindern. Es folgt eine kurze Konfliktlösungssituation mit dem dreijährigen Jan und seiner Mutter, die den Dialog so schilderte, wie er sich ihrer Erinnerung nach abgespielt hatte:

Jan: »Ich will nicht zu meiner Tagesmutter.«

Mutter: »Du gehst also nicht gern zu Frau Crockett, wenn ich zur Arbeit muß.«

Jan: »Nein, ich will nicht gehen.«

Mutter: »Ich muß arbeiten gehen, und du kannst nicht allein zu Hause bleiben. Können wir irgend etwas tun, damit es für dich einfacher ist dortzubleiben?«

Jan (nach einer Weile): »Ich könnte auf dem Gehsteig warten, bis du wegfährst.«

Mutter: »Aber Frau Crockett möchte, daß du drinnen bei den anderen Kindern bist, damit sie weiß, wo du bist.«

Jan: »Ich könnte ja vom Fenster aus gucken, wenn du abfährst.«

Mutter: »Ginge es dir dann besser?«

Jan: »Ja.«

Mutter: »In Ordnung, das versuchen wir beim nächsten Mal.«

Die niederlagelose Methode kann sogar bei Säuglingen angewendet werden, der einzige Unterschied besteht darin, daß die Problemlösung vorwiegend nonverbal vor sich geht. Ich erinnere mich noch gut an einem Vorfall in meiner eigenen Familie, als meine Tochter Judy noch sehr klein war.

Als Judy, meine älteste Tochter, fünf Monate alt war, machten wir einen Monat Urlaub in einer Hütte an einem See. Vor dieser Reise ging es uns gut, denn sie schien zwischen elf Uhr abends und sieben Uhr morgens nie eine Mahlzeit zu brauchen. Doch die neue Umgebung änderte das. Sie wachte nun immer um vier Uhr morgens auf und wollte gefüttert werden. Das war um diese Nachtzeit in der Hütte sehr lästig. Im September war es in dieser Gegend nachts schon ziemlich kalt. In der Hütte war es eisig, denn es gab da nur einen Ofen, in dem man Holz verfeuern konnte. Das bedeutete, wir mußten entweder ein richtiges Feuer anzünden, oder uns in Decken hüllen, um eine Stunde lang warm zu bleiben, während wir das Fläschchen kochten und sie fütterten. Beides war gleich unangenehm, und wir fanden, es war ein echter Konflikt zwischen verschiedenen Bedürfnissen und suchten nach einer gemeinsamen Lösung.

Meine Frau und ich überlegten, und ich beschloß, dem Kind eine Alternative anzubieten, in der Hoffnung, Judy würde sie annehmen. Statt sie um 11 Uhr abends zu wecken und zu füttern, ließen wir sie bis Mitternacht schlafen, dann weckten und fütterten wir sie. Am folgenden Morgen wachte sie erst um fünf Uhr auf. Das war schon ganz gut.

Am nächsten Abend gaben wir uns besondere Mühe, ihr mehr Milch als üblich einzuflößen und legten sie um halb eins schlafen. Es klappte – sie ließ sich sozusagen darauf ein. Am nächsten und allen folgenden Morgen wachte sie erst um sieben Uhr auf, und dann wollten wir ohnehin aufstehen, um hinaus auf den See zu kommen, weil die Fische dann am besten bissen. Auf diese Weise hatte niemand verloren, sondern alle gesiegt.

Auch auf der nonverbalen Ebene klappen die Problemlösungsprozesse gewöhnlich in den sechs Schritten, wie bei dem folgenden Vorfall, den die Eltern eines kleinen Kindes für uns aufschrieben.

> Mein Baby schrie und brüllte in seinem Laufställchen, rüttelte an den Stäben und machte großes Theater, um herauszukommen. Ich wollte ihn aber nicht zwischen den Beinen haben, denn ich mußte das Haus aufräumen, ehe unser Besuch kam. *(Schritt 1: Das Problem identifizieren und definieren)*. Ich dachte, ich probiere es mit Methode

III, und bot ihm verschiedene Lösungen an. Zuerst gab ich ihm die Flasche, die noch halbgefüllt mit Milch war. *(Schritt 2: Alternative Lösungen entwickeln)*. Aber er schmiß die Flasche weg und schrie noch lauter. *(Schritt 3: Die alternativen Lösungen einschätzen)*. Ich versuchte, ihm eine Rassel in den Laufstall zu geben *(zurück zu Schritt 2:)*, aber er ignorierte sie und brüllte und rüttelte weiter an den Stäben *(wieder Schritt 3)*. Schließlich erinnerte ich mich an ein kleines, buntes Schmuckstück, das ich vor einiger Zeit gekauft und eingewickelt hatte. Ich ging zum Schrank, holte es heraus und gab ihm die hübsch verpackte Schachtel *(zurück zu Schritt 2)*. Er hörte sofort zu weinen auf, begann mit der Schachtel zu spielen und versuchte, das Band abzuwickeln. *(Schritt 4: Entscheidung)*. Eine halbe Stunde lang konnte er sich damit beschäftigen, während ich meine Hausarbeit erledigte. *(Schritt 5: Die Entscheidung durchführen)*. Jedesmal, wenn ich wieder ins Zimmer kam, um nach ihm zu sehen, beschäftigte er sich noch mit dem Gegenstand *(Schritt 6: Spätere Überprüfung)*.

Die Mutter hat nicht verloren, das Kind hat nicht verloren – beide haben gewonnen! Alles wurde ohne sprachliche Kommunikation erreicht.

Bei diesen wenigen Beispielen der niederlagelosen Methode geht es um sehr kleine Kinder. Ich habe sie bewußt ausgewählt, um zu zeigen, daß die Technik auch mit Säuglingen klappt.

Die frühe Anwendung der niederlagelosen Methode kann auch als wirksame *Präventivhandlung* betrachtet werden – das heißt, die größten Vorteile zeigen sich erst ein paar Jahre später. Wenn man bei kleinen Kindern mit leichteren Problemen beginnt, fährt man später besser, wenn es um die schwierigeren Probleme von älteren Jugendlichen geht (wie Konflikte über Taschengeld, Benutzung des Autos oder Telefons, laute Musik, Kleidung usw.). Ein noch größerer Vorteil ist, daß es weniger, viel weniger Konflikte mit dem

Heranwachsenden geben wird als allgemein üblich. Statt der Sturm- und Drangjahre oder manchmal sogar der Tragödien, die viele Eltern erleben, wenn ihre Kinder in der Pubertät sind, ist es sehr wahrscheinlich, daß diese Phase für die Beziehung zwischen Eltern und Teenagern Zufriedenheit und Freude bringt. Wie kann ich eine solche Vorhersage mit so großer Sicherheit treffen?

Bei den meisten Aktivitäten macht Übung den Meister. Genauso ist es bei der Konfliktlösung durch gemeinsam erzielte Abmachungen und Lösungen. Wenn man damit beginnt, solange die Kinder noch klein sind, schaffen die Eltern ein Muster und etablieren ein Verfahren, Konflikte immer so zu lösen, daß niemand verliert. Und je häufiger Sie dies tun, umso leichter wird es für beide. Immer wenn ein Konflikt entsteht, entwickelt sich auf beiden Seiten automatisch die Haltung: »Ich möchte einen Weg finden, bei dem meine und deine Bedürfnisse gleichzeitig erfüllt werden.« Und wenn man das schon immer erfolgreich geschafft hat, fühlen sich beide Seiten bereit (und in der Lage), es immer wieder zu tun.

Wenn man über lange Zeit hinweg mit der niederlagelosen Methode Erfolg hatte, reagieren weder Sohn noch Tochter auf neue Konflikte, indem sie eine feindselige Haltung einnehmen und sich auf einen Machtkampf vorbereiten. Sie haben eine völlig neue Einstellung gelernt und die Grundregeln festgelegt. Sie haben gelernt, wie man Konflikte durch Reden, nicht durch Kämpfe löst: indem man verhandelt, nicht streitet, indem beide Partner gewinnen – nicht, indem einer verliert. Sie werden feststellen, daß die meisten Konflikte gar nicht bis an den Verhandlungstisch gelangen; statt dessen werden sie rasch informell und ohne große Emotionen gelöst. Wir nennen dies »Schnellösung«. Probleme gelangen nur selten in das Stadium, in dem man sagt: »Wir haben einen Konflikt«.

Statt den anderen als Gegner zu betrachten, wie so viele Jugendliche ihre Eltern, wird Ihr Sohn oder Ihre Tochter in

Ihnen einen Freund und Helfer sehen. Sie werden in Ihrer Beziehung viel mehr gegenseitige Zuneigung erleben, mehr Respekt und mehr Liebe.

Wenn Werte aufeinanderprallen

Es gibt in allen Familien Konflikte, die sich durch die niederlagelose Methode nicht lösen lassen. Es handelt sich um die zahllosen Konflikte über die den Kindern »heiligen« Werte und Einstellungen, ihren persönlichen Geschmack, Kleidungsstil, Lebensphilosophie und Freundeskreis. Die niederlagelose Methode ist manchmal bei der Lösung von Wertekonflikten nicht angemessen, denn die Jugendlichen haben das Gefühl, ihre Einstellungen seien unverrückbar und stünden nicht zur Debatte. Sie glauben, das Recht auf eigene Werte, Einstellungen und Vorlieben zu haben. Es ist eine Frage ihrer Grundrechte, und die heutige Jugend, wie die früherer Generationen, wird solche Rechte immer hartnäckig verteidigen. Sie rebellieren gegen die Versuche der Erwachsenen, sie in die Erwachsenenform zu pressen, wenn diese sie zwingen, sich so zu verhalten, wie *sie* es als richtig empfinden. Sie wollen darüber auch nicht verhandeln, weil sie ihre Werte als unveräußerlich betrachten.

Jugendliche sind in der Regel bereit, sich an einem niederlagelosen Problemlösungsprozeß zu beteiligen, wenn ihnen deutlich klar ist, daß ihr Verhalten das Leben anderer spürbar beeinträchtigt. In solchen Fällen sind sie allgemein bereit, das Problem zu lösen und ihr Verhalten zu ändern, das für den anderen inakzeptabel ist. Und sie sind bereit, die Bedürfnisse anderer zu respektieren. Sie sind jedoch nicht bereit, ein Problem zu lösen und darüber zu verhandeln, wenn sie nicht erkennen können, daß es den anderen auf spürbare, konkrete Weise berührt.

Kinder unterscheiden sich in dieser Hinsicht nicht von Erwachsenen. Wie viele Erwachsene sind schon bereit, ihr

Verhalten zu ändern, weil jemand anders das für richtig hält? Wenn Erwachsene sich an einer Problemlösung beteiligen, müssen sie ebenfalls überzeugt sein, daß ihr Verhalten eine andere Person spürbar trifft.

Die niederlagelose Methode zur Konfliktlösung ist also nicht angebracht, wenn es darum geht, die Werte und Einstellungen von Jugendlichen zu ändern, damit sie den Erwachsenen passen. Damit ein Kind eine Einstellung ändert, müssen die Eltern überzeugend darstellen, daß das Verhalten des Kindes eine negative Auswirkung auf ihr Leben hat. Ohne diese Überzeugung kann das Kind die Haltung einnehmen, daß sein Verhalten niemanden etwas angeht.

Hier einige Verhaltensweisen, die nach Aussagen von Erwachsenen in unseren Kursen für die Kinder nicht »verhandelbar« sind:

- Löcher in den Ohrläppchen
- Miniröcke, enge Jeans, ausgelatschte Turnschuhe
- Punkfrisuren
- Ein Freund, der den Eltern nicht gefällt
- Die Schule abbrechen und Rockmusiker werden
- Einer anderen Religionsgemeinschaft beitreten als der der Eltern
- Zigaretten rauchen
- Keine Schularbeiten machen
- Sich mit Angehörigen einer anderen Rasse oder Religion verabreden
- Zu spät ins Bett gehen
- Das Taschengeld für albernes Zeug ausgeben
- Haschisch rauchen

Nehmen Sie eine der oben angeführten Verhaltensweisen. Stellen Sie sich vor, Ihre Tochter hat eine Punkfrisur. Können Sie überzeugend vertreten, daß eine Punkfrisur Sie auf spürbare, konkrete Weise betrifft? Also, ich verliere wegen der Punkfrisur meiner Tochter nicht meine Stelle, sie führt bei mir nicht zu Einkommensverlusten, sie verhindert nicht, daß ich Freunde meiner eigenen Wahl treffe, sie beeinträchtigt nicht mein Tennisspiel, führt bei mir nicht zu Übergewicht, hält mich nicht davon ab, dieses Buch zu schreiben, kostet mich weder Geld noch Zeit.

Die Wahrheit ist doch, daß ich meiner Tochter vermutlich niemals klarmachen könnte, die Punkfrisur beeinträchtige mein Leben oder verstieße sonstwie gegen meine Bedürfnisse. Warum sollte man dann die Bereitschaft von ihr erwarten, etwas sein zu lassen, was sie offenkundig will und schätzt?

Besteht also für Lehrer und Eltern keine Hoffnung, die Wertvorstellungen der Kinder zu beeinflussen – kein Weg, deren »heilige« Einstellungen und Haltungen zu überwinden, keine Möglichkeit, ihnen etwas anderes beizubringen, als das, woran sie so fest glauben? Glücklicherweise können Erwachsene auf die Wertvorstellungen der Kinder Einfluß nehmen – und zwar sogar sehr entschieden.

Zunächst einmal lehren Eltern und Lehrer, was sie glauben, indem sie ihr eigenes Leben danach führen – sie lehren durch ihr Beispiel, indem sie Vorbild sind, auch praktizieren, was sie predigen. Und je besser die Beziehung zwischen Eltern und Kind ist, umso stärker dieser Vorbildeinfluß. Das liegt daran, daß Kinder sich eher die Werte von Erwachsenen aneignen, die sie mögen und respektieren.

Eltern und Lehrer können Kinder auch beeinflussen, indem sie ihr Wissen, ihre Erfahrung und Weisheit so mitteilen, wie ein Therapeut es bei einem Klienten tut. Um in dieser Beraterfunktion wirksam zu sein, müssen Eltern und Lehrer jedoch den gleichen Prinzipien folgen wie erfolgreiche Therapeuten:

- Es ist wichtig, daß Sie von Ihrem Kind oder Schüler »angestellt« werden, das heißt, ob er oder sie um Ihre Dienste gebeten hat und Ihre E-Autorität wünscht. Fragen Sie die Kinder, ob sie von Ihnen Fakten und Meinungen hören wollen.
- Achten Sie darauf, was das wahre Problem des Kindes

oder Schülers ist. Das hilft bei der Entscheidung, welche Information oder Erfahrung angemessen für die Weitergabe ist und ob Sie tatsächlich diese Informationen oder Erfahrung zu geben haben.

- Teilen Sie sich lieber mit, statt zu predigen; bieten Sie an, statt aufzudrängen, schlagen Sie lieber vor, statt zu verlangen.
- Drängen Sie die Jugendlichen in Ihrem Beratungsversuch nicht, doch anzunehmen, was Sie anzubieten haben. Beschämen Sie sie nicht, wenn sie es ablehnen. Drängen Sie nicht weiter, wenn Sie auf Widerstand stoßen.
- Lassen Sie die volle Verantwortung dafür, ob sie Ihre Erfahrung annehmen oder ablehnen wollen, bei den Kindern.
- Benutzen Sie Ihr wichtigstes Hilfsmittel – aktives Zuhören.

Die meisten Erwachsenen begehen den Fehler, zu hart zu drängen, und dann reagieren die Kinder mit einem: »Laß mich in Ruhe«, »Bleib mir vom Hals«, »Das ist mein Leben« oder: »Ich weiß doch, wie du darüber denkst«.

Ein Vater erzählte, wie er in der Familie ausprobierte, was er über wirkungsvolle therapeutische Beratung gelernt hatte:

> Mein Sohn hatte beschlossen, mit zwei Jungen aus der Nachbarschaft Marihuana anzubauen. Einer der Jungs hatte das schon ein paar Mal gemacht – er hat ziemlich große Probleme mit seinen Gefühlen. Daher tauschte ich mich mit meinem Sohn einmal, nur ein einziges Mal darüber aus, wie ich darüber dachte: »Ich finde, ›Gras‹ anbauen ist deine Sache, solange es nicht auf unserem Grundstück ist, wo wir in Schwierigkeiten kommen könnten. Du solltest auch daran denken, daß du mit drin hängst, wenn dieser Junge geschnappt wird. Höchstwahrscheinlich dealt er, um Geld zu verdienen, und das macht dich auch zu einem Dealer, und das ist illegal.« Mehr habe ich nicht gesagt, nur einmal ganz laut, wie ich darüber denke. Habe seitdem nichts mehr dazu gesagt,

aber ich meine, ich habe meinen Ratschlag gegeben. Vor der Teilnahme am Elternkurs hätte ich ihm die Hölle heißgemacht.

Ob es bei der Kollision von Wertvorstellungen um Schularbeiten geht, um Rauchen, vorehelichen Sex, Kleidungsstil, Noten, Freundeswahl oder Drogen: Sie müssen sich vielleicht zugestehen, daß weder Vorbildsein noch ein guter Therapeut sein den Konflikt zwischen Ihnen und Ihrem Kind lösen kann. Trotz des Kummers, ständig mit unterschiedlichen Werten zu leben, wäre es schlimmer, wenn Sie etwas täten, was die Beziehung langfristig zerstören würde. Ihre einzige Alternative ist also, die Tatsache zu akzeptieren, daß Sie das Kind nicht ändern. Mancher Leser wird sich an das Gebet erinnern, das man beim Zusammenprall von Wertvorstellungen im Kopf haben sollte:

> Herr, gib mir den Mut zu ändern, was ich ändern kann, die Gelassenheit, zu akzeptieren, was ich nicht ändern kann, und die Weisheit, den Unterschied zwischen beidem zu erkennen.

Eltern und auch Lehrer brauchen manchmal viel Gelassenheit dabei, zu akzeptieren, was sie nicht ändern können, denn sie werden unweigerlich Wertekonflikte erleben, die sie nicht lösen können, wenn ihr Vorbild und ihre besten therapeutischen Bemühungen nicht ausreichen, einen Jugendlichen darin zu beeinflussen und zu ändern, was ihm oder ihr hoch und heilig ist.

Kapitel Acht

Wie man Kindern hilft, Probleme selbst zu lösen

In den letzten beiden Kapiteln ging es vor allem darum, wie man Kinder beeinflußt, den Bedürfnissen von Erwachsenen rücksichtsvoller zu begegnen – wie Eltern und Lehrer Kinder dazu veranlassen können, inakzeptables Verhalten zu ändern, sich ihren Regeln zu fügen und Vereinbarungen einzuhalten. Wie wir gesehen haben, motivieren auf Beeinflussung beruhende Methoden die Kinder viel eher, ihr Verhalten zu ändern, damit die Bedürfnisse von Erwachsenen erfüllt werden, als die auf Kontrolle gegründeten, strafenden Methoden.

Dennoch müssen wir erkennen, daß selbst die auf Beeinflussung beruhenden Methoden manchmal scheitern, wenn Eltern und Lehrer nicht das gleichwertige Recht des Kindes auf Befriedigung *seiner* Bedürfnisse respektieren, und wenn die Erwachsenen sich keine Mühe geben, ihnen dabei zu helfen. Ich formuliere dies als ein Prinzip, das jeder Erwachsene auswendig lernen sollte: *Kinder werden Ihnen, wenn Sie ein Problem mit ihrem Verhalten haben, nicht helfen, wenn sie nicht das Gefühl haben, auch Sie versuchten im Alltag stets, ihnen zu helfen, wenn sie ein Problem haben.* Mit anderen Worten, nur wenn das Kind das Gefühl hat, daß die Beziehung umkehrbar ist – gerecht, zweiseitig, fair, gleichberechtigt –, wird es sich die Mühe geben, sein Verhalten zu ändern, um Ihnen zu gefallen.

Kooperative, rücksichtsvolle Jugendliche, die sensibel auf die Bedürfnisse, Gefühle und Probleme von Erwachsenen zu reagieren scheinen, sind meist die, denen Eltern und Lehrer häufig demonstriert haben, daß sie sensibel auf *ihre* Bedürfnisse, Gefühle und Probleme reagieren. Wenn man Kindern sagt, Dinge, die sie tun oder unterlassen, seien inakzeptabel und ärgerlich, werden sie kaum geneigt sein, sich zu ändern oder anzupassen, wenn der Erwachsene stets unwillig ist, ihnen zu helfen, oder ihnen nicht helfen konnte, wenn sie einmal irgendwo der Schuh drückte. Daher ist es für Eltern und Lehrer von größter Wichtigkeit, zu lernen, wie man Kinder wirksam bei Problemen helfen kann.

Es gibt einen weiteren zwingenden Grund für Eltern, zu lernen, den eigenen Kindern beim Problemlösen zu helfen und deren Bedürfnisse zu erfüllen. Kinder, die frustriert, unsicher, ängstlich oder unglücklich sind, weil sie nie erfolgreich eigene Probleme lösen konnten, neigen viel stärker zu antisozialem, selbstschädigendem Verhalten, das für Eltern und Lehrer unannehmbar ist – Verhalten, das wiederum Erwachsenen schwerwiegende Probleme bereiten kann, das andere verletzt, das Disziplinarmaßnahmen nach sich zieht, das man als »rebellisch« bezeichnet, »antisozial«, »störend«, »pathologisch«, »wild«, »selbstzerstörerisch«, »unkontrolliert«, »kriminell«, »undiszipliniert«.

Wenn Eltern und Lehrer lernen, Hilfe zu leisten, und dies auch tun, verhüten sie derart abweichendes Verhalten. Leider erkennen die meisten Eltern nicht, wie bedeutsam ihr eigenes Verhalten dafür ist, genau das Verhalten bei ihren Kindern zu verhindern (oder zu bewirken), das sie am meisten fürchten: Aggressivität, Drogen- und Alkoholmißbrauch, Schulversagen oder -abbruch, Depressionen, Frühschwangerschaften, Diebstahl, Gewalt, Selbstmord usw.

Es ist tragisch, wie viele Eltern nicht begreifen, daß antisoziales und selbstzerstörerisches Verhalten nicht genetisch in ihren Kindern vorprogrammiert ist, das heißt, daß es nicht auftritt, weil sie Pech haben, zu viel fernsehen oder allgemein »der Respekt vor den Autoritäten abnimmt«. Diese Verhaltensweisen sind die Methoden der Jugendlichen, mit ungelösten Problemen fertigzuwerden. Es sind panische Versuche, unbefriedigte Bedürfnisse und Frustrationen zu kompensieren, ein Weg, sich in der Beziehung zu anderen zugehörig und bedeutsam zu fühlen. Es sind von Rachegefühlen bestimmte Methoden, anderen die selbsterlebten Verletzungen und Mängel heimzuzahlen, wie auch eine Herausforderung an diejenigen, die versucht haben, sie zu kontrollieren; ein verzweifelter Versuch, die anderen auf sich aufmerksam zu machen.

Viel zu viele Eltern, auch sehr gebildete, glauben, daß Scheitern und Versagungen für Kinder gut sind, während Erfolg und Bedürfnisbefriedigung sie schwäche oder verwöhne. Es gibt allerdings ausreichend Beweise, daß erfolgreich wirkende Problemlösungsmethoden und die Befriedigung der Grundbedürfnisse die Hauptfaktoren in der Entwicklung gesunder, kooperativer, rücksichtsvoller, selbstverantwortlicher, selbstdisziplinierter Individuen sind. Daraus folgt, daß Erwachsene, die fähig sind, Kindern beizubringen, wie diese lernen, ihre eigenen Probleme zu lösen und ihre Grundbedürfnisse zu befriedigen, mit hoher Wahrscheinlichkeit Kinder haben werden, wie sie sich alle Eltern wünschen. Ebenso werden Lehrer, die die Fähigkeit erlernen, den Schülern zu helfen, ihre Probleme zu lösen und ihre Bedürfnisse zu befriedigen, das Auftreten von Disziplinarproblemen in ihren Klassen stark reduzieren.

Aber helfen nicht die meisten Eltern bzw. Lehrer ihren Kindern bzw. Schülern, wenn diese Probleme haben? Nach meiner Erfahrung geschieht das leider in den meisten Fällen nicht. Viele versuchen natürlich, hilfsbereit zu sein, aber die meisten sind dabei so erfolglos, daß das, was sie tatsächlich tun oder sagen, bei den Kindern nicht als hilfsbereit, sondern oft sogar als schädigend ankommt. Die meisten Eltern und Lehrer bekommen, ohne daran große Schuld zu tragen, keine guten Noten als Berater ihrer Kinder; so beklagen sich viele Kinder darüber, daß die Erwachsenen keine guten Zuhörer seien oder sie nicht verstünden.

Gibt es bestimmte, zuverlässig wirkende Methoden und Fertigkeiten, die anderen dabei helfen, ihre Probleme zu lösen? Und wenn es sie gibt, kann man sie Eltern und Lehrern dann beibringen? Meine Antwort auf beide Fragen lautet eindeutig ja. Wir wissen heute eine Menge darüber, wie man anderen wirksam helfen kann, ihre Probleme zu lösen. Experten, die dieses neue Wissen in ihrer Tätigkeit nutzen, zählen zu den sogenannten »helfenden Berufen«. Sie arbeiten als Berater und Therapeuten bei den Sozialdiensten, Kirchen, Krankenhäusern, bei großen Firmen und praktizieren privat. Dazu gehören Psychologen, Psychiater, Sozialarbeiter, Seelsorger usw. In den letzten Jahren haben wir zudem bewiesen, daß Eltern und Lehrer von diesen Experten lernen können.

Diese wirksamen neuen Methoden nennt man »Grundfertigkeiten des Helfens«, »Beratungsfähigkeit« oder »Förderung«. Wie man diese Methode anfangs herausfand, ist schon eine interessante Geschichte für sich:

Anfang der vierziger Jahre war eine Reihe von Diplompsychologen, darunter auch ich, angeregt durch die Therapiekurse des Psychologen Carl Rogers, daran interessiert, herauszufinden, was sich wirklich abspielte, wenn Menschen mit Problemen zu professionellen Beratern gingen. Was taten die Therapeuten hinter den geschlossenen Türen ihrer Praxen? Was half den Menschen, ihre Probleme zu lösen? Was verhinderte es?

Diese Hochschulabsolventen, alle wissenschaftlich ausgebildet, erkannten schon zu Beginn ihrer Forschungen, daß sie zunächst einmal eine Reihe von Therapiesitzungen auf Band aufnehmen mußten. Das war noch nie zuvor geschehen. Zunächst dachten wir, wir müßten diese Aufnahmen heimlich machen, damit wir die Klienten nicht in Verlegenheit brachten. Doch das verstieß gegen unsere Berufsethik. Wir beschlossen daher, das Mikrofon für den Klienten sichtbar hinzustellen, ihn zu informieren, daß wir die Tonbandaufzeichnung für Forschungszwecke brauchten, daß alle zur Identifizierung nutzbaren Teile gelöscht würden und alle Beteiligten letztendlich die Entscheidung treffen konnten, ob das Band benutzt wurde oder nicht. Nicht nur gaben fast alle Klienten ihre Zustimmung, sondern es schien auch den Beratungsprozeß in keiner Weise zu stören.

Die Hunderte von transskribierten Bändern von dreiviertelstunden langen Sitzungen stellten unserer Gruppe Unmengen von Rohmateriel zur Verfügung, das wir brauchten, um herauszufinden, um was es bei einer guten Therapie eigentlich ging. Die fertigen Studien, meist Doktorarbeiten, machten ein neues Feld der wissenschaftlichen Forschung urbar – die Erforschung des Prozesses und der Ergebnisse, wenn man Menschen mit persönlichen Problemen hilft. Mit der krativen Unterstützung und Anleitung von Rogers, unserem geistigen Führer und Sponsor, wurden diese Wissenschaftler (Elias Porter, Julius Seemann, Bernard Covner, Elizabeth Sheerer, Dorothy Stock, William Snyder, Virginia Axline, Victor Raimy, Nathaniel Raskin, Nicholas Hobbs, Donald Grummon, Arthur Combs, George Muench, Thomas Gordon) zu Pionieren auf einem neuen Gebiet, das als klientenzentrierte (oder personenzentrierte) Psychotherapie bekannt wurde.

Die Grenzen dieses neuen Gebiets wurden seitdem weiter ausgedehnt. Ausgehend von der ursprünglichen Konzentration auf den Prozeß, mit dem ein professioneller Berater einem Patienten mit Problemen hilft, umfaßt das Gebiet nun auch die Untersuchung der helfenden Prozesse in Beziehungen zwischen Eltern und Kind, zwischen Lehrer und Schüler, Chef und Untergebenem, zwischen Paaren, Arzt und Patient, Krankenschwester und Patient usw.

Wir stellten fest, daß die gleichen Fähigkeiten, die professionelle Therapeuten erlernen, um Menschen Problemlösungen zu erleichtern, auch Problemlösungen in anderen wichtigen Beziehungen leichter machen. Diese Entdeckung führte schließlich zur Entwicklung neuer Kurse, um Laien in diesen Fähigkeiten zu unterrichten. In meinen Effektivitätstrainings-Kursen haben unsere Instruktoren im Laufe der Jahre fast eine Million Eltern, Lehrer, Schulverwalter, Krankenschwestern, Sozialarbeiter, Ärzte, Zahnärzte und Manager unterwiesen. Es gibt andere Trainingsprogramme, die auf vernünftigen Prinzipien beruhen und deren Wirkung durch neuere Studien bewiesen wurde (Gerald Egans »Human Relation Training«, George Gazdas »Multiple Impact Training«, Bernard Guerneys »Relationship Enhancement«, Norman Kagans »Interpersonal Process Recall«, Robert Carkhuffs »Human Resources Development Model«, Gerald Goodmans »Shasha Tapes«, Eugene Gendins »Focusing«, Luciano l'Abates »Social Skill Training«).

Ich werde in diesem Kapitel die Grundlagen der »Helferfähigkeiten« beschreiben und erläutern. Doch zunächst einmal ist es wichtig, den Prozeß der Problemlösung selbst zu begreifen – den Prozeß, den man durchläuft, wenn man erfolgreich ein Lebensproblem löst.

Wie man Kindern hilft, ein Problem zu lösen

Wenn man ein Problem erfolgreich löst, das durch ein nicht befriedigtes Bedürfnis entstanden ist, folgt man bewußt oder unbewußt einem bestimmten Prozeß. Dieser Problemlösungsprozeß ist der gleiche wie der bei den Sechs Schritten, die wir im vorigen Kapitel diskutierten, und man kann ihn auf folgende Weise zusammenfassen:

Schritt 1 Identifizierung und Definition des Problems
Schritt 2 Alternative Lösungen entwickeln
Schritt 3 Einschätzung der alternativen Lösungen
Schritt 4 Entscheidung treffen
Schritt 5 Die Entscheidung durchführen
Schritt 6 Spätere Überprüfung

Uns erscheint es als sehr nützlich, wenn Eltern und Lehrer diese Schritte im Kopf haben, wenn sie einem Kind mit einem Problem helfen wollen. Natürlich ist der Erwachsene lediglich ein *Förderer* dieses Prozesses; es sind Schritte, die das Kind durchlaufen sollte, nicht der Erwachsene. Beim Umgang mit sehr kleinen Kindern mit begrenzten Möglichkeiten und noch unentwickelter Sprechfähigkeit ist die Hilfe bei Problemen etwas komplizierter, was ich nun erläutern möchte.

Bei Säuglingen und Kindern im vorsprachlichen Stadium muß der Erwachsene mehr sein als nur der Förderer des Prozesses, denn sehr kleine Kinder können nicht immer genau sagen, was das Problem ist (Schritt 1), wissen nicht immer eine alternative Lösung (Schritt 2), haben nicht immer die Erfahrung, die anderen Möglichkeiten zu beurteilen (Schritt 3), und können sich daher auch nicht für die beste Lösung entscheiden (Schritt 4). Dennoch können selbst Säuglinge in diesem Prozeß eine wichtige Rolle spielen. Sie liefern dem Erwachsenen nonverbal Anhaltspunkte. Erwachsene müssen bei Säuglingen und Kleinkindern in der Regel stark in den Problemlösungsprozeß einbezogen sein, denn sie sind fast völlig von Erwachsenen abhängig, die die Mittel für die Erfüllung ihrer meisten Bedürfnisse bereitstellen. Mit dem Heranwachsen entwickelt sich bei Kindern jedoch auch die Befähigung, den gesamten Prozeß selbst zu durchlaufen – das Problem definieren, eigene alternative Lösungen entwickeln, diese Lösungen beurteilen, sich für die beste entscheiden. Das wird in dem folgenden Bericht eines Grundschullehrers deutlich:

Schüler: »Ich habe mein Matheheft zu Hause vergessen.«

Lehrer: »Hm, da hast du ein Problem.«

Schüler: »Ja, ich brauche mein Matheheft und die Aufgaben, an denen wir arbeiten.«

Lehrer: »Ich frage mich, wie wir das lösen können.«

Schüler: »Ich könnte meine Mutter anrufen, damit sie das Heft vorbeibringt, aber oft hört sie das Telefon nicht.«

Lehrer: »Das klappt also vielleicht nicht, oder?«

Schüler: »Ich könnte ein Buch aus der Bibliothek holen

und einfach ein Blatt Papier benutzen, weil ich weiß, auf welcher Seite ich war.«

Lehrer: »Mir scheint, du hast dein Problem gelöst.«

Schüler: »Yeah.«

Das wichtigste Ziel für einen Erwachsenen in seiner Rolle als Helfer ist, möglichst wenig in das eigentliche Problem des Kindes einzugreifen, damit das Kind vom Erwachsenen immer unabhängiger wird. Oft entsteht daraus für Eltern und Lehrer eine Zwickmühle. Sie wollen nicht eingreifen, verwickeln sich aber doch so stark in das Problem des Kindes, daß das Kind abhängig bleibt; zugleich zögern sie mit ihrer Hilfe und geben zu wenig. Vermutlich ist es am besten, sich aus dem Problemlösungsprozeß des Kindes so lange herauszuhalten, bis man ziemlich sicher sein kann, daß das Kind nicht über die nötigen Mittel verfügt, das Problem zu lösen, ohne daß die Erwachsenen sich aktiv beteiligen. Und jeder weiß auch, daß Kinder sich in ihrem Grad an Unabhängigkeit und ihrer Fähigkeit, Probleme zu lösen, stark unterscheiden, selbst wenn sie gleichaltrig sind. Erwachsene können älteren Kindern manchmal helfen, indem sie beim Problemlösen mit einem jüngeren Kind ein »Beispiel« geben. In dieser Rolle geleitet der Erwachsene das Kind vorsichtig durch die sechs Schritte des Problemlösungsprozesses. Der Erwachsene muß darauf achten, das Kind nicht zu drängen. Das Kind kann dann sogar die Schritte machen, ohne vom Erwachsenen Hilfe zu beanspruchen. Wenn das Kind Anleitung braucht, hören Sie auf seine Stichworte, ob es bereit für den nächsten Schritt ist. Hier ein paar typische Sätze, die ein Erwachsener sagen kann, wenn er meint, das Kind sei bereit, zum nächsten Schritt überzugehen:

Von Schritt 1 zu Schritt 2: »Glaubst du, dir ist klar genug, was das Problem ist, so daß du jetzt mögliche Lösungen überlegen kannst?«

Von Schritt 2 zu Schritt 3: »Hast du alle Lösungsmöglichkeiten bedacht?«

»Glaubst du, du hast genug überlegt, um deine Ideen zu beurteilen?«

Von Schritt 3 zu Schritt 4: »Klingt, als wüßtest du, welche Lösung am besten scheint.«

»Gefällt dir eine der Lösungen am besten?«

Von Schritt 4 zu Schritt 5: »Jetzt hast du entschieden, welche die beste Lösung ist. Was mußt du tun, um sie umzusetzen?«

»Kannst du jetzt schon planen, wer was tun soll?«

Von Schritt 5 zu Schritt 6: »Warum meinst du, daß diese Lösung wirklich klappen wird?«

»Es wäre vielleicht gut, dir einen bestimmten Termin zu setzen, bis zu dem du einzuschätzen willst, wie gut deine Lösung wirklich ist.«

Ganz wichtig ist, daß der Erwachsene sich als (An-)*Leiter* durch diesen Prozeß nicht in den *Inhalt* des Problems des Kindes mischen sollte, sondern lediglich hilft, die einzelnen Stufen zu benennen, die zu einer Lösung führen. Vergessen Sie nie, daß das Kind das Problem hat – machen Sie es sich nicht zueigen, indem Sie die Rolle des Problemlösers übernehmen, denn das hält das Kind bloß in Abhängigkeit und gibt ihm nicht die Möglichkeit, erfolgreiches Problemlösen zu entwickeln.

Viele Eltern, die an unseren Kursen teilgenommen haben, beschrieben uns später – oft in Gestalt von anschaulichen Dialogen – ihre Bemühungen, dem Kind Problemlösungen zu erleichtern. Einige schrieben, daß sie erstaunt entdeckten, wie erfinderisch und kreativ ihre Kinder waren, wenn man ihnen die Chance (und die volle Verantwortung) gab, ihre Probleme selbst und auf eigene Weise zu lösen. Eine Mutter mit einem abgeschlossenen Psychologiestudium, die an dem Elternkurs teilnahm, als ihre Tochter Alice erst zwei Jahre alt war, beschrieb uns viele Jahre später diesen Vorfall aus Alices zehntem Lebensjahr:

Alice beträgt sich in der Schule immer gut, aber der Lehrer hatte sie in einen Teil des Klassenraums versetzt, in dem eine Jungengruppe immer viel störte ... Vor ein paar Tagen kam sie in Tränen aufgelöst nach Hause – eine ganze Viertelstunde lang weinte sie. »Das ist nicht fair!« »Ich hasse den Lehrer.« »Er ist furchtbar.« »Er hört auf niemanden.« ... Er hatte sie noch einmal woandershin gesetzt, und sie war richtig wütend darüber. Sie versuchte, mit ihm zu reden, aber er hörte nicht hin. Nachdem sie alle Wut losgeworden war, beruhigte sie sich. Ich sagte: »Wenn er nicht zuhört, was könnte denn dann wohl seine Aufmerksamkeit wecken?« Sie sagte: »Ich könnte ihm einen Brief schreiben.« Sie setzte sich also hin und schrieb ihm, sie sei wütend; es sei keine gerechte Behandlung, wenn man sich sonst immer gut benehme, und sie wolle sich selbst aussuchen, wo sie in der Klasse säße. Sie schrieb, sie wisse, daß es schwierig für ihn sei, bei einer so großen Klasse alle anzuhören. Sie nahm den Brief mit in die Schule, und der Lehrer hat ihn gelesen. Daraufhin überließ er ihr die Entscheidung, wo sie sitzen wollte. Ich konnte es kaum glauben.

Der folgende Dialog zeigt, wie ein Elternteil sich aktiv an Schritt 2 beteiligte, sich aber dann zurückhielt, während das Kind die Schritte 3, 4 und 5 allein vollzog:

Jerry: »Ma, was würde passieren, wenn man im Hof eines anderen Hauses spielt und aus Versehen die Wäscheleine zerreißt?«

Ma: »Klingt, als hättest du Sorgen, Jerry.«

Jerry: »Ja, ich kannte den Mann nicht. Ich bin einfach fortgerannt.«

Ma: »Du machst dir Sorgen, weil du weggerannt bist?«

Jerry: »Nein, ich habe Angst! Was können sie mir tun?«

Ma: »Du hast Angst, was sie dir antun könnten, weil du ihre Wäscheleine zerrissen hast.«

Jerry: »Nicht nur ich. Ali war auch dabei. Wir spielten bei der Wäscheleine nebenan bei Ted, und dann riß sie. Wir sind einfach weggerannt, und jetzt habe ich Angst, sie finden heraus, daß wir es waren.«

Ma: »Du klingst richtig beunruhigt, Jerry.«
Jerry: »Ja, Mam, was soll ich nur tun?«
Ma: »Willst du, daß ich dir sage, was du tun sollst?«
Jerry: »Oh, ich weiß, daß du das nicht machst. Ist ja mein Problem... Aber was würdest du tun, wenn du ich wärest?«
Ma: »Na, wenn ich du wäre, hätte ich mehrere Möglichkeiten. Ich könnte es einfach vergessen, und da du die Leute ja nicht kennst, kriegen sie vermutlich nie heraus, wer es war. Ich könnte Pa fragen, ob er mit hilft, die Leine zusammenzuknoten. Oder ich könnte hingehen und den Leuten sagen, daß ich die Wäscheleine zerrissen habe und sie gern wieder herrichten möchte. Ich könnte auch Ali fragen, ob er mir dabei hilft. Es gibt eine Menge Dinge, die ich tun könnte, aber im Moment bin ich mir nicht ganz sicher.«
Jerry: »Oh.« (Schweigen)
Dann ging Jerry ins Wohnzimmer und stellte den Fernseher an. Ich nahm an, er würde die Sache einfach vergessen. Es verging eine ganze Zeit, doch dann stand Jerry auf und ging nach draußen. Eine Viertelstunde später kam er aufgeregt wieder hereingerannt.
Jerry: »Oh, Ma, ich hatte mich entschieden, hinzugehen und diesen Leuten zu sagen, daß ich die Wäscheleine zerrissen hatte und daß es mir leid täte und ich versuchen würde, sie zu reparieren. Ach, Ma, der Mann war so nett; er sagte: ›Ah, solche Sachen gehen doch immer leicht kaputt, mach' dir nur keine Sorgen. Danke aber, daß du es mir gesagt hast.‹ Ist das nicht nett, Ma?«
Die Mutter fügte als Postskriptum an:
Als Bill nach Hause kam, war Jerry so stolz auf sich, daß er seinem Vater die Geschichte noch einmal erzählte. Das war für Jerry ein sehr aufregender Moment. Er fühlte sich sehr gut, und wir waren stolz auf ihn. Er war in der Lage gewesen, seine eigene Entscheidung zu treffen, eine, die man ihm nicht aufgezwungen hatte.

Lehrer und Eltern sind sich der einzelnen Schritte bei der Problemlösung eines Kindes nicht immer bewußt. Häufig drückt das Kind bloß seine Gefühle aus und definiert das Problem (Schritt 1), entscheidet aber dann, den Prozeß abzubrechen, als habe es nur die Erfahrung gebraucht, daß jemand seine Gefühle anhörte und sein Problem akzeptierte. So war es mit dem zweijährigen Tommy; seine Mutter erzählte:

> Er hatte sich zu einem großen Schreihals entwickelt, wenn er sich irgendwie wehtat. In der Vorschule ist er viel mit Kindern zusammen, die immer wieder ankommen und klagen: »Aua, aua« und dabei laut schreien und weinen, weil sie auf einen Kuß und Mitgefühl warten. Tommy hatte sich das angewöhnt. Als er beim nächsten Mal mit seinem Wehwechen hereinkam – es war wirklich nichts Schlimmes –, sagte ich: »Wow, das sieht aber wirklich schlimm aus.« Und es verschwand wie weggeblasen. Das war alles. Seitdem mach ich das immer so. In einem Kind passiert etwas, wenn es merkt: »Die hören mir zu«. Aber was ist das? Wir können es nur vermuten, weil wir es nicht sehen.

Diese Mutter hatte erkannt, daß es manchmal für ein Kind nur wichtig ist, als Person akzeptiert zu werden, die momentan zum Beispiel Schmerzen hat, verängstigt oder enttäuscht, traurig oder einsam ist. Kinder brauchen oft nur akzeptiert zu werden oder von einem anderen Bestätigung zu erhalten – ob es nun um etwas Schönes geht – »Guck mal, Mama, mein Bild!«, »He, Papa, ich kann auf dem Kopf stehen!« – oder wenn sie ein Problem haben: »Ich habe Angst vor dem Gewitter« oder: »Ich habe mir das Knie aufgestoßen.«

Die Sprache der Nichtannahme

Eine traditionelle Erziehungsweisheit meint, wenn man ein Kind echt akzeptiert, wird es sich stets gleich bleiben. Ebenso weitverbreitet ist die Überzeugung, daß man Kindern bei der Verbesserung von Fähigkeiten oder Verhaltensweisen hilft, indem man sie auf Fehler oder das, was für einen nicht annehmbar ist, hinweist. Deshalb stützen sich die meisten Eltern und Lehrer im Umgang mit Kindern fast ausschließlich auf »korrigierende Botschaften«, auf Beurteilung, Kritik, Strafpredigten, Moralisieren, Ermahnungen, Beschimpfungen, Beschuldigungen, Drohungen, Befehle, Anordnungen. All diese Botschaften signalisieren eine *Nichtannahme* des Kindes. Diese Sprache der Nichtannahme wird auch von anderen Bezugspersonen unserer Kinder benutzt.

In den letzten Jahren wurde diese tief verwurzelte Überzeugung, man könne Kinder ändern, indem man ihnen Botschaften der Nichtannahme vermittelt, durch Forschungen und die klinische Erfahrung vieler Menschen aus helfenden Berufen in Frage gestellt. Wir haben ausreichend Beweise dafür gefunden, daß eine notwendige Bedingung, um anderen helfen zu können, darin besteht, sie so zu akzeptieren, wie sie sind. Ein bemerkenswerter Widerspruch zur traditionellen Auffassung, nicht wahr?

Wir haben bei unseren Elternkursen festgestellt, daß die meisten Eltern und Lehrer sich oft in keiner Weise bewußt sind, wie ihr tagtägliches Kommunikationsverhalten diese Nichtannahme und die Absicht ausdrückt, die Kinder zu ändern. Selbst Erwachsene, die glauben, sie verhielten sich annehmend und bestätigend, stellen überrascht fest, wie häufig sie im Kontakt mit ihren Kindern urteilen oder kritisieren. Eine einfache Übung, die wir in unseren Kursen benutzen, überzeugt die Eltern und Lehrer gewöhnlich davon, daß sie üblicherweise im Umgang mit Kindern eine »Sprache der Nichtannahme« benutzen.

Bei dieser Übung spielt der Instruktor nacheinander die Rollen mehrerer Kinder, die Probleme haben. Die Teilnehmer werden dann gebeten, Wort für Wort aufzuschreiben, wie sie auf diese Kinder reagiert hätten. Die Instruktoren sammeln die Reaktionen und teilen sie für die Gruppe in Kategorien ein. In all den Jahren haben wir festgestellt, daß weit über 90 Prozent der Reaktionen in zwölf Grundkategorien kommunikativen Verhaltens einzuordnen sind. Da diese zwölf Kategorien sehr oft ein Nichtakzeptieren vermitteln und die Kommunikation mit Kindern eher abblokken als fördern, nennen wir sie die »Zwölf Abblocker« oder »Das dreckige Dutzend«.

Wie würden Sie auf die folgende typische Situation reagieren? Es geht um einen vierzehnjährigen Jungen, der ein Problem mit seinen Schularbeiten hat. Er sagt vielleicht zu Ihnen:

> »Ich hab' einfach keine Lust, meine Hausaufgaben zu machen. Ich hasse das. Ich hasse die Schule. Sowas Langweiliges! Die bringen einem nichts bei, was fürs Leben wichtig wäre – nur Quatsch. Sobald ich alt genug bin, gehe ich ab. Man braucht keine Schulausbildung, wenn man im Leben was werden will«.

In die linke Spalte habe ich die typischen Reaktionen unserer Teilnehmer eingetragen. In der rechten Spalte finden Sie unsere Bezeichnung für die Kategorie, in die eine solche (oder ähnliche) Reaktion fällt:

Typische Reaktion	*Abblocker*
»Mein Sohn geht auf keinen Fall von der Schule ab – das lasse ich nicht zu.«	BEFEHL, ANWEISUNG, FORDERUNG
»Geh ab, aber dann sieh zu, wie du allein klarkommst.«	DROHUNG, WARNUNG
»Zu lernen ist das beste, was man erleben kann.«	MORALISIEREN, PREDIGEN

»Warum stellst du dir keinen Plan für die Hausaufgaben auf?«	RAT GEBEN, LÖSUNGEN ANBIETEN
»Mit einem Abschluß verdienst du im Beruf 50 Prozent mehr als ohne.«	UNTERWEISEN, FAKTEN ANBIETEN
»Du denkst zu kurzfristig, und das finde ich sehr unreif.«	BEURTEILEN, BESCHULDIGEN, KRITISIEREN
»Du warst doch immer ein guter Schüler mit viel Talent.«	LOBEN, SCHMEICHELN
»Du redest wie einer von diesen doofen Punkern, die alles verweigern.«	BESCHIMPFEN, LÄCHERLICH MACHEN
»Dir gefällt die Schule bloß nicht, weil du dir keine Mühe geben willst.«	INTERPRETIEREN, ANALYSIEREN
»Ich weiß, wie du dich fühlst, aber nächstes Jahr wird es bestimmt besser.«	BESÄNFTIGEN, MITFÜHLEN
»Was würdest du denn ohne Abschluß machen? Wovon würdest du leben?«	IN FRAGE STELLEN, VERHÖREN
»Keine Probleme beim Essen, bitte. Was macht dein Basketballspiel?«	RÜCKZUG, ABLENKEN, THEMAWECHSEL

Diese typischen Reaktionen enthalten das große Risiko, auf Kinder eine bestimmte negative Wirkung auszuüben. Kinder könnten daraufhin:

Aufhören, im Gespräch zu bleiben;
trotzig, ablehnend werden;
streiten, sich rächen;
sich unterlegen und minderwertig fühlen;
wütend und vorwurfsvoll werden;
sich schlecht, schuldig, falsch fühlen;
sich so, wie sie sind, nicht akzeptiert fühlen;
glauben, Sie versuchen, sie zu ändern;
das Gefühl haben, Sie trauen ihnen nicht zu, ihre Probleme selbst zu lösen;
glauben, Sie hätten ihr Problem übernommen;
sich unverstanden fühlen;
den Eindruck haben, ihre Gefühle seien unangemessen;
sich unterbrochen und abgeschnitten fühlen;
sich mißverstanden und frustriert fühlen;
sich wie im Zeugenstand beim Kreuzverhör fühlen;
das Gefühl haben, Sie hätten keine Interesse und wollten das Problem loswerden.

Ich habe festgestellt, daß Eltern und Lehrer, abgesehen von wenigen Ausnahmen, mindestens einen dieser Abblocker benutzen, wenn Kinder ihnen ein Problem anvertrauen. Einige sind typische »Ratgeber«, andere »Richter«, andere »Prediger«, andere »Beruhiger«, andere »Moralisierer« und so weiter. Was meinen Sie? Passen Sie auch in eine dieser Kategorien?

Viele Eltern, die wir interviewten, haben uns ihre Erfahrungen mit diesen Abblockern mitgeteilt. Eine Mutter berichtete über die Wirkung dieser »Kommunikationssperren« auf ihren Sohn Tim:

> Als Tim in die Vorschule kam, wußte er nie etwas über seinen Tag zu erzählen, wenn er nach Hause kam. Ich stellte ihm Fragen, aber er antwortete nicht. Dann fiel mir auf, daß er nur selten eine meiner direkten Fragen beantwortete. Es war für eine Lehrerin wie mich sehr frustrierend, ein Kind zu haben, das keine Antwort gab, wenn es aufgerufen wurde ... Als erstes merkte ich, daß meine Art

des Fragens Tim in eine Position versetzte, die ihn sehr angreifbar machte. Er haßte es, etwas falsch zu machen, daher gab er aus Angst vor Fehlern überhaupt keine Antwort. Ich hörte eine Woche lang meinen eigenen Ausführungen zu und merkte, wie schneidend meine Stimme klang. Das war eine für mich selbst sehr demütigende Entdeckung. Die strenge Objektivität und so eine Art Polizistenhaltung, die in der Schule gut funktionierten, wirkten auf meinen kleinen Fünfjährigen einschüchternd. Dann merkte ich, daß ich zu meinen Antworten auch auf sanftere Weise kommen konnte. Wenn ich geduldig zuhörte, sagte er schließlich irgend etwas über seinen Tag in der Vorschule... Allmählich begann er aufzutauen und gewährte mir einen Blick in sein Innenleben.

Wenn Kinder sagen: »Meine Eltern hören mir nicht zu«, oder: »Lehrer versuchen nie, die Kinder zu verstehen«, oder: »Ich kann meine Probleme nicht mit meinen Eltern diskutieren«, wette ich, daß diese Eltern und Lehrer wie die meisten Menschen die Gewohnheit haben, mit einem Abblocker zu reagieren, wenn Kinder ihre Probleme preisgeben. David Aspy und Flora Roebuck haben in mehreren Untersuchungen (1983) reichlich Beispiele für die Sprache der Nichtannahme bei Lehrern gefunden. Hier die Hauptergebnisse:

- Das durchschnittliche Maß an empathischem Verstehen, Ehrlichkeit und Respekt gegenüber Schülern war unter den Lehrern etwa ebenso hoch wie bei der Allgemeinbevölkerung.
- Die durchschnittliche Kompetenz in zwischenmenschlichen Helferfähigkeiten von Lehrern und Schulpersonal lag unterhalb der effektiven Minimal-Schwelle von 3,0 auf der Meßskala der Forscher für Empathie, Ehrlichkeit und Respekt gegenüber Schülern.

Die Wissenschaftler schlossen daraus, daß die meisten Lehrer und Direktoren sehr geringe Helferfähigkeiten besitzen.

Akzeptanz – die helfende Grundhaltung

Wie schon erwähnt, ist das aufrichtige Akzeptieren einer Person, genau so, wie sie ist, *der* maßgebliche Faktor für die konstruktive Veränderung des Verhaltens dieser Person, für die Förderung ihrer Problemlösungsfähigkeit, ihrer seelischen Gesundheit und ihres produktiven Lernens. Es ist eines der wunderbaren Paradoxe des Lebens, daß Menschen, die sich ganz tief von anderen so akzeptiert fühlen, wie sie sind, die Freiheit haben, darüber nachzudenken, wie sie sich entwickeln, wachsen, verändern und mehr zu dem werden wollen, wozu sie sich befähigt fühlen.

Akzeptanz ist wie die fruchtbare Erde, die einem winzigen Saatkorn erlaubt, sich zu der schönen Blume zu entwickeln, zu der es die Anlagen besitzt. Akzeptanz ermöglicht einem Menschen, sein Potential zu verwirklichen.

Ich glaube, die größte Belohnung in meinem Berufsleben bedeutet für mich die Entdeckung, daß Eltern und Lehrern beigebracht werden kann, wie sie ihren Kindern und Schülern eine tiefempfundene Annahme besser vermitteln können. Wenn sie lernen, wie man Akzeptanz ausdrückt, stellen sie fest, daß sie die bemerkenswerte Fähigkeit besitzen, Kindern zu helfen, die vielen Probleme zu lösen, die das Leben unweigerlich mit sich bringt.

Offensichtlich reicht es nicht aus, sich einer anderen Person gegenüber nur akzeptierend zu fühlen oder bloß die Abblocker zu vermeiden. Akzeptanz muß beim Gegenüber ankommen, muß *empfunden* werden. Das bedeutet, man muß seine Akzeptanz *demonstrieren*, sie aktiv *vermitteln* und offen *mitteilen*. Und wie man das am wirksamsten erreicht, dazu kommen wir jetzt.

Wie man Akzeptanz demonstriert

Es gibt drei Grundmethoden, Akzeptanz zu demonstrieren, von denen die ersten beiden den meisten Menschen vetraut sind, die dritte jedoch vielleicht nicht: (1) Nichtintervention, (2) aufmerksames, passives Zuhören und (3) aktives Zuhören.

1. Nichtintervention

Erwachsene können Akzeptanz zeigen, indem sie sich zurückhalten und sich nicht in die Aktivität eines Kindes einmischen. Kinder verstehen das so, daß das, was sie tun, für die Eltern und Lehrer akzeptabel ist, denn sie empfangen von ihnen keine mißbilligenden Botschaften. Zu oft fällt es Erwachsenen jedoch schwer, sich aus einer Situation herauszuhalten. Stellen Sie sich einmal vor, ein Kind baut am Strand eine Sandburg. Die Eltern sagen in bester Absicht: »Bau die Burg doch weiter vom Wasser weg«, »Der Sand muß nasser sein«, »Nicht so naß«, »Du mußt fester klopfen«, »Brauchst du nicht noch einen Wassergraben?« »Es stürzt ein, wenn du so baust«, »Komm, ich helfe dir.« Das Kind nimmt das als Beweise, daß es nicht gut genug ist, um sein eigenes Vorhaben vorzubereiten und auszuführen. Nichts zu sagen hingegen vermittelt Akzeptanz. Das Kind fühlt: »Was ich tue, ist in Ordnung; es ist für Pa akzeptabel, wenn ich meine Burg baue, wie ich will, meine Probleme bewältige, indem ich eigene Lösungen finde.«

2. Aufmerksames, passives Zuhören

Einer anderen Person zu erlauben, Gefühle auszudrücken oder ein Problem mitzuteilen, indem man schweigt, aber aufmerksam bleibt, ist die zweite Art, Akzeptanz zu vermitteln. Man zeigt seine Aufmerksamkeit in bestimmten Körperhaltungen und ständigem Blickkontakt. Es folgt ein Dialog, der aufmerksames, passives Zuhören verdeutlicht:

Kind: »Ich mußte heute zum Direktor.«

Vater: »Oh?«

Kind: »Herr Groß meinte, ich rede zuviel im Unterricht.«

Vater: »Ach so.«

Kind: »Ich kann das alte Scheusal nicht ausstehen. Der sitzt bloß da vorn und redet über die Probleme mit seinen Enkeln und erwartet von uns, daß wir uns dafür interessieren. Das ist so langweilig, du glaubst es kaum.«

Vater: »Mmm.«

Kind: »Man kann doch nicht einfach dasitzen und nichts tun. Da wirst du verrückt. Janni und ich machen unsere Witze, wenn er so schwätzt. Er ist wirklich der schlimmste Lehrer, den man sich vorstellen kann. Ich werde verrückt, wenn Lehrer so mies sind.«

Vater (schweigt)

Kind: »Wahrscheinlich gewöhne ich mich besser daran, weil man nicht immer nur gute Lehrer hat. Es gibt mehr schlechte als gute, und wenn ich mich von den schlechten unterkriegen lasse, bekomme ich nicht die Noten, die ich für einen guten Abschluß brauche. Dann schneide ich mich vermutlich ins eigene Fleisch.«

Das aufmerksame, passive Zuhören das Vaters gestattete der Tochter, über weit mehr als die bloße Tatsache zu berichten, daß sie zum Direktor geschickt worden war. Das schweigende Akzeptieren des Vaters vermittelte ihr die Sicherheit, zu sagen, warum sie bestraft worden war, ihrem Ärger Luft zu machen, sich den Konsequenzen ihrer negativen Reaktionen auf schlechte Lehrer zu stellen und schließlich zu dem Schluß zu gelangen, daß sie sich damit selbst schadete.

Vergleichen wir das passive Zuhören des Vaters mit den Reaktionen, die Eltern sonst sofort von sich geben:

»Was! Oh, nein, du hast doch nicht wieder zuviel geschwätzt!?«

»Na, das hast du dir selbst zuzuschreiben, mein Kind.«

»Wer bist du schon, daß du die Lehrer beurteilen willst!«

»Schatz, du mußt lernen, dich mit schlechten Lehrern abzufinden.«

Diese nicht-akzeptierenden Abblocker hätten vermutlich die

Kommunikation mit der Tochter rigoros unterbrochen und ihre konstruktive, selbstgeleitete Problemlösung verhindert.

3. Aktives Zuhören

Aufmerksames Zuhören kann förderlich sein und Akzeptanz vermitteln, aber es liefert dem Sender keinen Beleg, ob er oder sie auch genau *verstanden* wurde. Es gibt jedoch eine bemerkenswert wirksame Methode, mit der man erfahren kann, ob man genau verstanden worden ist. In unseren Kursen widmen wir dem von uns so genannten aktiven Zuhören viel Zeit: Das ist eine Methode, die zuerst von den klientenzentrierten Therapeuten benutzt wurde und manchmal auch »Spiegelung von Gefühlen oder reflexives Zuhören« genannt wird. Beim aktiven Zuhören bleibt der Zuhörer nicht stumm, sondern läßt sich sehr grundsätzlich mit dem Sender in eine bestimmte wechselseitige Kommunikation ein. Als erstes konzentriert sich der Empfänger ausschließlich darauf, die *Botschaft zu verstehen*, die ihm gegeben wird, und was sie bedeutet. Dann faßt der Empfänger das, was er verstanden hat, *in eigene Worte und spiegelt es zurück* an den Sender (wir nennen es »Feedback geben«), um bestätigt oder korrigiert zu bekommen, wie er die Botschaft verstanden hat. Mit dieser einfachen Feedback-Prozedur kann der Zuhörer dem Sender den positiven Beweis erbringen, daß dieser exakt verstanden wurde. *Ohne verstanden zu werden, fühlt man sich nur selten akzeptiert.*

Die Schemata auf S. 243 und 244 verdeutlichen diese Techniken. Bitte beachten: Alles, was ich von diesem Punkt an über den Kommunikationsprozeß zwischen einem Kind und einem Erwachsenen sage, läßt sich auch auf den Prozeß zwischen zwei Erwachsenen anwenden.

Immer wenn ein Kind einem Elternteil eine Botschaft »sendet«, geschieht das unweigerlich deshalb, weil das Kind ein unerfülltes (unbefriedigtes) *Bedürfnis* hat. Das Kind fühlt sich unwohl: es braucht Gesellschaft, ist erregt, ängstlich, hungrig, friert. Man könnte auch sagen, das Kind ist in einem Zustand des *Ungleichgewichts*. Ein Kind erschreckt zum Beispiel, weil es Blut von einer Schnittwunde am Finger sieht. Es kann seine tatsächliche Angst nicht ausdrücken – ein komplexer physiologischer Prozeß, der sich in dem Kind abspielt. Um dem Vater seine inneren Gefühle mitzuteilen, muß das Kind zunächst ein Symbol oder einen Code benutzen, den der Vater hoffentlich so deutet, das es Angst hat. Diesen Prozeß nennt man codieren (oder decodieren). Vermittelt wird der Code, nicht die Angst.

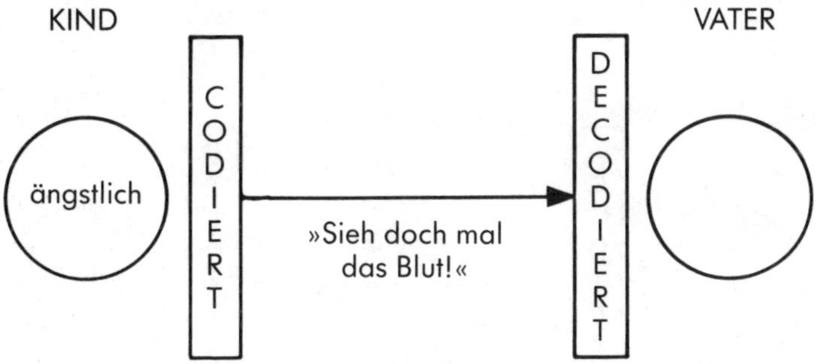

Wenn der Vater die codierte Botschaft erhält, muß er sie dechiffrieren, um zu begreifen, was das Kind erlebt. Decodieren ist eine Form des Übersetzens, manchmal sogar des Ratens. Vater errät hier genau, denn er spürt, daß das Kind Angst hat. Aber er kann immer noch nicht sicher sein, was sich in dem Kind abspielt. Um seine Entschlüsselung zu überprüfen, gibt er zurück, was er zu hören glaubt. Er schickt keine eigene Botschaft, sondern formuliert um und gibt dem Kind die Botschaft zurück, wie in der folgenden Zeichnung (s. S. 244, oben):

Dieser Feedback-Prozeß, der für das aktive Zuhören überaus wichtig ist, umfaßt zwei Vorgänge: (1) Er ermöglicht dem Kind, sicher zu sein, ob es genau verstanden wurde, und der Vater wird (2) aus der Antwort des Kindes auf das Feedback herausfinden, ob er die Botschaft des Kindes genau verstanden hat.

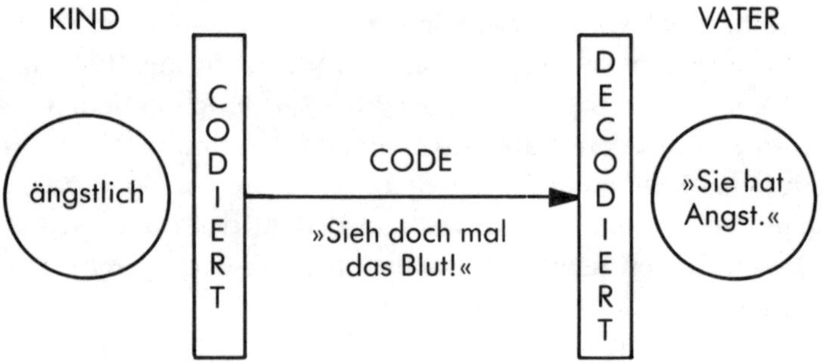

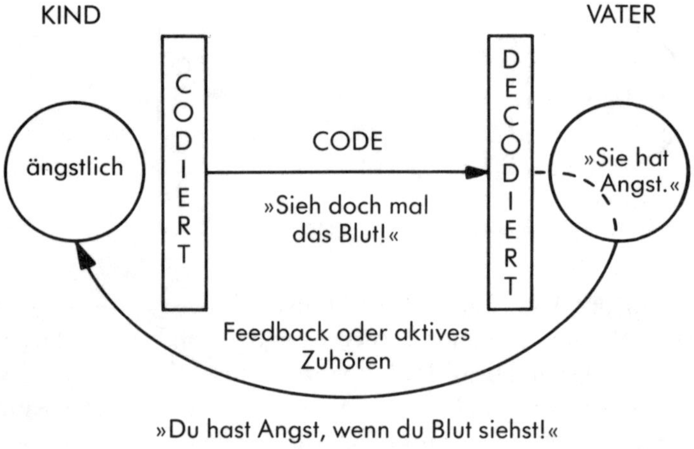

In diesem Fall lautet die Reaktion des Kindes etwa: »Ich habe Angst!« oder: »Ja, genau.« Wenn Vater es nicht verstanden hat, sagt das Kind vielleicht: »Nein«, »Nicht richtig« oder: »Du hast mich nicht verstanden.«
Achten Sie darauf, wie in dem folgenden Dialog Sally ständig das aktive Zuhören ihres Vaters bestätigt, indem sie »Yeah« oder »Ja« sagt oder einfach weitermacht, indem sie eine neue Botschaft »sendet«:

Sally: »Ich wünschte, ich würde auch manchmal eine Erkältung bekommen wie Barbie. Die hat immer Glück.«
Vater: »Du meinst, du kommst schlechter weg.«
Sally: »Ja, sie braucht dann nicht in die Schule, und mir passiert das nie.«
Vater: »Du würdest gern mehr zu Hause bleiben.«
Sally: »Ja, ich gehe nicht gern jeden Tag in die Schule – jeden und jeden Tag. Das werde ich leid.«
Vater: »Du bist die Schule manchmal richtig leid.«
Sally: »Manchmal hasse ich sie richtig.«
Vater: »Es ist noch mehr als leid sein, du haßt sie manchmal richtig.«
Sally: »Genau. Ich hasse die Hausaufgaben. Ich hasse die Stunden, und ich hasse die Lehrer.«
Vater: »Du haßt einfach alles an der Schule.«
Sally: »Na, eigentlich hasse ich nicht alle Lehrer – nur zwei. Eine kann ich wirklich nicht austehen. Die ist die schlimmste.«
Vater: »Eine kannst du ganz besonders schlecht leiden, eh?«
Sally: »Genau! Diese Frau Barnes. Wenn ich die schon sehe. Und die habe ich jetzt das ganze Jahr.«
Vater: »Du mußt sie lange aushalten.«
Sally: »Ja, ich weiß nicht, wie ich das schaffen soll. Weißt du, was sie macht? Jeden Tag hält sie uns eine lange Predigt. Sie steht da und lächelt so (demonstriert es) und sagt uns, wie verantwortungsbewußte Schüler sich benehmen, und dann liest sie diese ganzen Sachen vor, die man tun muß, um in ihrem Fach eine Eins zu bekommen. Mir wird ganz schlecht davon.«
Vater: »Das kannst du nicht leiden, dir das anzuhören.«
Sally: »Yeah. Danach kommt es einen völlig aussichtslos vor, jemals eine Eins zu bekommen, es sei denn, man ist ein Genie oder ein Streber.«
Vater: »Du fühlst dich von vornherein ganz entmutigt, weil du glaubst, du kannst nie eine Eins bekommen.«
Sally: »Yeah. Ich will keine Streberin sein. Dann können

einen die anderen Kinder nicht mehr leiden. Ich bin sowieso nicht so beliebt. Ich glaube, mich können nicht so viele Mädchen leiden.« (Tränen)

Vater: »Du hältst dich nicht für beliebt, und das macht dich unglücklich.«

Sally: »Yeah. Es gibt da diese Gruppe, die sind die besten Schülerinnen in der Klasse. Sie sind auch am beliebtesten. Ich möchte so gern zu dieser Clique gehören. Aber ich weiß nicht wie.«

Vater: »Du möchtest gern zu diesen Mädchen gehören, aber du weißt nicht, wie du das hinkriegen könntest.«

Sally: »Genau. Ich habe wirklich keine Ahnung, wie man als Mädchen in diese Clique kommt. Sie sind nicht sehr hübsch – jedenfalls nicht alle. Sie haben auch nicht immer die besten Noten. Manche in der Gruppe sind sehr gut, aber die meisten haben schlechtere Noten als ich. Ich weiß einfach nicht.«

Vater: »Du rätselst herum, wie man es schafft, in diese Gruppe zu kommen.«

Sally: »Na, sie sind alle ziemlich freundlich – sie reden viel und haben viele Freunde. Sie grüßen einen immer zuerst und können leicht reden. Das kann ich nicht. Ich kann sowas einfach nicht gut.«

Vater: »Du denkst, sie können das und du nicht.«

Sally: »Ich weiß, ich kann nicht locker reden. Mit einem Mädchen allein geht es gut, aber wenn eine ganze Gruppe dasteht, halte ich lieber den Mund. Ich weiß dann nie, was ich sagen soll.«

Vater: »Mit einem Mädchen allein fühlst du dich wohl, aber in einer größeren Gruppe ist das anders.«

Sally: »Ich habe immer Angst, etwas Doofes zu sagen oder was Falsches. Ich stehe dann bloß herum und fühle mich ausgeschlossen, das ist schrecklich.«

Vater: »Das kannst du bestimmt nicht leiden.«

Sally: »Ich hasse es, außen vor zu sein, aber ich habe Angst, mich an der Unterhaltung zu beteiligen.«

Erkennen Sie, wie Sally immer tiefer bohrt, ihr Problem selbst neu definiert, Ansichten über sich selbst entwickelt und einen guten Anfang macht, ihr Problem zu lösen? Ist Ihnen auch aufgefallen, daß Sallys Vater wie ein guter Therapeut alle eigenen Gedanken und Gefühle hintan stellt? Sie werden bemerken, daß dies beim aktiven Zuhören notwendig ist, denn man muß sich voll darauf konzentrieren, sorgfältig zuzuhören, genau zu entschlüsseln und dann schließlich das zurückzugeben, was man decodiert hat. Achten Sie auch darauf, wie die Reaktionen des aktiven Zuhörens allgemein mit einem »Du« beginnen, was andeutet, daß er sich *Sallys* Gedanken und Gefühlen gewidmet hat, nicht seinen eigenen (die würden als Ich-Botschaften erscheinen).

Hier ein zweites Beispiel für aktives Zuhören und die Folgen, diesmal mit einem Lehrer und einem Schüler in einer kurzen, verbalen Interaktion:

Schüler: »Schreiben wir bald einen Test?«

Lehrer: »Du machst dir Sorgen, daß wir bald eine Arbeit schreiben?«

Schüler: »Nein, es ist nur, daß ich nicht weiß, wie die Arbeit wird, und ich habe Angst, es wird ein Aufsatz.«

Lehrer: »Ah, du machst dir Sorgen um die *Art* der Arbeit.«

Schüler: »Ja, in Aufsätzen bin ich nicht so gut.«

Lehrer: »Ach so, du meinst, du kannst Tests mit verschiedenen Fragen besser.«

Schüler: »Ja, Aufsätze vermassele ich immer.«

Lehrer: »Es wird ein Multiple-choice-Test.«

Schüler: »Ach, wie gut! Jetzt brauche ich mir keine Sorgen mehr zu machen.«

In diesem Fall war das erste Feedback des Lehrers nicht richtig, daher mußte der Schüler seine Botschaft noch einmal neu formulieren und codieren, bis er endlich verstanden wurde.

Ich kann nicht häufig genug betonen, daß aktives Zuhören

ohne die richtige Haltung und Absicht sich vielleicht mechanisch, unehrlich und falsch anhört. Man sollte es lediglich als Hilfsmittel betrachten, aber als ein sehr nützliches, um eine akzeptierte Botschaft zu vermitteln: »Ich verstehe wirklich, was du erlebst, und ich akzeptiere deine Gefühle oder deine Gedanken dabei.« Damit diese Botschaft auch ankommt, müssen die folgenden Punkte berücksichtigt werden:

1. Sie müssen hören wollen, was das Kind zu sagen hat. Das bedeutet, Sie sind bereit, sich Zeit zum Zuhören zu nehmen. Wenn Sie keine Zeit haben, brauchen Sie das nur zu sagen.
2. Sie müssen dem Kind zu diesem Zeitpunkt bei diesem bestimmten Problem wirklich helfen wollen. Wenn Sie das nicht wollen, gleich, aus welchem Grund, seien Sie ehrlich und sagen es.
3. Sie müssen seine Gefühle aufrichtig akzeptieren, gleichgültig wie sehr Sie sich von Ihren eigenen unterscheiden oder von den Gefühlen, die das Kind Ihrer Meinung nach haben sollte. Sie dürfen das Kind nicht ändern wollen.
4. Sie müssen tiefes Vertrauen in die Fähigkeit des Kindes haben, mit seinen Gefühlen umzugehen, sie durchzuarbeiten und Lösungen für sein Problem zu finden. Sie werden dieses Vertrauen im Laufe der Zeit gewinnen, wenn Sie zusehen, wie Ihr Kind seine Probleme immer besser selbst löst.
5. Sie müssen akzeptieren, daß Gefühle etwas Vorübergehendes sind, nicht dauerhaft. Gefühle ändern sich – Haß kann sich in Liebe verwandeln, Entmutigung kann rasch durch Hoffnung ersetzt werden. Daher brauchen Sie auch keine Angst zu haben, wenn Gefühle ausgedrückt werden; sie setzen sich nicht immer in dem Kind fest. Aktives Zuhören wird Ihnen diese Tatsache verdeutlichen.
6. Sie müssen fähig sein, Ihr Kind als eine von Ihnen und

anderen getrennte Einheit zu betrachten, als einzigartige Person, die nicht mehr mit Ihnen »verbunden« ist, ein Individium mit eigenem Leben und eigener Identität. Erst wenn Sie das begriffen haben, können Sie Ihrem Kind helfen. Sie müssen bei ihm sein, wenn es Probleme erlebt, aber Sie sind nicht dafür verantwortlich.

7. Sie müssen empathisch verstehen wollen, wie sich das Kind in seiner Position fühlt. Schlüpfen Sie für einen Moment in seine Schuhe, betrachten Sie die Welt, wie das Kind sie sieht, und vergessen die eigene Perspektive. Diese Eigenschaft macht das aktive Zuhören zum besten Instrument, echtes, empathisches Verstehen zu vermitteln.
8. Sie müssen bereit zu dem Risiko sein, daß Ihre eigenen Meinungen, Einstellungen oder Werte sich durch das, was Sie hören, ändern. Wenn man einen anderen ganz versteht, bekommt man eine Neudeutung der eigenen Erfahrung angeboten. Wenn man trotzig oder unsicher ist, kann man es sich nicht leisten, sich Ansichten anzuhören, die sich von den eigenen stark unterscheiden; das wäre zu verunsichernd. Man muß schon sehr »erfüllt« sein, um sich anderen auf diese Weise öffnen zu können.

Wenn diese Bedingungen erfüllt werden, verspreche ich Ihnen, daß das aktive Zuhören Ihnen empathisches Verstehen, Akzeptanz und Respekt für die Individualität der anderen Person schenkt. Und Sie werden reich belohnt durch die Erfahrung, zu sehen, wie das Kind seine Probleme selbst löst. Ebenso belohnend ist es, daß Kinder, denen man zuhört, eher dazu neigen, Ihnen zuzuhören, wenn Sie Probleme haben.

Die erstaunliche Wirksamkeit des aktiven Zuhörens als therapeutisches Instrument wurde in vielen Untersuchungen bestätigt. Carl Rogers untersuchte in seinem Klassiker *Die klientenzentrierte Gesprächspsychotherapie* zahlreiche Studien über die Folgen von auf Zuhören beruhender Therapie. Hier einige der wichtigsten Ergebnisse:

- Zunehmende Häufigkeit von positivem Selbstbezug und sich selbst betrachtenden Einstellungen.
- Sinkende Häufigkeit von negativen selbstbezogenen und selbstbetrachtenden Einstellungen.
- In den Endstadien der Therapie gibt es mehr positive als negative Selbstbezüge.
- Die Akzeptanz des Selbst nimmt während der Therapie zu – das heißt, die Person nimmt sich selbst als jemanden wahr, der Respekt verdient.
- Nach erfolgreicher Therapie betrachten sich die Menschen mit weniger Emotionen und objektiver, als unabhängiger und fähiger, mit Lebensproblemen umzugehen, als integrierter und weniger zerrissen.

Lassen Sie mich die Kernpunkte aus diesem Kapitel noch einmal zusammenfassen und ihre Bedeutung für die Disziplindiskussion darlegen.

Alle Kinder verhalten sich zuweilen auf eine Weise, die für die Eltern nicht akzeptabel ist. Verständlicherweise wollen die Eltern solches Verhalten abstellen oder ändern. Sie wollen ihre *Kinder* dahingehend *beeinflussen,* sich aus Rücksicht auf die Bedürfnisse der Eltern zu ändern. Um solchen Einfluß zu gewinnen, müssen die Eltern vom Kind als jemand wahrgenommen werden, der sich hilfreich verhält, wenn das Kind Probleme hat. Mit anderen Worten, die Beziehung muß vom Kind als umkehrbar und fair betrachtet werden. Wenn Eltern die Bereitschaft zeigen, zuzuhören, wenn das Kind Probleme hat, folgt daraus, daß auch das Kind viel bereiter ist, zuzuhören, wenn die Eltern es konfrontieren: »Dein Verhalten bereitet mir ein Problem.«

Eltern haben sich auch auf andere wichtige Weise Vorteile, wenn sie selbst zu kompetenten Helfern werden. Die wirksamen Helferfähigkeiten, die ich in diesem Kapitel beschrieben habe, *verhindern* tatsächlich eine Menge von Verhalten, das Eltern bei ihren Kindern nicht gern sehen. Kinder mit ungelösten Problemen, unbefriedigten Bedürfnissen oder Schwierigkeiten, die nicht verschwinden, reagieren auf ihre Frustrationen oft mit selbstzerstörerischem und antisozialem Verhalten. Auch Schüler, die in der Schule eine Menge Frustration erleben, sind gewöhnlich diejenigen, die ihre Lehrer zur Weißglut treiben. Wenn Eltern und Lehrer jedoch lernen, Kinder, die Probleme haben, herauszufinden, und ihnen dann helfen, ihre Probleme zu lösen, wird dies nicht hinnehmbare Verhalten erheblich entschärft. Das Thema Disziplin verschwindet dann einfach von der Bildfläche.

Kapitel Neun

Aktives Zuhören – die Allround-Methode

Im letzten Kapitel habe ich das aktive Zuhören vornehmlich als therapeutische Methode dargestellt, mit der man Kindern hilft, Probleme zu lösen. Das ist jedoch bei weitem nicht das einzige Einsatzgebiet, bei dem es sich als nützlich und wirksam erweist. Die Vermittlung warmen, empathischen Verständnisses und Akzeptierens ist allgemein so hilfreich, daß man diese Fähigkeit gut als Allround-Methode bezeichnen kann. Ihre Vielseitigkeit bei der Förderung von Kommunikation im allgemeinen wurde in einer Vielzahl von verschiedenen Situationen bewiesen: beim Schlichten von Konflikten unter Kindern; wenn man eine fruchtbare Gruppendiskussion erzielen will; um die Beziehung zwischen Lehrer und Schüler herzlicher und fürsorglicher zu gestalten.

Das Schlichten von Konflikten unter Kindern

Aktives Zuhören kann sehr sinnvoll eingesetzt werden, wenn Kinder untereinander Konflikte haben. Ein Lehrer, der an einem unserer Kurse teilnahm, schilderte uns das folgende Beispiel: Anne, eine Schülerin der vierten Klasse, schien bei den anderen Kindern sehr unbeliebt zu sein, weil sie sie immer ärgerte. Niemand wollte neben ihr sitzen. Auch Laura hatte versucht, Anne nicht als Partnerin bei einer Aufgabe zu haben:

Anne: »Frau T., Laura will nicht bei mir sitzen und mir bei der Landkartenaufgabe helfen.«

Laura: »Aber Anne will nicht richtig arbeiten. Sie will immer nur schwätzen und herumalbern, und sie kritzelt immer auf mein Papier.«

Frau T.: »Mädchen, da scheint ihr beide ein Problem zu haben. Ich glaube, ich höre mir mal beide Seiten an. Veilleicht kommen wir zu einigen Schlüssen oder sogar zu einer Lösung.«

Mädchen: »Gut. Was sollen wir tun?«

Frau T.: »Sagt mir einfach, wie ihr euch fühlt, und ich höre aufmerksam zu.«

Anne: »Laura sagte, sie wolle neben mir sitzen, aber jetzt will sie nicht mehr. Sie wollte das nie wirklich. Das hat sie nur gesagt, damit ich nett zu ihr bin und sie sich selbst gut vorkommt. Ich will aber wirklich mit ihr arbeiten.«

Laura: »Ich wollte auch wirklich mit dir arbeiten, aber du verdirbst immer meine Sachen, und dann werde ich nicht rechtzeitig fertig. Dir ist deine Arbeit egal, und du willst, daß ich mich genauso benehme.«

Frau T.: »Anne, ich habe gehört, daß du möchtest, daß Laura bei diesem Projekt deine Partnerin ist, aber ihr beide kommt nicht miteinander aus. Laura, ich habe gehört, wie du gesagt hast, daß du mit Anne arbeiten möchtest, aber das ist schwierig, weil Anne die Arbeit nicht ernst nimmt. Schreiben wir mal alle möglichen Lösungen zu diesem Problem auf.«

Anne: »Laura könnte geduldiger sein und mir helfen.«

Laura: »Ich könnte mich woanders hinsetzen, und wir arbeiten allein.«

Anne: »Wir könnten unsere Tische weiter auseinander rücken.«

Laura (nicht ganz ernst): »Sie könnten Annes Mutter einen Brief schreiben, daß ihre Tochter unmöglich ist.«

Anne (ernste Vergeltung): »Sie könnten Lauras Mutter sagen, daß ihre Tochter sich immer für perfekt hält.«

Laura: »Anne könnte sich einfach hinsetzen, mit den Albereien aufhören und endlich ihre Arbeit machen.«

Anne: »Laura könnte warten, bis ich zu dem Teil komme, an dem sie schon arbeitet.«

Laura: »Wir könnten es zusammen versuchen.«

Frau T.: »Ich lese die möglichen Lösungen mal vor, die ich mitgeschrieben habe. Welche könnte die beste sein?« (liest vor)

Anne: »Wir könnten es nochmal versuchen... und wenn es nicht klappt, können wir unsere Tische auseinanderrücken.«

Frau T.: »Darf ich etwas vorschlagen? Jetzt wißt ihr ja beide, was euch aneinander stört. Warum versucht ihr es nicht nochmal für einen Tag und gebt euch Mühe, euch nicht so zu verhalten, daß es den anderen stört. Sagt mir heute nachmittag, wie es gelaufen ist. Dann können wir nochmal darüber reden, aber gebt euch wirklich Mühe, damit es auch klappt. Ich weiß, daß man Tische weit auseinander rücken kann, aber ich finde, das ist ein zu leichter Ausweg. Ich finde auch, daß ihr Mädchen groß genug seid, um an diesem Projekt und an diesem Problem gemeinsam zu arbeiten.«

Es folgt Frau T.s Beschreibung, was sich aus dieser kurzen Problemlösungssitzung ergeben hat:

Die Mädchen arbeiten nun zusammen. Bislang sind zwei Tage vergangen, ohne daß sie den Wunsch nach einer Trennung geäußert haben. Anne hat bislang immer ihre Freundinnen bis zum Extrem ausgetestet, um sich ihrer »wahren« Freundschaft zu versichern (vielleicht aber haben ihre Freundschaften bisher immer geendet, und sie will, daß der Schmerz schneller vorbei ist). Doch im Moment hat Anne eine Freundin und eine Arbeitspartnerin.

Ich muß aus dieser Situation einfach einen sehr aufregenden Schluß ziehen: Wie Sie gesehen haben, konnte Frau T. Anne *ein neues Modell* für all ihre zwischenmenschlichen Beziehungen anbieten. Wenn dieses Modell mehrere Male wiederholt wird, kann Anne vielleicht ihre erfolglosen Methoden im Umgang mit Altersgenossinnen radikal ändern. Wenn das geschieht, ist Frau T. im wahrsten Sinne des Wortes eine Erzieherin gewesen – nicht bloß eine Fachlehrerin, sondern eine Person, die die Entwicklung des »ganzen Kindes« förderte; etwas, über das Pädagogen immer schöne Theorien haben, was aber in Schulen nur selten geschieht.

Förderung fruchtbarer Gruppensdiskussionen

Lehrer beklagen immer wieder, daß sie ihre Schüler nicht dazu anregen können, über Dinge, die sie im Unterricht durchnehmen, eine fruchtbare Diskussion zu führen. So geben sie es entweder auf, referieren weiterhin vor der Klasse, oder sie halten Diskussionen ab, an denen sich nur wenige Schüler beteiligen. In jedem Fall beginnen die Schüler, gelangweilt durch die Vorlesung oder eine Diskussion im kleinen Kreis, zu stören. Kinder verhalten sich oft am häuslichen Mittagstisch oder auf Ausflügen mit den Eltern so, weil sie sich nicht für die Unterhaltungen von Erwachsenen interessieren.

Die meisten Kinder werden jedoch durch eine Diskussion, die sie interessiert, angeregt. Leider haben nicht viele Erwachsene die Fähigkeit, eine interessante und bedeutsame Gruppendiskussion zu fördern.

Aktives Zuhören hat sich als unschätzbar wirksame Methode für Lehrer und Eltern erwiesen, die Kinder dazu bringen wollen, sich aktiv an sinnvollen Diskussionen zu beteiligen. Es vermittelt Akzeptanz und den Respekt für alle Beiträge der Gruppenmitglieder und ermutigt daher schüchterne Kinder, sich zu beteiligen. Da es zudem ein Modell für respektvolles Zuhören abgibt, beginnen auch die Teilnehmer allmählich, selbst respektvoll zuzuhören, und das ist sowohl in Schulen wie in Familien etwas sehr Seltenes.

Ein Lehrer einer oberen Grundschulklasse erzählte von seiner Erfahrung mit dem aktiven Zuhören bei schülerzentrierten Diskussionen:

Sie waren sehr engagiert. Ich hatte vergessen, wie schwer es für Zehn-, Elfjährige ist, sich die Welt zu erklären. Ich war überrascht über den vielen Blödsinn, an den sie glaubten, und gleichzeitig, wie viele Einsichten sie haben. Einige angesprochene Themen waren eher unwichtig, wie das Essen in der Schulkantine. Aber sie gingen auch ein paar sehr komplexe Fragen an, wie: »Was ist Ehrlichkeit?« »Hat ein Mensch jemals das Recht, einen anderen, und sei es zu dessen Besten, zu kontrollieren?« Das war schwierig, denn ich habe mich erst später im College mit solchen Fragen beschäftigt. Ich kenne keine bessere Methode, Kinder mit all diesen verschiedenen Informationen und Gefühlen zu konfrontieren, als diese Klassenkonferenzen.

Hier eine Gruppendiskussion von Schülern, bei der der Lehrer fast ausschließlich die Methode des aktiven Zuhörens benutzt, um das Thema zu verdeutlichen und zu vertiefen:

Lehrer: »Ihr habt über den Spanisch-Amerikanischen Krieg gelesen. Ich frage mich, was ihr gelernt habt und wie ihr auf das Gelesene reagiert habt.«

Bert: »Ich dachte, das wird langweilig, wurde es aber nicht. Harry und ich haben gestern im Bus darüber geredet, wie überrascht wir beide waren, daß in dem Buch die Wahrheit steht. In den meisten Geschichtsbüchern, die ich bisher gelesen habe, kamen die USA immer, na ja, so gut weg.«

Harry (unterbricht): »Wie in dem über den Bürgerkrieg, in dem stand, Lincoln hätte alle Sklaven befreit, und anderer Scheiß.«

Lehrer: »Diese Bücher erscheinen euch also anders. Ihr habt das Gefühl, sie machen euch nichts vor, wie die anderen.«

Marcia: »Ich finde nicht, daß in den anderen Büchern tatsächlich gelogen wurde. Sie haben nur die eine Seite der Geschichte beschrieben und ein paar Dinge weggelassen.«
Harry: »Na, wenn das nicht Lügen ist, was dann? Wenn ich herumerzählen würde, daß unsere Fußballmannschaft bei dem Spiel gegen Central drei Ecken erzielte, fünfzehn Torschüsse und einen Elfmeter, würde das doch nicht das ganze Bild darstellen, oder?« (Central gewann 3:0.)
Gruppe lacht.
Lehrer: »Harry, du meinst, wenn man Informationen nicht darlegt, ist es das gleiche wie Lügen, und daß einige der Bücher, die wir benutzt haben, genauso verfahren sind.«
Harry: »Ja, das stimmt! Als wir ein paar der Bücher verglichen, konnte man meinen, sie würden von verschiedenen Kriegen handeln.«
Nancy: »Na, wie wird man überhaupt Historiker? Das sind doch bloß Leute, die Bücher über Sachen schreiben, die vor langer Zeit passiert sind. Die müssen doch voller Vorurteile sein.«
Vicky: »Du hast recht. Meine Schwester sagt, daß Historiker alles chauvinistische Schweine sind, die Zeug schreiben wie: ›Die tapferen Männer zogen gen Westen, und einige nahmen sogar ihre Familien mit.‹ Noch nie hat jemand über eine tapfere Frau geschrieben, und wenn, dann so, als wären sie überrascht, daß Frauen auch schießen oder schlimme Situationen aushalten können.«
Lehrer: »Wenn ich recht verstehe, stellt ihr alle die Fähigkeit in Frage, daß man objektiv Geschichte schreiben kann. Ihr sagt, daß die Meinung des Autors immer seinen Blickwinkel beeinflußt.«
Nancy: »Das ist das Problem. Warum sollte man also das Zeugs überhaupt lesen?«
Bert: »Aber darum geht es nicht, Nancy. Es geht darum,

nicht einfach alles zu glauben, nur weil es in einem Buch steht. Ich finde, wir sollten mehr Bücher lesen, nicht es ganz lassen.«

Nancy: »Du meinst: nicht *weniger* Bücher.«

Bert: »Okay, ein Punkt für dich. Aber ich meine, man sollte mehr lesen.«

Harry: »Ja, ich frage mich, was in Büchern aus Spanien über diesen Krieg steht?«

Vicky: »Wenn sie von Männern geschrieben wurden, sind sie vermutlich genau so chauvinistisch wie unsere.«

Marie: »Wer hat schon mal von einer Historiker*in* gehört?«

Vicky: »Keiner. Daher geht es in all den Büchern immer darum, daß die einzig wichtigen Dinge immer von Männern geleistet wurden, und die einzig wichtigen Menschen waren Männer. Ich hatte mal ein Buch, ich glaube, in der achten Klasse, in dem gab es drei Seiten über ›Große Frauen der amerikanischen Geschichte‹. Mir wurde fast schlecht.«

Lehrer: »Deiner Erfahrung nach, Vicky, werden Frauen von Historikern ziemlich am Rande behandelt.«

Vicky: »Ja.«

Harry: »Na, was haben denn die Frauen im Spanisch-Amerikanischen Krieg gemacht? Ich sehe nicht, was diese Sache mit den Frauen mit dem zu tun hat, über das wir gerade reden.«

Marcia: »Ich finde, es hat eine Menge damit zu tun. Du hast dich doch beschwert, daß du nicht die ganze Geschichte erfährst, Harry. Und wenn man nicht erwähnt, was die Frauen gemacht haben, ist das auch nicht die ganze Geschichte.«

Harry: »Ja, aber Frauen haben doch nie was geleistet. Sie haben nie Verträge abgeschlossen oder Regierungen gebildet oder waren Kapitän auf einem Schiff oder Forscher oder so.«

Vicky: »Das ist genau die Haltung, die ich meine. Du liest

die von Männern geschriebenen Bücher und bekommst den Eindruck, daß Männer alles tun. Ich behaupte ja nicht, daß Frauen Generäle oder sowas waren. Nur werden Frauen in den Büchern immer völlig ausgelassen. Denn die Sachen, die sie machten, werden immer ganz herablassend behandelt.«
Lehrer: »Du scheinst dich dafür zu interessieren, wie Geschichte geschrieben wird, besonders, wie Vorurteile, wie das von Vicky erwähnte gegenüber Frauen, sich in dem, was man liest, niederschlagen. Das scheint anders als das, was du anfangs sagtest, daß dir die Bücher über den Spanisch-Amerikanischen Krieg gefielen.«
Vicky: »Das waren Harry und Bert.«
Bert: »Was haben wir gesagt?«
Vicky: »Daß euch die Bücher gefielen. Ihr habt darüber geredet, wie sie den Krieg objektiv beschrieben und nicht versuchten, die USA gut aussehen zu lassen, wenn sie es nicht verdienten. Na, die gleichen Bücher sind nicht objektiv gegenüber Frauen. Meine Schwester macht an der Uni Frauenstudien, und sie hat Arbeiten darüber, wie man die Sprache in Büchern einschätzt, um herauszufinden, wie Frauen diskriminiert werden. Ich frage sie mal, ob sie mir hilft, diese Bücher durchzugehen, und nächste Woche sage ich euch, was dabei herausgekommen ist.«
Bert. »Okay, aber was ist mit den anderen Vorurteilen?«
Lehrer: »Du interessierst dich dafür, herauszufinden, wie man zwischen den Zeilen lesen und die Wahrheit erkennen kann, wenn man sich mit Geschichte befaßt, nicht bloß im Hinblick auf Frauen, sondern alle anderen Vorurteile, stimmt's?«
Harry: »Ja, wie kann man das Zeugs, das wir lesen, richtig einschätzen?«
Lehrer: »Vicky hat versprochen, uns von Methoden zu berichten, wie man das richtig einschätzt. Bert, du hast vorgeschlagen, eine Reihe von Büchern zu lesen, und Harry war es, glaube ich, der vorschlug, ausländische

Bücher zu besorgen, damit wir besser vergleichen können. Gibt es noch andere Vorschläge?«

Marie: »Ich glaube, wir brauchen einen Experten. Wir könnten einen Historiker einladen, der uns sagt, was wir tun können, oder der uns Fragen beantwortet. Unser Nachbar lehrt Geschichte an der Universität. Vielleicht könnte er einmal herkommen.«

Vicky: »Noch ein männlicher Historiker!« (zuckt die Achseln)

Marie: »Ich glaube, er ist objektiv. Wir könnten ihn doch nach Sexismus in Geschichtsbüchern fragen.«

Nancy: »Sie könnten uns doch ein paar von den Büchern besorgen, die in der Bibliographie aufgeführt sind.«

Lehrer: »Du meinst die in dem Buch, das wir benutzen?«

Nancy: »Ja.«

Marcia: »Ich glaube, wir sollten das Gespräch über den Spanisch-Amerikanischen Krieg verschieben, bis wir all das andere erledigt haben. Es macht mich verrückt, daß alles, was ich gelesen habe, vielleicht – nun – nicht wahr sein könnte. Als Vicky das sagte, habe ich überlegt, und sie hat recht. Keins der Bücher, die ich jemals gelesen habe, stellt Frauen als wichtig dar, auch wenn sie es waren, wie soll ich da alles andere einschätzen, was da drinsteht?«

Lehrer: »Du findest es also von Vorteil, wenn man die Schriften von Historikern studiert und einschätzt, ehe wir weitermachen?«

Marcia: »Ja.« (die Gruppe stimmt zu)

Lehrer: »Gut. Stellen wir einen Plan auf, wer was übernimmt. Ich besorge für nächsten Dienstag die Quellen aus der Bibliothek. Vicky, wann kannst du deinen Bericht abgeben?« (Es werden Verabredungen getroffen, um die verschiedenen Aufgaben auf die Gruppe zu verteilen.)

Im Verlauf einer knappen Viertelstunde hat die Klasse das Diskussionsthema völlig geändert, von dem, was die Schüler aus einem Buch über den Spanisch-Amerikanischen

Krieg lernen sollten, hin zu den Problemen bei der Erforschung historischen Materials und der Entwicklung von Kriterien für die Einschätzung von Texten und anderen Lehrbüchern im Unterricht. Aktives Zuhören spielte eine wichtige und notwendige Rolle bei dieser weitreichenden, wichtigen Lernerfahrung.

Viele Lehrer zögern offensichtlich dabei, sich von dem Vorlesungsmodell zu lösen, auch wenn die meisten wissen, daß es zu ausgeprägt eingesetzt wird und ineffizient ist, weil sie damit bei ihren Schülern die Erfahrung gemacht haben, daß sie sie nur wenig zum Gespräch ermuntern. Die meisten Lehrer wissen nicht einmal, wie sie Schüler zum Reden bringen können. Viele haben noch nie vom aktiven Zuhören als Lehrmittel gehört. Die Forscher Aspy und Roebuck (1983) fanden heraus, daß in den weiterführenden Schulen der USA die Lehrer 80 Prozent der Zeit sprechen. Erst wenn Lehrer lernen, die Schüler aktiv in den Unterricht einzubeziehen, werden die Schulen ihre Disziplinarprobleme los.

Aktives Zuhören ist auch unverzichtbar bei der Förderung einer produktiven Diskussion im Unterricht. Dies wird durch den Bericht eines Teilnehmers an einem Lehrerkurs bestätigt:

> Ich glaube, eins der Probleme, die wir hier haben, ist, daß wir das aktive Zuhören nicht als Lehrmethode ansehen. Man hat uns in unserem Schulbereich gedrängt, alle möglichen neuen Fragetechniken zu benutzen und Gruppendiskussionen zu veranstalten. Zwei Jahre lang hat man uns in diesen Techniken ausgebildet. Aber erst in den letzten paar Tagen, nachdem ich vom aktiven Zuhören erfahren habe, funktionieren diese Methoden bei mir. Jetzt erkenne ich, warum sich meine Diskussionsgruppen immer in einen Kampfplatz verwandeln, oder ich, wie sonst auch immer, dann doch in einer Vorlesung ende, mit dem einzigen Unterschied, daß die Schüler im Kreis sitzen und nicht in Reihen hintereinander. In anderen Fächern sollten wir »urteilsfrei« vorgehen, aber sie haben

uns nie gezeigt, wie. Seit ich das aktive Zuhören ausprobiere, werden die Diskussionen wirklich zu Diskussionen. Ich habe Spaß daran, und die Kinder engagieren sich.

Dieser Lehrer stieß darauf, daß aktives Zuhören ein wirksames Mittel ist, um Kinder zum Reden und Nachdenken zu bringen, um sie zu veranlassen, ihre Gedanken zu verdeutlichen, weitere Fragen zu stellen und um ein Klima zu erzeugen, in dem sich die Schüler frei fühlen, ihren Kopf zu benutzen, Fragen zu entwickeln und neue Ideen zu untersuchen. Ein solches Klima ist leider in unseren Klassenzimmern eine Seltenheit. Mit Hilfe systematischer Ausbildung können Lehrer jedoch große Erfahrung darin erlangen, eine Form von schülerzentrierter Mitwirkung in der Klasse zu erreichen. Als Folge dessen werden eine Menge Disziplinprobleme verschwinden.

Für eine bessere Beziehung zwischen Lehrer und Schüler

Erinnern Sie sich einmal daran, welche Lehrer Sie während Ihrer Schulzeit mochten. Die meisten Menschen können sich an einen Lehrer erinnern, manchmal an zwei, und nur sehr wenige an mehrere. Es ist ein trauriger Kommentar zur Situation an unseren Schulen, daß die Beziehungen zwischen Lehrern und Schülern allgemein so schlecht sind.

»Kinder lernen nichts bei Menschen, die sie nicht leiden können«, behauptet der Titel eines Buches von David Aspy und Flora Roebuck (1977). Es ist auch allgemein bekannt, daß die Qualität der Lehrer-Schüler-Beziehung eine Menge damit zu tun hat, wie Kinder lernen. Als Schüler gibt man sich ungleich mehr Mühe und versucht immer, sein Bestes zu geben, wenn man Lehrer hat, die man gut leiden kann. Wir haben bei diesen Lehrern nicht nur mehr gelernt, sondern uns auch besser benommen. Kinder neigen bei beliebten Lehrern viel weniger dazu, zu stören, zu trödeln und zu schwänzen. Schüler hingegen, die Disziplinprobleme verursachen, agieren gewöhnlich Feindseligkeit gegenüber dem Lehrer aus oder rächen sich dafür, wie sie von anderen Lehrern behandelt werden.

Es gibt eine ganze Reihe verschiedener Elemente, die zu diszipliniertem Verhalten und einer guten Beziehung zwischen Lehrern und Schülern beitragen, aber keines ist wichtiger als eine Atmosphäre im Unterricht, in der Schüler angeregt werden, ihre Gedanken und Meinungen auszudrücken, und in der sie das Gefühl vermittelt bekommen, diese Gedanken und Meinungen würden verstanden, respektiert und vom Lehrer akzeptiert.

Eltern wie Lehrer blocken Kinder im allgemeinen ab, wenn sie nicht zuhören, wie diese sehr entschieden »verrückte« Meinungen äußern, besonders zu kontroversen Themen. Doch da durch das aktive Zuhören dramatisch verändert wird, wie Erwachsene und Kinder einander zuhören, wandelt sich oft die Beziehung zwischen Erwachsenem und Kind ebenso eindrucksvoll.

Kinder, die sich von Erwachsenen verstanden und respektiert fühlen, erleben sich unweigerlich als wertvoller und wichtiger. Die Befriedigung, verstanden zu werden, verbunden mit zunehmender Selbstachtung, bewirkt positive Gefühle gegenüber Eltern und Lehrern. Erwachsene, die empathisch zuhören, entwickeln auch mehr Verständnis für junge Leute und erkennen allmählich, wie es ist, in deren Schuhen zu stecken. Wenn man auf diese Weise zuhört, kann man das Kind ein paar Schritte auf seinem Lebensweg begleiten, und das ist wirklich ein Akt der Liebe, des Respekts und der Fürsorge. Die meisten Kinder haben das noch nie erlebt, und das verstärkt die Wirkung, wenn sie sich zum ersten Mal wirklich verstanden und akzeptiert fühlen. Sie lernen, daß ihre Gefühle und Meinungen akzeptabel sind, daß es in Ordnung ist, zu sein, wie sie sind, daß das Reden über interessante und wichtige Dinge sowohl aufregend wie gewinnbringend sein kann.

Ob ein Lehrer aktives Zuhören benutzt, um empathisch einem einzelnen Kind, das ein Problem hat, zuzuhören, oder zwei Kindern mit einem Konflikt oder einer ganzen Schulklasse, die die Vorurteile in Geschichtsbüchern diskutiert – die Wirkung auf die Schüler ist die gleiche. Sie fühlen sich wohl, sie mögen den Lehrer. Da dieser Interesse und Respekt für ihre Gedanken und Gefühle ausdrückt, fühlen sich die Schüler eher geschätzt und spüren mehr Selbstwertgefühl. Diese Gefühle gefallen ihnen, und daher fassen sie Zutrauen zu der Person, die sie hervorgerufen hat. Im Laufe der Zeit entwickelt sich die Beziehung zum Lehrer zu gegenseitiger Zuneigung und Respekt.

In solchen Beziehungen haben Lehrer nicht nur weniger Disziplinprobleme – weniger rebellische oder sich rächende Kinder –, sondern die Schüler werden selbstkontrollierter, verantwortlicher und selbstdisziplinierter.

Diese Auffassung wird nicht immer sofort geglaubt. Lehrer in unseren Kursen stellen anfänglich immer die Notwendigkeit des empathischen Zuhörens in Frage. Sie meinen: »Wir sind doch Lehrer, keine Therapeuten, und unsere Aufgabe ist es, die Schüler mit Informationen und Wissen zu versorgen und nicht der ›geballten Ignoranz‹ in Schülerdiskussionen zuzuhören.«

Schulverwalter und Elternvertreter benutzen ähnliche Argumente, um Vorschläge zur Verwendung dieser Methoden in der Lehrerausbildung abzulehnen. Auch sie sehen keine direkte Verbindung zwischen der Fähigkeit der Lehrer, zuzuhören, zu helfen und zu fördern, und ihrer Tätigkeit, Wissen zu vermitteln. »Es ist ja ganz schön, nett zu sein, aber man muß ihnen auch was beibringen«, das scheint die konventionelle Ansicht zu sein.

Aber es gibt genügend »harte Fakten«, die schlüssig beweisen, daß die schülerzentrierten, empathischen Methoden, die ich bereits ausführlicher beschrieben habe, dem Lehrer in Wirklichkeit helfen, auch die traditionellen Lernziele unserer Schulen zu erreichen, wie wissenschaftliches Arbeiten, hohe Konzentration, kreatives Denken, starke Lernmotivation und Selbstdisziplin.

Die Vorteile der fördernden Haltung

In einer größeren wissenschaftlichen Untersuchung von Aspy und Roebuck (1983) mit sechshundert Lehrern und zehntausend Schülern von der Vorschule bis zur zwölften Klasse wurden die Schüler, deren Lehrer gelernt hatten, sie empathisch zu verstehen, sie zu akzeptieren, zu respektieren und sie als gleichberechtigte Menschen zu betrachten, mit jenen verglichen, deren Lehrer diese Kommunikationstechniken nicht erlernt hatten. Die Lehrer *mit* dieser Ausbildung hatten Schüler, die

- weniger Schultage pro Jahr versäumten (vier Tage weniger);
- größere Fortschritte bei schulischen Leistungen aufwiesen, darunter in Mathematik und Lesefähigkeit;
- spontaner und zugleich abstrakter denken konnten;
- ihren Intelligenzquotienten (vom Kindergarten bis zur fünften Klasse) steigern konnten;
- innerhalb eines Halbjahrs ihre Kreativität sichtbar verbesserten;
- zunehmende Selbstachtung zeigten;
- weniger Schuleigentum zerstörten;
- weniger Disziplinprobleme bereiteten.

In der Untersuchung fand man auch heraus, daß Lehrer, die in den helfenden Fähigkeiten ausgebildet waren, Klassen unterrichteten, in denen

- die Schüler mehr miteinander im Gespräch waren;
- die Schüler mehr Probleme lösten;
- die Schüler öfter Gespräche anregten;
- die Schüler öfter verbal auf den Lehrer reagierten;
- mehr Schüler Fragen stellten;
- die Schüler sich stärker beteiligten;

- die Schüler mehr Blickkontakt mit dem Lehrer hielten;
- häufiger abstakter gedacht wurde;
- größere Kreativität herrschte.

Die Schüler der in diesen Fertigkeiten nicht ausgebildeten Lehrer litten hingegen unter abnehmender Selbstachtung. Um die Ergebnisse zusammenzufassen: Man sollte in der Schule Kindern nicht beibringen, sich *weniger* zu mögen.

In verschiedenen anderen Untersuchungen (Aspy/Roebuck, 1975; Roebuck, 1975; Roebuck/Aspy, 1974) fand man heraus, daß Lehrer, die ausgeprägtes empathisches Verständnis anbieten, in den Klassen auch dazu neigen:

- eher auf die Gefühle der Schüler einzugehen;
- bei bestehenden Lehrprozessen die Schülerideen besser einzubeziehen;
- mehr Diskussionen und Dialoge mit den Schülern zu führen;
- die Schüler öfter zu loben;
- »echter« und weniger ritualisiert mit den Kindern zu sprechen;
- den Lehrinhalt mehr auf die unmittelbaren, individuellen Bedürfnisse des Schülers zuzuschneiden;
- die Schüler öfter anzulächeln;
- mehr Nachdruck auf Produktivität und Kreativität zu legen als auf Beurteilung;
- Noten und Tests weniger zu betonen;
- Lernziele zu setzen, die sich aus kooperativer Planung von Lehrern und Schülern ergeben.

In einer weiteren Untersuchung von Roebuck (1980) wurde gezeigt, daß einer der wichtigsten Vorteile der fördernden Methode die Reduzierung von störendem Verhalten in der Klasse ist. Diese Studie begleitete 88 Klassen vom zweiten bis zum sechsten Schuljahr. Die Forscher maßen das empathische Verständnis der Lehrer, deren Respekt vor den Schülern und das Ausmaß von Beteiligung am Unterricht, angeregt durch die Lehrer. In der Studie wurde zudem die Anzahl von Störungen des Unterrichts innerhalb eines

Monats festgestellt. Die Ergebnisse: In Klassen, deren Lehrer wenig Empathie, Respekt, Lob und Akzeptanz bezüglich der Ideen und Meinungen der Schüler aufwiesen, fand sich häufiger störendes Verhalten.

Ich habe es bereits betont: Wenn die Beziehungen zwischen Lehrern und Schülern gegenseitige Zuneigung, Respekt und Liebe einschließen, nehmen die Disziplinprobleme signifikant ab. Kinder wollen keine Lehrer stören oder ärgern, die sie respektieren und die sie mögen. Sie wollen Lehrer, zu denen sie allmählich Zuneigung entwickeln. Die Zeit in der Schule, in der man sich gewöhnlich mit Disziplinproblemen herumschlägt, könnte statt dessen dem Lernen und Lehren gewidmet werden.

Andere Vorteile der helfenden/ fördernden Fähigkeiten

Andere Vorteile dieser helfenden, fördernden Methoden liegen darin, daß man deutlich besser in der Lage ist, Kinder zu beeinflussen, ein Verhalten zu ändern, das der Erfüllung der eigenen Bedürfnisse entgegensteht – wenn Ihnen das kindliche Verhalten Probleme bereitet. Ich habe in Kapitel Acht ein Prinzip vorgestellt: *Kinder werden Ihnen bei einem Problem mit ihrem Verhalten nicht helfen, wenn sie nicht das Gefühl haben, auch Sie versuchten im Alltag stets, ihnen zu helfen, wenn sie ein Problem haben.*

Dieser Umkehrschluß hat auf alle Beziehungen großen Einfluß. Man spürt das, wenn man seine neuen Helferfähigkeiten ausprobiert, und wenn man mehr Einfluß gewinnt, ist man weniger versucht, die machtbezogene Disziplinierung anzuwenden, um das kindliche Verhalten zu ändern. So vermeiden Sie, sich mit rebellischem und widerspenstigem Verhalten auseinandersetzen zu müssen (mit »Kampf«-Reaktionen), oder mit Rückzugs- oder »Flucht«-Verhalten, und Sie helfen Ihren Kindern oder Schülern, selbstdisziplinierter, selbstkontrollierter und verantwortlicher zu werden. Sie werden Ihnen auch mehr Respekt erweisen – nicht Respekt (eigentlich: Angst) vor Ihrer M-Autorität, sondern Respekt vor Ihrem Recht darauf, daß auch Ihre Bedürfnisse erfüllt werden, weil Sie den Kindern den gleichen Respekt erwiesen haben.

Der vielleicht größte Vorteil des aktiven Zuhörens ist, daß die Kinder zu Hause und in der Schule weniger ungelöste Probleme mit sich herumtragen. Wie wir gesehen haben, zeigen Kinder, die sich unglücklich und frustriert fühlen, häufiger störendes oder destruktives Verhalten als zufriedene Kinder. Ängstliche, unglückliche, unerfüllte, unsichere Kinder sind immer diejenigen, die Disziplinarmaßnahmen förmlich anziehen. Kinder, deren Eltern oder Lehrer zu Helfern werden, haben wohl nicht bloß weniger Probleme, sondern gewiß weniger *ungelöste* Probleme. Ihre fördernden Fähigkeiten helfen ihnen, auch selbst die so wichtige Problemlösungsfertigkeit zu erwerben, die ihnen helfen wird, sich insgesamt selbstbewußter und weniger hilflos zu fühlen.

Kapitel Zehn

Warum Erwachsene Kinder immer noch disziplinieren

Trotz der zahllosen Schwierigkeiten, die der Einsatz von Belohnungen und Strafen im familiären und schulischen Alltag hervorruft, und obwohl Eltern und Lehrer ganz offensichtlich mit dieser Methode, die Kinder zu kontrollieren, scheitern, und trotz der großen Zahl wissenschaftlicher Untersuchungen, die zugleich die Unwirksamkeit wie auch die Schädlichkeit von machtbezogener Disziplin beweisen, klammern sich die meisten Eltern, Lehrer und Pädagogen an die Überzeugung, man müsse Kinder disziplinieren. Selbst einige der progressivsten Verfechter einer »menschlichen« und »kindzentrierten Erziehung« verteidigen das System von Belohnung und Strafe auf die eine oder andere Weise als notwendig für die gesunde Entwicklung von Kindern. Es ist mir wirklich schwer gefallen, in den USA mehr als eine Handvoll von Psychologen und Pädagogen zu finden, die die Position unterstützen, die ich seit über einem Vierteljahrhundert vertrete – nämlich daß Disziplin eine unwirksame, überholte und schädliche Methode ist, Kinder zu erziehen und zu bilden.

In einer Umfrage unter den aktiven Mitgliedern des Psychologenverbandes im Staat Pennsylvania fand man heraus, daß die Mehrheit jener Psychologen regelmäßig ihren eigenen Kindern Klapse versetzt, und die Hälfte meinte, daß auch Lehrer die Möglichkeit zu dieser Form von Strafe haben müßten.

Eine andere Umfrage im selben Staat ergab die folgenden

Zahlen zu der Frage, wer sich in Schulen für körperliche Züchtigung einsetzt (Reardon/Reynolds, 1975):

Schulbehörden	81 Prozent
Rektoren	78 Prozent
Schulverwalter	68 Prozent
Lehrer	74 Prozent
Eltern	71 Prozent
Schüler	25 Prozent

Wo mögen die Gründe dafür liegen, daß so viele Menschen dabei zögern, mit der Disziplinierung von Kindern Schluß zu machen? Ich werde auf den folgenden Seiten versuchen, die verschiedenen Ursachen für diesen Widerstand herauszufinden.

Die Doktrin vom »Verwöhnen«

Ein vorherrschender Mythos über Kindererziehung ist die Doktrin, daß man Kinder »verwöhnt«, wenn man ihnen hilft, ihre Bedürfnisse zu befriedigen. Menschen, die von dieser Auffassung durchdrungen sind, glauben, die Wünsche und Bedürfnisse von Kindern seien ebenso grenzenlos wie unersättlich und daß Kinder weitaus mehr Befriedigung wollten, als gut für sie sei. »Verwöhnt« ist sicher in diesem Zusammenhang ein seltsamer Begriff, aber er soll besagen, daß offenbar alle Kinder egoistisch, selbstsüchtig, rücksichtslos, undiszipliniert und anspruchsvoll werden, unfähig, Frustrationen auszuhalten, und daß sie sämtliche unerwünschten Eigenschaften entwickeln, die man sich nur ausdenken kann – wenn sie »verhätschelt« werden.
Ängste und Unsicherheit darüber, ob man Kinder vielleicht verwöhnt (»Wer sein Kind liebt, spart mit der Rute nicht«), führen bei vielen Eltern und Lehrern zu dem Entschluß, den kindlichen Wünschen nie nachzugeben. In einer Studie fand man heraus, daß 68 Prozent aller neuseeländischen Mütter glaubten, es sei möglich, Kinder zu »verwöhnen«. Die Müt-

ter in dieser Untersuchung gaben zu, aufgrund dieser Befürchtung ihre natürlichen Gefühle von Wärme und Liebe zurückzudrängen und den Wunsch zu unterdrücken, dem Nachwuchs zu geben, was er braucht, um zu gedeihen und Wohlbefinden zu entwickeln. (Ritchie/Ritchie, 1970)

Offensichtlich kommt es Eltern nicht in den Sinn, daß der Wunsch von Kindern nach Zuneigung, Bindung, Berührung, Aufmerksamkeit, Spiel, Schmusen und so weiter vielleicht nach den gleichen Prinzipien funktioniert wie andere biologische Bedürfnisse, also wie beispielsweise Hunger oder Durst – nämlich, daß Kinder zufrieden sind, wenn sie genug davon bekommen (im Gegensatz zu der Vorstellung, ihre Bedürfnisse seien unersättlich). Viele Erwachsene begreifen auch noch nicht, daß die Erfüllung von Bedürfnissen tatsächlich zu Zufriedenheit, Befriedigung, Wohlbefinden und Gesundheit führt.

Die Überzeugung, daß Kinder von Natur aus schlecht seien

Der Widerstand gegen die Abschaffung der Disziplinierung von Kindern entspricht auch der verbreiteten Überzeugung, daß man Kindern nicht trauen kann, weil sie schlecht (oder sündig) auf die Welt kommen. Diese Haltung gegenüber Kindern beeinflußte im Lauf der Geschichte der westlichen Kultur die Erziehungstheorien stark. Daher stammt die Praktik, »Kindern den Teufel auszuprügeln«, und die »Notwendigkeit, Kindern den Willen zu brechen«. Diese ungewöhnliche, negative Betrachtung hat in unserer Geschichte tiefe Wurzeln geschlagen. John Wesley zitiert in einer Predigt aus dem Jahr 1742 mit dem Titel »Über Gehorsam gegenüber Eltern« einen Brief seiner Mutter:

> Um den Charakter eines Kindes zu formen, muß man zuerst seinen Willen erobern... Davon allein hängen Himmel oder Hölle ab. So soll der Elternteil, der sich

bemüht, sie (die Eigenwilligkeit) im Kinde zu unterdrükken, mit Gott zusammen an der Errettung seiner Seele arbeiten... Daher muß ich in allem Ernste wiederholen: Breche ihren Willen zeitig, beginne mit dieser großen Aufgabe, noch ehe sie allein laufen können, ehe sie deutlich oder überhaupt sprechen können. Gleich, welchen Schmerz es bereitet, überwältige ihre Widerborstigkeit, breche ihren Willen, wenn du das Kind nicht der Verdammnis anheimgeben willst. Ich beschwöre dich, dies nicht zu vernachlässigen und nicht zu verzögern! Daher laß (1) dem Kind von einem Jahr an beibringen, die Rute zu fürchten und leise zu weinen. (2) Dazu laß es nichts haben, um das es weint, absolut nichts, ob groß oder gering, sonst machst du dein Werk zunichte. (3) Es soll unter allen Umständen von diesem Alter an nur das tun, um was es gebeten wurde, und wenn du es zehnmal peitschst, um das zu bewirken... breche seinen Willen jetzt, und seine Seele wird leben, und es wird dich vermutlich in alle Ewigkeit segnen.

Ähnliche Gedanken tauchen in den Schriften von Calvin über das Unterrichten von Kindern auf. »Ihre gesamte Natur ist ein Samenkorn der Sünde, und daher kann es für Gott nichts anderes sein als hassenswert.« In einer frühen Ausgabe des *Mothercraft Manual*, der wichtigsten Veröffentlichung einer weitverbreiteten Elternbewegung im England des 19. Jahrhunderts, finden wir das gleiche Bild von Kindern (Cook, 1978):

Selbstkontrolle, Gehorsam, die Anerkennung von Autorität und später Respekt vor Älteren sind alles Folgen der Erziehung der ersten Jahre... das Baby, das immer, wenn es schreit, aufgenommen und gefüttert wird, wird bald zu einem wahrhaften Tyrannen, der seiner Mutter keinen Frieden läßt, wenn es wach ist, während andererseits der Säugling, den man regelmäßig füttert, zum Schlafen legt und mit dem man zu bestimmten Zeiten spielt, auf diese Weise die nützlichste aller Lektionen lernt, Selbstkontrolle und die Anerkennung einer anderen Autorität als seine eigenen Wünsche... Die gewissenhafte Mutter muß darauf vorbereitet sein, zu kämpfen und stets zu siegen, ob es um kleine oder große Dinge geht.

Obwohl die meisten Eltern heutzutage nicht so weit gehen würden, ihr Kind als von Grund auf »schlecht« anzusehen, neigen dennoch viele zu der Auffassung, daß Kinder immer versuchen werden, sich durchzusetzen, wenn sie nur können, sich stets selbstsüchtig verhalten und so weiter.

Peter Cook, ein neuseeländischer Psychologe und Lehrerkurs-Instruktor der ersten Stunde, der heute in Australien lebt, hat deutlicher als alle anderen mir bekannten Wissenschaftler auf die Wirkungen dieser erstaunlichen, weitverbreiteten Ansicht über Kinder hingewiesen, nach der diese primitiv, pervers, ja bösartig seien. Er nennt diese Haltung die »grundsätzliche Mißtrauenshaltung in der Kindererziehung« und schreibt darüber:

> Diese Vorstellungen führen auch zum Bemühen, das Verhalten des älteren Säuglings zu kontrollieren, indem man ihn erzieht, oft verstärkt von Drohungen und Strafen. Vorherrschendes Ziel ist dabei häufig, den Kleinen den Unterschied zwischen »gut« und »böse« beizubringen und für Gehorsam zu sorgen. Diese Methode kann nach außen hin Erfolg haben, manchmal auf Kosten eines hohen Preises, aber häufig führt sie zu verstärkten Konflikten, emotionalen Störungen und Rebellion... Die Theorie (der grundsätzlichen Mißtrauenshaltung)... wird häufig zu einer sich selbst erfüllenden Prophezeiung... Wenn Unartigkeit als Folge des Scheiterns bei der Kontrolle natürlicher Neigungen angesehen wird, die man als primitiv, tierisch und daher schlecht einschätzt, kann die Überzeugung (der Mutter) bestärkt werden, daß diese durch angemessenes Training ausgemerzt werden können, wenn möglich liebevoll, aber Zwang und Drohungen können bei Widerstand notwendig werden. Wenn der Widerstand wächst, *ist Gewalt gerechtfertigt,*

> *denn es geht immerhin vermeintlich um eine gute Sache.* Wenn diese Doktrin und die damit verbundenen Erziehungsprozesse ein »unartiges« oder »gestörtes« Kind hervorbringen, kann man es immer noch als Bestätigung der Prämisse betrachten: die ursprüngliche Neigung zur Unartigkeit war einfach so stark; die Schwierigkeiten können *»ungenügender Erziehung und Bestrafung zugeschrieben werden«*. (kursiv v. Verf.) (Cook, 1978)

Der Einfluß dieser abschätzigen und erniedrigenden Ansicht von Kindern tauchte vor einigen Jahrzehnten in einem Taschenbuch des Predigers John R. Rice mit dem Titel *Correction and Discipline of Children* (»Das Korrigieren und Disziplinieren von Kindern«) wieder auf. Dieses Buch ist in den USA immer noch im Handel. Der Autor vertritt die Meinung, daß das gute, althergebrachte Prügeln bei der Geburt beginnen und fortgesetzt werden sollte, bis die Kinder das Ehegelöbnis ablegen:

> Gute, althergebrachte Prügel. Das funktioniert sogar schon in der Wiege. Viele, viele Male habe ich ein Kind schreien und heulen gesehen, weil es seinen Willen durchsetzen wollte und trotzig nahezu eine halbe Stunde brüllte. Und endlich habe ich dann gesehen, wie Vater oder Mutter dem mit ein paar kräftigen Schlägen ein Ende setzten. Das geschlagene Kind gab plötzlich seinen Widerstand auf, klammerte sich reumütig an Mutter oder Vater, und wenn ihm die Verzeihung sicher war, schlief es friedlich innerhalb einer Minute ein. (Rice, 1946)

Rice glaubt ebenfalls, daß Kinder von Natur aus verderbt seien, daß die »Eltern, wie Gott, strafen und belohnen müssen«, daß Gott Disziplin von Eltern verlangt, daß »Mangel an Disziplin zu öffentlicher Schande führe«, und daß das »Peitschen von Kindern sie vor der Hölle bewahrt«.

Wenn man glaubt, daß Kinder mit angeborenen Neigungen zur Schlechtigkeit auf die Welt kommen, folgt daraus logisch, daß man Kinder besser machen, ihnen die Boshaftigkeit austreiben, sie sozialisieren, eingrenzen, in Schach halten, strafen und disziplinieren muß. Körperliche Strafen, auch sehr schwere, können leicht mit dieser extrem verzerrten Ansicht über die Natur von Kindern und der heiligen Pflicht ihrer Eltern gerechtfertigt werden.

Schwarzweißdenken in Konflikten zwischen Erwachsenen und Kindern

Ein anderer Grund für den Widerstand, die machtbezogene Disziplin aufzugeben, ist die verbreitete Meinung, daß, wenn Konflikte in einer Beziehung zwischen einem Erwachsenen und einem Kind entstehen – was unvermeidlich ist –, der eine gewinnen und der andere verlieren muß. Von den vielen tausend Eltern und Lehrern, die an unseren Eltern- und Lehrerkursen teilgenommen haben, ist ein sehr hoher Prozentsatz – ich schätze über 90 Prozent – in diesem Sieg-Niederlage-Denken befangen, das man auch Schwarzweißdenken nennen könnte. »Entweder ich setze mich durch, oder das Kind.« »Wenn ich verliere, gewinnt das Kind.« Und da niemand in einem Konflikt gern verliert, bleibt als einzig mögliche Methode, seine Macht einzusetzen, um als Sieger dazustehen. Das geschieht in der verbreiteten Annahme, man habe die Macht dazu.
Wie schon zuvor erwähnt, wirkt es auf Eltern und Lehrer fast wie eine Offenbarung, wenn sie von der Möglichkeit eines dritten Wegs erfahren. *Keiner* braucht zu verlieren. Die niederlagelose Methode, Methode III, bei der die Parteien *zusammen* nach einem akzeptablen Ausweg suchen, ist eine Lösung, die *sowohl die Bedürfnisse des Kindes wie die des Erwachsenen berücksichtigt.*
Ich glaube, Schwarzweißdenken ist einer der Hauptgründe, warum so viele Eltern und Lehrer niemals die Macht aufgeben, die man zu Methode I (»Ich gewinne, du verlierst«) braucht. Sie nehmen fälschlicherweise an, daß die einzige

Alternative (und zwar eine abscheuliche) in Methode II besteht (»Ich verliere, du gewinnst«). Der Widerstand, Methode I aufzugeben, schwindet jedoch gewöhnlich, wenn begriffen wird, daß Methode II nicht die einzige Alternative ist. Es gibt ja Methode III, bei der *die Bedürfnisse des Kindes befriedigt werden, aber bei der auch der Erwachsene dafür sorgt, daß seine erfüllt werden*. Hier verliert niemand.

Die Bibel als Rechtfertigung für strafende Disziplin

Ein recht großer Teil der christlichen Gemeinde in den USA, der eher konservativ, fundamentalistisch ausgerichtete, der die Bibel ganz wörtlich nimmt, bezieht die Position, daß die Bibel die Eltern mit Autorität und genügend Anweisungen versorgt, wie man Kinder diszipliniert.

> Torheit steckt dem Knaben im Herzen, aber die Rute der Zucht treibt sie ihm aus. (Sprüche 22,15)
>
> Laß nicht ab, den Knaben zu züchtigen, denn wenn du ihn mit der Rute schlägst, so wird er sein Leben behalten. (Sprüche 23,13) Du schlägst ihn mit der Rute, aber du errettest ihn vom Tode. (Sprüche 23,14)

In den letzten Jahren wurden in den USA Dutzende von Büchern veröffentlicht, die Eltern raten, die sogenannte Bibelmethode bei der Erziehung ihrer Kinder anzuwenden. James Dobson ist vermutlich der populärste Autor solcher Bücher. Er nennt seine Methode die »jüdisch-christliche«: »Ich verfolge das Ziel, die jüdisch-christliche Tradition in Fragen der Disziplin in Worte zu fassen und diese Vorstellungen heutigen Familien zugänglich zu machen.« (Dobson, 1978)

Wenn man auf zweitausend Jahre jüdisch-christliche Kindererziehung zurückblickt, entdeckt man eine Tradition weitverbreiteter, schwerer Kindesmißhandlung – exzessives Prügeln, Einsperren in Schränke, die Verweigerung von Nahrung, Folter und sogar den Verkauf von Kindern. Lloyd de Mause schildert in seinem umfassenden Buch *History of Childhood* (1974) die Disziplinierungsmethoden im Verlauf der Jahrhunderte. Seine Schlußfolgerungen zeichnen ein grausames Bild von Gewalt und Mißhandlung:

> Die von mir zusammengetragenen Schilderungen von Disziplinierungsmethoden bei Kindern führen mich zu dem Schluß, daß man einen hohen Prozentsatz der Kinder, die vor dem 18. Jahrhundert auf die Welt kamen, heute als »mißhandelte Kinder« bezeichnen würde. Von über zweihundert Ratschlägen zur Kindererziehung aus der Zeit vor dem 18. Jahrhundert, die ich untersuchte, billigen die meisten, daß Kinder schwer geprügelt werden... je weiter ich in der Geschichte zurückging, um so geringer war das Maß an Fürsorge für Kinder, und um so wahrscheinlicher wurden Kinder von ihren Versorgern getötet, verlassen, verschifft, sexuell mißbraucht und terrorisiert.

Zusätzlich zur Bibel als Autorität für die körperliche Bestrafung von Kindern fügen viele Autoren ein weiteres Argument hinzu, warum man Kinder zu Gehorsam erziehen soll. Sie fürchten, wenn man dem Kind »erlaube«, den Eltern nicht zu gehorchen, führe dies unweigerlich dazu, daß es Lehrern, der Polizei, Verwandten, Nachbarn und schließlich Gott den Gehorsam verweigere.

Mich irritiert, daß Menschen, die diese Position einnehmen, niemals die Möglichkeit in Betracht ziehen, daß strafende Disziplin viel häufiger Ungehorsam bewirkt, statt ihn abzubauen. Kinder »wehren sich trotzig« gegen Erwachsene, die viel kommandieren, diktieren, fordern, zwingen oder verbieten. Kinder können jedoch nicht gegen ein Elternteil rebellieren, der gelernt hat, machtbezogene Autorität durch nicht-machtorientierte Methoden der Beeinflussung und Anweisung zu ersetzen; Kinder können Elternregeln nicht übertreten, wenn die Eltern diese Regeln nicht einseitig setzen. Kurz, mir scheint, Ungehorsam tritt *als Reaktion* auf die Anwendung zwingender Macht ein.

Dobson selbst scheint aber trotz seiner Überzeugung, die biblische Disziplin sei gütig, als Vater nicht besonders liebevoll zu sein:

> Wenn das Kind versucht, trotzig und widerspenstig zu sein, treibt man ihm das besser aus, und das beste Mittel dazu sind Schmerzen... Sie haben eine klare Grenzlinie gezogen, und das Kind schiebt sich ganz bewußt und frech auf die andere Seite. Wer gewinnt hier? Wer hat den größten Mut? Wer hat hier das Sagen? (Dobson, 1978)

Ob aber die Disziplinierer in Besitz der einzigen Wahrheit aus den Lehren der Bibel sind, scheint mir hier doch eine wichtige Frage. Andere christlich-orientierte Autoren finden in der Bibel Passagen, die eine nicht-strafende, sanfte, liebevolle, stützende Philosophie bezüglich der zwischenmenschlichen Beziehungen und der Kindererziehung belegen. Jesus fordert seine Jünger auf: »Füttert meine Lämmer« und nicht dazu, sie zu schlagen, im 23. Psalm »trösten mich dein Stecken und Stab«, eine Grundregel lautet: »Liebe deinen Nächsten wie dich selbst«. Jesus sagte: »Lasset die Kindlein zu mir kommen und wehret ihnen nicht.« »Und wer ein solch kleines Kind in meinem Namen empfängt, der empfängt mich, und wer einem Kinde wehret, das an mich glaubt, dem hinge man besser einen Mühlstein um den Hals und ertränke ihn in den Tiefen des Meeres«, und: »Urteilt nicht, auf daß man euch nicht verurteile.«

Solche Passagen unterscheiden sich deutlich von jenen, die die Disziplinierer herausgepickt haben. Andere Beispiele findet man bei Earl Gaulke*, einem lutherischen Pastor und christlichen Vater. In seinem Buch *Where Everybody wins: Christian Perspectives on Parent Effectiveness Training* (1975) wird Eltern gezeigt, daß bestimmte Fähigkeiten, die

* Earl Gaulke gehört zu den mehr als tausend ordinierten Pfarrern, Priestern und Rabbinern, die sich freiwillig in der P.E.T.-Methode ausbilden ließen. Innerhalb dieser großen Gruppe von Kirchendienern finden sich viele aus verschiedenen protestantischen Richtungen, wie auch Priester aus den verschiedensten Orden der Katholischen Kirche.

in den Elternkursen gelehrt werden, in Wirklichkeit mit dem christlichen Glauben übereinstimmen, und daß die P.E.T.-Methode sich mit Gottes Liebe zu Christus in Verbindung setzen läßt und, durch sie gestärkt, umso wirksamer wird.

Der Mythos von der Toleranz

Es besteht die weitverbreitete Überzeugung, daß alles, was bei Kindern heutzutage schiefläuft, durch deren übertolerante, allzu »gewährenlassende« Eltern verursacht wurde. Ich nenne dies den Mythos von der Toleranz. Toleranz wird für alle schlimmen Dinge verantwortlich gemacht, auf die Jugendliche heute verfallen – Jugendkriminalität, Drogenmißbrauch, Gewalt, voreheliche Sex, Alkoholismus, Schulabbruch, Vandalismus, Rebellion gegen Autoritäten.
Die Schuld für die übergroße Toleranz wird in den USA gewöhnlich Benjamin Spock gegeben, dem bekannten Autor der *Säuglings- und Kinderpflege* aus dem Jahr 1957. Meiner Meinung nach ist das völlig ungerechtfertigt, und Spocks Absichten wurden in der Öffentlichkeit der USA grob entstellt. Wenn man sein Buch und seine Zeitschriftenartikel sorgfältig liest, findet man, daß Spock sich für das Aufstellen von Grenzen einsetzt, vor »elterlicher Unterwürfigkeit« warnt und der »Unfähigkeit, fest zu sein«. Er rät Eltern, »wenn man ein Kind dazu bringen will, etwas zu tun oder zu unterlassen, muß das deutlich und bestimmt geschehen... und man muß ein Auge darauf halten, bis es sich fügt.« (Spock, 1974)
Die Geschichte wird letztendlich Benjamin Spocks großen Beitrag für Eltern anerkennen. Er stellte Eltern sein reiches Wissen als Kinderarzt und seine Erfahrung zur Verfügung, die ihnen mehr Selbstvertrauen verlieh und ihre Ängste abbaute. Am wichtigsten für das Wohlbefinden und die emotionale Gesundheit der Kinder aber war, daß er die

Akzeptanz der Kinder durch die Eltern bestärkte. In den Begriffen der Elternkurse half Spock Millionen von Eltern, die problemlose Zone des Verhaltensfensters zu vergrößern (s. S. 156), das heißt, Spock eröffnete den Eltern einen Weg, die Zahl der Verhaltensweisen deutlich zu senken, die diese gewöhnlich bei Kindern problematisch und inakzeptabel finden. Wenn Eltern ihre Kinder besser annehmen, wird auch das Leben mit ihnen angenehmer und die Beziehung liebevoller. Für mich stellt das einen großartigen Beitrag dar, der all meinen Respekt und meine Bewunderung verdient. Ich wünschte jedoch, daß mehr Menschen begriffen, daß Spock Kinderarzt war, eine medizinische Koryphäe auf diesem Gebiet, und daß, was er dem Leser mitteilte, vornehmlich medizinisches Wissen war. Diese Art von Kenntnissen half den Eltern, bewußter mit Problemen wie Gesundheit, Ernährung, Schlaf, Hygiene, typische Krankheiten usw. umzugehen. Verständlicherweise vermittelte er den Eltern nur geringe psychologische Kenntnisse, und er befaßte sich auch nicht ausführlich mit Familienleben, Problemlösen, therapeutischen Fähigkeiten, der Beziehung zwischen Eltern und Kind, Konfliktlösungsmethoden, Autorität und Macht, Bewältigungsmechanismen, Wertekollisionen, Belohnung und Strafe, demokratischem Erziehungsstil und so weiter. Hinsichtlich Toleranz blieb Spock ausgesprochen schweigsam, und ganz bestimmt verdient er nicht die Bezeichnung »Vater des Gewährenlassens«.

Was bedeutet eigentlich Permissivität – Toleranz? In den Köpfen der meisten Menschen verbindet sie sich mit der Vorstellung mangelnder Kontrolle über Kinder, also wenn man diesen zuviel Freiheit gibt, zu nachgiebig mit ihnen umgeht. In dem Glauben, daß tolerante Erziehung alles verursacht hat, was sie fürchten, schließen viele Erwachsene verständlicherweise, daß die einzige Kur dagegen heißt, streng zu sein und eine Menge Kontrolle über die Kinder auszuüben, das heißt, deren Freiheit stark zu beschränken, Regeln aufzustellen und durchzusetzen, elterliche Macht zu demonstrieren. Dieses Schwarzweißdenken findet man in den meisten Büchern der Disziplin-Advokaten. Ich glaube, die Autoren dieser Bücher begehen hier einen schweren logischen Fehler. Zunächst einmal halten sie die Toleranz fälschlicherweise für den Schuldigen und Erzfeind, dann jagen sie den Eltern einen Schrecken ein und versuchen sie zu überzeugen, daß die einzige Möglichkeit, diese Probleme zu überwinden, darin besteht, starke elterliche Autorität einzusetzen. Lassen Sie mich erklären, warum die Vorstellung von der Toleranz einfach ein Mythos ist. Zunächst einmal haben wir ausreichend statistische Beweise, daß es im Gegensatz zur verbreiteten Überzeugung nur wenige wirklich permissive Eltern in unserer Gesellschaft gibt. Die meisten Eltern wenden körperliche Strafen an, wie bereits erwähnt. Die Autoren von *Behind Closed Doors* schätzen, daß in den USA zwischen 3,1 und 4 Millionen Kinder zu irgendeinem Zeitpunkt in ihrem Leben getreten, gebissen oder geboxt worden sind; zwischen 1,4 und 2,3 Millionen wurden als Heranwachsende geprügelt. (Straus/Gelles/Steinmetz, 1980)

Klingt das danach, als seien wir eine tolerante Gesellschaft? Es wäre zutreffender, wenn man sagte, wir seien vornehmlich eine Gesellschaft von autoritären Eltern, die versuchen, ihre Kinder durch körperliche Strafen zu kontrollieren. Wenn es also nicht das Gewährenlassen ist, das viele Kinder in die falsche Richtung drängt, was dann? Wie ich in den Kapiteln Vier und Fünf belegt habe, deuten alle Beweise eher in die Richtung der strengen, strafenden, machtbezogenen Disziplin. In zahlreichen Untersuchungen hat man herausgefunden, daß Straffällige von den Eltern häufig Macht beweisenden Strafen ausgesetzt worden waren, daß in Schulen, in denen körperlich gestraft wird, mehr Vandalismus vorkommt als in Schulen, in denen nur selten körperlich gestraft wird, daß gewalttätige Kriminelle mit wesentlich höherer Wahrscheinlichkeit als gesetzestreue Bürger Schlägen von seiten ihrer Eltern ausgesetzt waren.

Ganz eindeutig sind es nicht die toleranten Eltern, die antisoziale, straffällige und kriminelle Elemente in unserer Gesellschaft heranwachsen lassen. Es sind vielmehr die strengen, autoritären, strafenden Eltern. Kinder mit ernsthaften Schwierigkeiten sind unweigerlich jene, die auf ein strenges Zuhause reagieren oder dagegen rebellieren, die dem entkommen wollen, weil sie vernachlässigt oder mißhandelt worden sind. Die unglücklichen, grollenden, rebellischen, wütenden und rachsüchtigen jungen Leute in unserer Gesellschaft erlebten nicht *zu viel* Freiheit, sondern ganz im Gegenteil, sie erfuhren zu starke Kontrolle, zu viel Disziplin, zu viel Schmerz und Vernachlässigung.

Lassen Sie mich meine Position ganz klar darstellen: Ich bin ebenso ausdrücklich dagegen, daß Kinder mit absolutem Gewährenlassen aufgezogen werden, wie gegen strenge Disziplin. Erstens betrachte ich Permissivität in der Kindererziehung oder in der Schule (so selten sie ist) als auch schädlich und schädigend für *Erwachsene*. Wenn man Kindern alles erlaubt, was sie wollen, wann immer sie es wollen, behandeln sie schließlich Eltern und Lehrer schlecht und nehmen keine Rücksicht auf deren Bedürfnisse und Rechte. Sie weigern sich oft, sich einzusetzen und ihren Anteil an Hausarbeit zu erledigen. Daher sind die Eltern und Lehrer die eigentlichen Verlierer, und verständlicherweise erleben sie sich dann als vorwurfsvoll, wütend, unglücklich und benachteiligt.

Auch den Kindern absolut toleranter Eltern und Lehrer geht es nicht besonders gut. Sie können Schuldgefühle darüber entwickeln, wie sie andere behandeln, sie fühlen sich oft ungeliebt, weil es so schwer für Erwachsene ist, rücksichtslose, selbstsüchtige Kinder zu lieben oder zu mögen, sie haben oft Schwierigkeiten, Freunde zu finden, weil sie sich ständig durchsetzen wollen, wie sie es bei den Eltern und Lehrern gewohnt sind.

Ich hoffe, es ist nun klar, warum ich meine, daß Eltern weder nachgiebig noch streng sein sollen, weder weich noch

hart, weder tolerant noch autoritär. Es ist keine Frage des Entweder-Oder. Beide Erziehungsstile sind gleich schädlich für Kinder und für die Eltern-Kind-Beziehung.
Um es zusammenzufassen: Die meisten Menschen sind zu dem falschen Glauben verleitet worden, daß alles, was Kinder heutzutage an Problemen bereiten, Folge der Permissivität ist, und daß das einzige Heilmittel dagegen starke Autorität und strenge Disziplin seien, unterstützt von Strafen. Aber diese Überzeugung ist zweifach problematisch: Zunächst einmal ist absolute Toleranz von seiten der Eltern selten und wenig verbreitet; zweitens zeigen alle harten Fakten, daß es die autoritäre, strafende Behandlung ist, die Kindern schadet und bewirkt, daß sie straucheln, und nicht die Toleranz. Was wir daher brauchen, ist eine völlig neue und andere Methode, mit Kindern umzugehen – eine, bei der die Eltern weder Diktatoren noch Fußabstreifer sind.

Einstellungen gegen demokratische Führung

Ein Grund, warum sich so viele Menschen weigern, die machtorientierte Disziplinierung von Kindern und Schülern aufzugeben, ist das ausgeprägte Vorurteil gegen demokratische Gruppen und demokratischen Führungsstil. Die Instruktoren in unseren Eltern- und Lehrerkursen waren immer wieder überrascht, zu welch hohem Prozentsatz Eltern, Lehrer, Schulverwalter und Manager negative Vorurteile gegenüber demokratischer Führung hegen. Wir hören bei unseren Kursen ständig Bemerkungen wie:

»Gruppen können keine Entscheidungen treffen.«

»Da Leiter mehr wissen, müssen sie auch die letzte Entscheidung haben.«

»Wenn eine Gruppe über ein Pferd entscheiden soll, kommt ein Kamel dabei heraus.«

»Unsere drei Kinder würden Mutter und Vater überstimmen.«

»Gruppenentscheidungen spiegeln geballte Ignoranz wider.«

»Demokratie funktioniert im Geschäftsleben nicht.«

»Demokratische Gruppen sind ineffizient.«

»Jemand muß doch das Sagen haben.«

Demokratischer Führung in Familien, Schulklassen, Arbeitsgruppen oder Organisationen wird weithin mißtraut. Das gilt sogar für die Staatsform vieler Mitgliedsländer der UNO.

Die Führer vieler Länder aus der Dritten Welt sehen nicht in der Demokratie, sondern in strenger, strafender, autokratischer Disziplin die einzige Hoffnung für ihren Staat. Selbst einige modernere westliche Gesellschaften werden vom Militär oder einer starken, religiös bestimmten Gruppe geleitet, die strenge körperliche Strafen als Hauptmittel zur Kontrolle des Volkes einsetzen.

Wir verkünden bei uns in den Schulen, daß Demokratie ein wertvolles Ziel sei, aber wir lehren nicht, wie sich Demokratie wirklich ereignet. Es besteht ein Unterschied zwischen dem, was wir lehren und wie wir es lehren. Infolgedessen erleben Kinder nur selten, wenn überhaupt, direkt, was es bedeutet, Mitglied in einer demokratisch funktionierenden Gruppe zu sein – ob zu Hause oder in der Schule. Statt dessen bewegen sie sich von zu Hause zur Schule, und überall hat jemand das Sagen, werden Regeln einseitig gesetzt und Strafen und Belohnung als Hauptmittel benutzt, die Fügung unter diese Regeln zu erzwingen. Kein Wunder, daß die meisten Kinder aufwachsen und selbst zu Eltern werden, ohne jemals zu erfahren, wie man sich in einer demokratischen Gruppe verhält.

In einem Artikel, in dem demokratische Prinzipien an Schulen als Mittel zur Herausbildung von Selbstdisziplin empfohlen werden, schreiben die Pädagogen Floyd Pepper und Steven Henry:

> Unter den demokratischen Prinzipien und Werten, die der Lehre und der Ausbildung von Selbstdisziplin

> zugrunde liegen, finden sich Gleichheit, gegenseitiger Respekt, geteilte Verantwortung, gemeinsame Entscheidungen. In einer demokratischen Schulklasse arbeiten Schüler und Lehrer gemeinsam an der Planung, Organisation, Durchführung und sind an Lernen, Lehren, Denken und einem harmonischen Klassenleben beteiligt. (Pepper/Henry, 1985)

Leider erlebt nur etwa einer von tausend Schülern in unseren Schulen eine solche Klasse.

Widerstand gegen die Kurse

Nur wenige Experten würden bestreiten, daß Eltern und Lehrer zunächst einmal eine Alternative sehen müssen, die dann auch funktioniert, ehe sie den Gedanken aufgeben, daß Kinder diszipliniert werden müssen. Und mit wenigen Ausnahmen müssen sie eine Zeitlang üben, bevor sie sich kompetent genug fühlen, diese wirksameren, nicht-strafenden Methoden und Fähigkeiten anzuwenden. Doch es herrscht immer noch weitverbreiteter Widerstand unter Eltern und Lehrern, »einen Kurs zu belegen«, um in ihrer Aufgabe erfolgreicher zu werden.

Die Idee, man könne seine Aufgaben als Eltern effizienter lösen, indem man an einer besonderen Ausbildung teilnimmt, steht in großem Widerspruch zu manchen traditionellen Ansichten über die Elternrolle. Solange ich zurückdenken kann, haben Eltern, wenn sie auf geringe Probleme mit dem Nachwuchs stießen, diese dem Kind zugeschoben: »Jimmy ist ein Problemkind«, »Susan ist unangepaßt«, »David ist unbelehrbar«, »Kevin ist hyperaktiv«, »Linda akzeptiert einfach keine Autorität«, »Roy ist emotional gestört«, »Peter ist schlecht«.

Nur selten haben sich die Eltern solcher Kinder gefragt, ob das Problem ihrer Kinder vielleicht etwas mit ihren eigenen wirkungslosen Erziehungsmethoden zu tun haben könnte.

Wenn also die Beziehung zwischen Eltern und Kind ernsthaft gestört wird, denken die Eltern zuerst daran, das Kind irgendwohin zu bringen, wo man es wieder »hinbiegt«, »therapiert«, »anpaßt«, »diszipliniert« oder »hinbekommt.«

Auch schieben viele Eltern ihre familiären Probleme auf die Veränderungen in der Gesellschaft: zuviel Fernsehen, der Zusammenbruch aller Autoritäten, der Griff zu den Drogen, das Verschwinden der Großfamilie, die steigende Scheidungsrate, fehlende Kindergartenplätze, das Anzweifeln moralischer Grundwerte, wachsender Unterschied zwischen arm und reich usw. Ich möchte zwar diese einzelnen Faktoren keineswegs als unbedeutend bezeichnen, weil sie schon einigen Einfluß auf das Familienleben haben; ich meine aber, wenn man sich allein auf sie konzentriert, schränkt man seine Überlegungen darüber zu sehr ein, was bei Kindern schieflaufen kann und warum die Beziehungen zu Kindern sich so häufig verschlechtern. Diese Denkweise führt dazu, Eltern von der Vorstellung abzulenken, daß in ihren eigenen mangelnden Fähigkeiten der wichtigste Faktor liegen könnte, durch den bei ihren Kindern Probleme entstehen.

Wir stoßen bei unseren Elternkursen auf viele andere Gründe, warum Eltern sich in ihrer Rolle nicht weiterbilden wollen. Darunter sind:

Die Kinder zu lieben ist genug. Liebe ist sicherlich wichtig, aber Liebe zu einem Kind reicht gewiß nicht aus, um zu einem fähigen Vater oder einer fähigen Mutter zu werden. Andere wichtige Faktoren sind, wieviel Zeit man mit einem Kind verbringt; die Fähigkeit, empathisch zuzuhören; wieviel kindliches Verhalten akzeptiert wird, wieviel nicht; Ich-Botschaften anstelle von destruktiven Du-Botschaften; eine Methode, Konflikte zu lösen, ohne daß einer dabei verliert usw. Außerdem ist Liebe nicht einfach irgendein Medikament, das die Eltern unbegrenzt auf Vorrat haben und das täglich verabreicht werden kann. Meiner Erfahrung nach werden Eltern ohne die Fähigkeit, inakzeptables Verhalten ihrer Kinder zu ändern, vorwurfsvoll und wütend, weil ihre Bedürfnisse nicht befriedigt werden. Im Lauf der Zeit kann dies zu Abneigung, sogar zu Haß auf die Kinder führen, eine Situation, die an eine Ehe erinnert, in der ein Partner sich ständig vernachlässigt und unbefriedigt fühlt.

Wir haben momentan keine ernsthaften Probleme. Der Widerstand gegen die meisten vorbeugenden Bemühungen entspringt diesem Glauben. Wenn man nicht ernsthaft krank ist, weshalb nimmt man denn dann überhaupt gesunde Kost zu sich, weshalb treibt man Sport oder gibt das Rauchen auf? Elterntraining bedeutet, sich Wissen und Verfahrensweisen anzueignen, um Problemen *vorzubeugen* – üben, bevor's Ärger gibt. Wenn Eltern-Kind-Beziehungen aus dem Gleichgewicht geraten, kann es oft für Änderungen bereits zu spät sein.

Für andere Eltern ist eine Schulung wichtiger. Gewöhnlich hält man alle »anderen Eltern« für arm dran, die Ungebildeten, die »kulturell Benachteiligten«. Viele Eltern glauben, daß nur Kinder aus solchen Familien straffällig werden, die Schule abbrechen, Selbstmordversuche machen oder Drogen nehmen. Die Statistik widerlegt das – ernste Probleme kommen in allen Arten von Familien vor.

Wir haben viel Zeit – die Kinder sind noch klein. Bei dieser Haltung wird verkannt, daß Kinder bereits in ganz frühen Jahren ihre Verhaltensmuster zu entwickeln beginnen wie: Rücksicht auf andere nehmen, Selbstachtung, Verantwortungsgefühl, Selbstsicherheit – oder deren jeweiliges Gegenteil. Eltern brauchen wirksame Methoden, wenn die Kinder sehr klein sind, denn dann zahlt es sich am stärksten aus.

Kinder mit Problemen kommen oft aus zerrütteten Familien. Das stimmt meiner Meinung nach nicht. Eine Scheidung kann vielmehr von den Problemen mit Kindern *verursacht* werden. Wir wissen auch, daß Menschen, die in ihrer

Partnerschaft scheitern, vermutlich auch als Eltern beim Kind wenig erreichen. Gestörte Kinder und zerrüttete Ehen kommen wohl tatsächlich oft zusammen vor, aber daraus folgt nicht, daß die zerrütteten Ehen die Probleme der Kinder verursachen.

Wir sind doch nicht emotional gestört. Leider kann die Vorstellung von »Elternkursen« mit dem gleiche Stigma versehen sein wie die Psychotherapie, besonders wenn die Eltern das Trainingsprogramm als »therapeutisch« betrachten. Doch die Teilnahme an einem Elternkurs bedeutet nicht automatisch, man sei krank, ebensowenig wie in die Sonntagsschule zu gehen heißt, daß man ein sündiger Mensch ist. Elterntraining ist eine pädagogische Erfahrung. Es ist keine Therapie, denn es geht vornehmlich um Vorbeugung, nicht Behandlung.

Kein Experte soll mir sagen, wie ich meine Kinder zu erziehen habe. Diese Haltung spiegelt ein Mißverständnis hinsichtlich der Inhalte des Elterntrainings wider. Dort wird den Eltern ja nicht gesagt, was sie mit ihren Kindern machen sollen, noch bietet es Patentlösungen für die Hunderte von Problemen an, die Familien gewöhnlich durchmachen. Es bringt Eltern vielmehr erprobte Fähigkeiten und Methoden bei, mit denen man eine wirkungsvolle Kommunikation erreicht, um Kinder zu befähigen, ihre Probleme selbst und auf eigene Weise zu lösen und um Konflikte zwischen Kindern und Eltern so beizulegen, daß keiner verliert. Es sind die gleichen Fähigkeiten, die man für eine gute Beziehung zu anderen Menschen braucht – ob zum Partner, zu Freunden, Mitarbeitern oder Schwiegereltern.

Angst vor Veränderungen in der Familie

Ein anderer Grund für den Widerstand, von Macht ausgehende Disziplin aufzugeben, ist die Angst, daß sich die Familie ändert. Wir sehen dies deutlich bei den christlich-

fundamentalistischen Autoren, die die autoritäre Elternrolle befürworten und sich ebenso stark für eine umfassendere konservative politische Ordnung einsetzen. Das bedeutet Opposition gegen Feminismus, Geburtenkontrolle, Sexualkunde, legale Abtreibungen, humanistische Pädagogik oder Homosexualität. Das verbindet sich in den USA mit der Befürwortung der Todesstrafe, des Kapitalismus, einer starken militärischen Macht und nuklearer Bewaffnung.
Ann Eggebroten lenkte im Magazin *The Other Side* unsere Aufmerksamkeit auf den »eindeutigen politischen Kontext« der Disziplin-Befürworter:

> Grundsätzlich zielen diese konservativen Ideale auf die Bewahrung des amerikanischen Status quo ab – den man an einem sonnigen Tag im Jahre 1951 festgelegt hat. Das Hauptanliegen ist der Schutz der Familie... Diese konservativen Autoren berufen sich gewöhnlich auf die »jüdisch-christliche Tradition« und »unsere Vorväter«. Dobson zum Beispiel hat zwecks Verteidigung einer vage formulierten »jüdisch-christlichen Männlichkeitsvorstellung« geschrieben, die seiner Meinung nach »von der Frauenbewegung verwaschen wurde«. Er meint, daß Jesus uns aufruft, ein eindeutig biblisches Ideal von Männlichkeit zu verteidigen – ein Thema, das Jesus leider nie diskutiert hat. (Eggebroten, 1987)

Ich habe zuweilen von massiver Kritik der Elternkurse durch jene gehört, die Elterntraining als Bedrohung der hierarchischen Familie sehen, weil sie die Autorität der Vaterposition untergraben, die Gleichheit von Frauen und Kindern fördern und Offenheit und nicht zensierte Kommunikation zwischen Eltern und Kind verstärken. Sicher stellt das Elterntraining (ebenso wie die anderen Elterntrainingsprogramme) indirekt eine Bedrohung der undemokratischen Familie dar, indem es einfach das Modell einer demokratischen Familie aufzeigt und demonstriert, wie wirksam so etwas funktionieren kann.
Die Geschichte hat uns oft gezeigt, daß Angst Menschen

(und Nationen) Autoritäten in die Arme treibt – daß sie dann mehr Kontrolle über andere wollen, stärkere Bestrafung von Kriminellen und die Beschneidung der Freiheit anderer fordern. Denken wir an den betörenden Appell von Ronald Reagan, in amerikanischen Schulen zur »guten, altmodischen Disziplin« zurückzukehren. Autoritäre Macht wurde schon oft hoffnungsvoll als Mittel zum Schutz gegen alle Dinge, die wir fürchten, angesehen – als dauerhafter und zuverlässiger Schild. Marilyn French beleuchtet dieses Phänomen deutlich in ihrem lehrreichen Buch *Jenseits der Macht*:

> Man hat Macht zum Bollwerk gegen Leid hochstilisiert, gegen die Flüchtligkeit von Freude, aber sie ist kein Bollwerk und ebenso flüchtig wie alle anderen Bestandteile des Lebens. Zwang scheint eine einfachere, weniger zeitraubende Methode als alle anderen, um Ordnung zu schaffen; aber sie ist ebenso zeitraubend, langweilig und weitaus teurer als persönliche Begegnungen, Überzeugung, Zuhören und die Mitwirkung dabei, in einer Gruppe Gleichklang zu erzeugen. (French, 1988)

Bei dieser Passage beeindruckt mich die Ähnlichkeit zwischen dem, was French als Alternative zu Zwang und Macht benennt, und dem, was ich für menschliche Beziehungen befürworte – auch wenn wir unterschiedliche Begriffe benutzen:

Ihrem »persönliche Begegnung« entspricht meine »konfrontative und präventive Ich-Botschaft«.

Ihrem »Überzeugung« mein »Einfluß«, beruhend auf E-Autorität.

Ihrem »Zuhören« mein »Aktives Zuhören«.

Ihrem »Mitwirkung« dabei, eine »Gruppe in Gleichklang zu bringen«, meine »niederlagelose Methode III« für Konfliktlösung.

Vor allen Männer scheinen sich dagegen zu sträuben, die Machtposition in der Familie aufzugeben – die Macht über die Frau wie über die Kinder. Eine ihrer stärksten Ängste ist,

wie ich schon zuvor erklärte, die Furcht, daß Kinder ungehorsam werden, wenn man sie läßt, und daß sie verwöhnt und verdorben werden, wenn die Familie sich nicht an das althergebrachte, erprobte, auf der Bibel beruhende »Vater weiß es besser« klammert, an das Modell: »Vater ist das Oberhaupt der Familie«. Doch nach meiner Erfahrung schadet das der Beziehung zwischen Männern und ihren Frauen und Kindern sehr, abgesehen von anderen Konsequenzen. Die meisten Berater und Therapeuten, die mit Familien arbeiten, würden dem zustimmen, daß Männer im großen und ganzen gesehen keine guten Väter sind. Ihre Betonung der auf Macht basierenden Kontrolle verhindert, daß sie zu allen Familienmitgliedern eine warme, liebevolle, unterstützende Beziehung haben.
An unseren Elternkursen nehmen weitaus weniger Väter als Mütter teil (Verhältnis eins zu drei). Wir haben auch festgestellt, daß viele Mütter den Widerstand der autoritären Männer als das größte Hindernis für das Umsetzen ihrer neuen Fähigkeiten in die Praxis bezeichnen.

Widerstand gegen Veränderungen in Schulen

Der starke Widerstand, die Disziplinierung von Kindern in Schulen aufzugeben, stammt aus den gleichen Quellen wie der Widerstand unter den Eltern. Immerhin waren Lehrer und Schulverwalter auch einmal Kinder, die mit machtbezogener Disziplin erzogen wurden und denen man ein Modell mit Belohnungen und Strafen an die Hand gab.
Außerdem wurden die meisten heutigen Lehrer in ihrer Schulzeit von »Pädagogen« unterrichtet, die ihre Klasse autokratisch beherrschten und sie nach der »Melodie des Rohrstockes« tanzen ließen. Auch die Lehrer selbst hatten damals wiederum autoritäre Vorgesetzte. Vermutlich gibt es nur sehr wenige Lehrer und Schulverwalter, die jemals einen demokratischen, nicht-disziplinierenden Lehrer oder

Direktor kennengelernt haben, den sie als Modell für ihre Berufsrolle benutzen könnten.
Man sollte auch nicht übersehen, daß der Widerstand gegenüber Veränderungen in den Schulen darauf beruht, daß es sich um sehr *traditionsorientierte Institutionen* handelt. Charles Silberman hat in seinem Klassiker *Crisis in the Classroom* auf einige der traditionellen Praktiken hingewiesen, die sich über lange Zeit hinweg hartnäckig gehalten haben.

> Die »Sachzwänge«, die das Schulwesen im Lauf der Zeit und in allen Kulturen so einheitlich prägen, rühren schlichtweg aus unüberprüften Annahmen und unhinterfragtem Verhalten her. Die Beschäftigung mit Ordnung und Kontrolle, das sklavische Sich-klammern an den Stundenplan und Lektionen, die Besessenheit von der Routine um ihrer selbst willen, das Fehlen von Lärm und Bewegung, die Freudlosigkeit und Repression, die Allgemeingültigkeit der formellen Vorlesung oder der lehrerbeherrschten »Diskussion«, bei der der Lehrer eine Klasse als Einheit instruiert, unter Betonung des Verbalen und Vernachlässigung des Konkreten, die Unfähigkeit der Schüler, allein zu arbeiten, der Gegensatz zwischen Arbeit und Spiel – nichts davon ist notwendig; alles kann fortfallen. (Silberman, 1970)

Ich meine, daß Silbermans Liste gegenwärtiger Praktiken in Schulen, die sich hartnäckig jeder Veränderung entzogen haben, korrekt ist. Ich glaube, daß alle diese Praktiken gewichtig dazu beitragen, daß man überall in Schulen unter massiven Disziplinproblemen leidet. Ich möchte der Liste jedoch noch ein paar Praktiken hinzufügen: das weltweit verbreitete System, Schüler zu benoten, was eine Belohnung für wenige und eine Herabsetzung der Mehrheit darstellt; die Verfahren »außerhalb« des Lehrplans, die nur denjenigen Belohnungen erteilen, die sich in Aussehen oder Muskelkraft hervortun; die traditionelle Praxis, daß fast alle Schüler an den gleichen Kursen teilnehmen, in der Erwar-

tung, alle hätten die gleiche geistige Kapazität, diese Fächer zu beherrschen.
Carl Rogers, der einzige Psychologe, dem die Amerikanische Psychologische Gesellschaft sowohl die Auszeichnung für beruflich-praktische wie wissenschaftliche Leistungen zuerkannte, sagte einmal vor einer Gruppe, die über Schulen diskutieren wollte: »Wenn ich in die Schulen gehe, die meine Enkel nun besuchen, sehe ich fast das gleiche, was ich vor sechzig Jahren erlebte.« Ich glaube, die meisten anderen Experten, wenn sie unser Schulsystem ernsthaft untersuchten, würden Rogers zustimmen.
Lassen Sie mich diese Überprüfung der Ursachen für den Widerstand, Disziplinierung und Kontrolle von Kindern aufzugeben, zusammenfassen: Ich bin versucht, grob zu verallgemeinern, und zwar in dem Sinne, daß ein Großteil dieses Widerstands auf eine einzige Ursache zurückzuführen ist – nämlich ein enorm weit verbreitetes Mißtrauen, wie demokratische Gruppen funktionieren, und Mangel an Erfahrung mit ihnen. Es ist eine Binsenweisheit, daß sich die Menschen immer an das Vertraute klammern und sich stark dagegen wehren, eine ihnen unbekannte Veränderung anzunehmen. Ich bin zu der Überzeugung gelangt, daß für die meisten Menschen Demokratie eine unbekannte Größe ist.
Ich werde im nächsten Kapitel zu erklären versuchen, was demokratische Familien und Schulen – im Gegensatz zu autokratischen – für das Wohlbefinden und die Gesundheit ihrer Mitglieder tun.

Kapitel Elf

Demokratische Beziehungen fördern Gesundheit und Wohlbefinden

Diese Untersuchung über das Wesen der Disziplin und ihre praktische Anwendung hat mir ein besseres Verständnis ihrer wahren Natur vermittelt, dazu unzählige Fakten, wie unwirksam sie ist, und überraschend viele Nachweise, wie sie Kindern und Jugendlichen schadet. Meine Untersuchung hat mich auch zur Entdeckung mehrerer wirksamer, neuer Alternativen zur Disziplinierung mittels Macht und Strafe geführt, besonders zu neuen Verfahren, die man in Schulen anwenden kann. Sie hat zugleich meine Überzeugung darüber bestätigt und verstärkt, wie wertvoll die Fähigkeiten sind, die wir in aller Welt in unseren Eltern- und Lehrerkursen gelehrt haben – die Methoden der präzisen wechselseitigen Kommunikation, der Problemlösung, der Konfliktbeilegung, der Beratung und der Hilfe.

Doch noch erfreulicher für mich ist, daß diese Aufgabe mir bei der Klärung einer Idee half, über die ich schon seit mehreren Jahren nachdenke und die ich im Kollegenkreis diskutiere. Kern dieser Überlegung ist, daß demokratische Beziehungen und Gruppen den Menschen »gesund« machen, während nichtdemokratische Beziehungen und Gruppen Menschen »krank« machen. Das eine produziert »Wohlbefinden«, das andere »Krankheit«.

Es wird immer offenkundiger, daß Organisationen, deren Leiter einen teilnehmenden Führungsstil anwenden – mit Gruppenentscheidungen, hoher Mitarbeiterbeteiligung, gegenseitiger Kommunikation – eine höhere Produktivität aufweisen, geringere Fluktuation in der Belegschaft, weniger Beschwerden, weniger Krankheitstage und bessere körperliche Gesundheit. Die Mitarbeiter fühlen sich zudem an ihrem Arbeitsplatz wohler, besitzen mehr Selbstachtung und Selbstbewußtsein und fühlen sich weniger machtlos.

Wenn Schulen partizipativ und demokratisch geleitet werden, verbessern sich die Arbeitsgewohnheiten und schulischen Leistungen der Schüler signifikant; auch ihre sozialen Fähigkeiten bessern sich, und es entstehen engere Beziehungen zu Schülern anderer Hautfarbe und sozialer Herkunft; es ist weniger störendes Verhalten zu beobachten. Das waren die Ergebnisse einer Untersuchung, die ich in Kapitel Sieben beschrieben habe.

Fördern nun auch Eltern, die lernen, wie man eine demokratische Familienatmosphäre schafft, die Gesundheit und das Wohlbefinden ihrer Kinder? Meine Antwort auf diese Frage lautet ja, und eine ganze Reihe von wissenschaftlichen Untersuchungen belegt dies.

Die Auswirkungen der Elternkurse wurden in einer Reihe von Studien untersucht, und zwar von Wissenschaftlern, die nicht zur P.E.T.-Organisation gehörten. 1983 veröffentlichte der Bostoner Psychologe Ronald Levant eine Übersicht über 23 solcher Studien. Er stellte zwar fest, daß viele davon schwere methodologische Mängel aufwiesen, doch drei genügten seinen Maßstäben. Jede Studie verglich P.E.T.-Eltern mit einer nicht in dieser Technik ausgebildeten Kontrollgruppe und nahm Vorher-Nachher-Untersuchungen vor. Bei 35 Vergleichen (69 Prozent) schnitten die P.E.T.-Eltern gegenüber der Kontrollgruppe besser ab, bei keinem war die Kontrollgruppe besser, und bei 11 Vergleichen (31 Prozent) zeigte sich kein Unterschied.

Insbesondere konnte Levant belegen, daß die Elternkurse sowohl bei elterlichen Einstellungen als auch in deren Verhalten Verbesserungen erzielten. Die Eltern wurden akzeptierender, selbstbewußter und verständnisvoller. Die Kinder dieser Eltern wiesen stärkere Selbstachtung auf und wurden von ihren Lehrern wegen ihres Verhaltens positiver eingeschätzt.

Ein Schüler von Levant, Bruce Cedar, benutzte später eine neue statistische Technik, um die Ergebnisse von 26 verschiedenen Untersuchungen miteinander zu kombinieren und neu zu analysieren (1985). Diese neue Technik, eine sogenannte Meta-Analyse, hatte folgende Ergebnisse:

- Elternkurse hatten eine positive Wirkung sowohl auf die elterlichen Einstellungen als auch auf deren Verhalten. Und diese Wirkungen hielten bis zu 26 Wochen nach Absolvierung des Kurses an.
- Je besser und wissenschaftlicher die Untersuchungen angelegt waren, um so stärkere Verbesserungen ergaben sich bei Eltern und Kindern, verglichen mit schmaler angelegten Studien.
- Eltern zeigten Verbesserungen bei der Überprüfung ihrer »demokrokratischen Ideale«, Akzeptanz ihrer Kinder und Verständnis für diese.
- Die beste Wirkung der Elternkurse war die Zunahme an Selbstachtung bei den Kindern. (Cedar, 1985)

Levant, der die Arbeit Cedars unterstützte, bemerkte zu diesen Ergebnissen: »Elternkurse schneiden eindeutig besser ab, aber wir brauchen noch mehr elaborierte Forschungen.«

Die Auswirkungen der Kurse auf Lehrer wurden in acht Untersuchungen aufgezeigt, die von Edmund Emmer und Amy Aussiker von der University of Texas zusammengestellt und verglichen wurden. Deren Ergebnisse lauten:

> In Untersuchungen, die Lehrerverhalten nach den Kursen einschätzten, fand man allgemein heraus, daß die Lehrer ihre Fähigkeiten verbesserten, die empfohlenen T.E.T.-Methoden anzuwenden. Die Wirkungen reichten von gering bis stark, und deutliche Auswirkungen waren eher die Regel... Die Ergebnisse stützen den Schluß, daß Lehrerkurse Einstellungen und Verhalten von Lehrern in eine Richtung ändern können, die mehr mit den Annahmen

des T.E.T.-Modells zusammenpassen: zu einer eher demokratischen Auffassung bei der Anwendung von Autorität, mehr Sorge um die Wahrnehmungen und Gefühle des Schülers und auf ein Verhalten hin, das den Schülern Akzeptanz signalisiert. (Emmer/Aussiker, 1987)

Mehrere andere Forschungsstudien zeigten die positiven Auswirkungen eines allgemein demokratischen Elternstils auf die Selbstachtung ihrer Kinder:

- Stanley Coopersmiths Untersuchung (1967) von Kindern der fünften und sechsten Klasse ergab, daß Eltern von Kindern mit hoher Selbstachtung (im Gegensatz zu den Eltern von Kindern mit niedriger Selbstachtung) Diskussionen den Vorzug vor disziplinierenden Zwangsmaßnahmen gaben und einen demokratischen Stil bei Familienentscheidungen förderten; die Kinder wurden an diesen beteiligt, und man erlaubte ihnen, den elterlichen Standpunkt zu hinterfragen.
- Nach Untersuchung einer Reihe von Studien über die familiären Hintergründe bei Kindern mit hoher Selbstachtung faßten Eleanor Maccoby und John Martin (1983) ihre Ergebnisse folgendermaßen zusammen: »Es ist ganz offenbar so, daß weder autoritäre Kontrolle noch uneingeschränkte Freiheit und Toleranz der Schlüssel für die Entwicklung hoher Selbstachtung bei Kindern ist. Es geht wohl eher um ein Interaktionsmuster, bei dem Eltern vernünftige, feste Ansprüche stellen, die von den Kindern als legitim akzeptiert werden, bei denen die *Eltern aber keine Einschränkungen auferlegen*, sondern Forderungen stellen und Anweisungen geben, die den *Kindern ein gewisses Maß an Auswahl und Kontrolle belassen*. Dieses Kontrollmuster fördert am wahrscheinlichsten hohe Selbstachtung. (kursiv v. Verf.)

Ich fand zwei Untersuchungen, die den Elternstil mit der körperlichen Gesundheit der Kinder in Beziehung setzten:

- Bei der ersten wurde das Verhalten von Müttern, deren Kinder Störungen aufwiesen, die psychosomatischen

Ursprungs sein konnten (Bronchialasthma, Arthritis, Kolitis, Magengeschwüre und Hautekzeme), mit dem einer Kontrollgruppe von Müttern verglichen, deren Kinder eine nicht-psychosomatische Krankheit hatten (Kinderlähmung, angeborene Herzfehler, Nierenleiden, Bluterkrankheit). Ergebnis: Die Mütter von Kindern aus der Gruppe mit psychosomatischen Störungen waren dominanter und vergleichsweise kritischer gegenüber ihren Kindern als die Mütter aus der Kindergruppe mit rein physischen Störungen. (Garner/Wenar, 1959)

- Eine zweite Untersuchung berichtete von ähnlichen Charakteristika bei Müttern asthmatischer Kinder, die eine niedrige allergische Prädisposition zu dieser Krankheit hatten, im Vergleich zu einer Kontrollgruppe von Müttern, deren Kinder eine hohe allergische Prädisposition für Asthma aufwiesen (hoher somatischer Kausalfaktor). Mütterliche Kritik und Ablehnung war bei den Familien stärker, in denen die Kinder trotz niedriger allergischer Disposition Asthma entwickelten. (Block u. a., 1964)

Eine klassische Untersuchung, die einige Jahrzehnte zurückliegt, liefert uns die stärksten und überzeugendsten Beweise für das gesundheitsfördernde Potential einer demokratischen Familienumgebung. Es handelte sich um eine Untersuchung durch das Fels-Institut in Ohio. Darin wurden drei Typen von Familien identifiziert: autokratische, permissive und demokratische. Man machte mit den Kindern dieser Familien umfangreiche Tests und »prüfte« sie in bestimmten Abständen immer wieder, bis sie erwachsen waren. Das überraschendste Ergebnis betraf die Veränderung des IQ bei diesen Kindern. Im Laufe der Jahre sank der IQ der Kinder von autokratischen Eltern geringfügig, während er bei den Kindern von permissiven Eltern gleichblieb. Der IQ der Kinder aus demokratischen Familien stieg jedoch im Laufe der Jahre signifikant an. Die mittlere Zunahme lag bei über acht Punkten. Die Wissenschaftler schlossen daraus: »Es scheint, daß die demokratische Umgebung für geistige

Entwicklung am förderlichsten ist.« Die demokratischen Eltern schufen für ihre Kinder eine Atmosphäre der Freiheit, der emotionalen Rückmeldung und intellektuellen Anregung. Kinder aus solchen Familien bekamen in der Schule auch bessere Noten wegen Originalität, Planungsfähigkeit, Geduld, Neugier und Phantasie. Sie nahmen in der Schule mehr führende Positionen ein und schnitten bei Tests für emotionale Anpassung und Reife besser ab. Mit den Worten der Forscher:

> Wenn das Kind aus der demokratischen Familie ins Schulalter kommt, ist seine soziale Entwicklung bemerkenswert fortgeschritten, es ist beliebt und ein Anführer, es ist freundlich und gutmütig, es scheint emotional sicher, gelassen, wenig erregbar. Es hat eine enge Bindung an die Eltern und kann sich gut an die Lehrer anpassen. (Baldwin/Kalhorn/Breese, 1945)

Ich habe in den vorangehenden Kapiteln andere überzeugende Forschungsergebnisse zitiert, nach denen nicht-autoritäre, nicht-strafende Familien gesündere, leistungsfähigere Kinder produzieren. Solche Kinder bezeichnete man in verschiedener Hinsicht als »gesünder«. Sie zeigen:

weniger aggressives Verhalten;
weniger Vandalismus;
weniger Gewalt unter Kindern;
höhere Selbstachtung;
weniger Selbstmordneigung;
bessere Beziehungen zu Klassenkameraden/Altersgenossen;
mehr soziale Initiative;
stärkere innengeleitete Kontrolle;
weniger Depressionen, weniger Weinen;
befriedigendere Liebesbeziehungen;
weniger Sorgen und Unsicherheit;
weniger Schuldgefühle;
weniger Streitbereitschaft;
weniger Schüchternheit.

Weitere Unterstützung für meine Überzeugung, daß Beziehungen, in denen ein Mensch Macht auf andere ausübt, Krankheiten produzieren, stammt aus einer Pionieruntersuchung über die Wurzeln von seelischen und emotionalen Problemen in unserer Gesellschaft. In dem ersten umfassenden Buch über die primäre Verhütung von Psychopathologien geben die Psychologen Marc Kessler und George Albee eine ausführliche Übersicht über die bestehende Literatur (381 Artikel und Bücher) zum Thema »Ursachen und Vorbeugung für geistige und emotionale Störungen«. Am Ende dieser Übersicht ziehen sie die Schlußfolgerung:

> Es liegt nahe, den Satz Lord Actons auf das menschliche Umfeld auszuweiten: »Macht neigt dazu, zu korrumpieren, und absolute Macht korrumpiert absolut.« Wo immer wir auch hinblickten, bei allen sozialwissenschaftlichen Studien, die wir untersuchten, lag der Schluß nahe, daß die Hauptquellen für menschlichen Streß und Störungen allgemein mit der Erfahrung einer Form exzessiver Macht zusammenhängen: die Umweltverschmutzung durch die energieverschlingende Industriegesellschaft; die Ausbeutung des Schwachen durch den Starken; die vollständige Abhängigkeit der motorisierten Kultur von mächtigen Maschinen (energieverzehrende Symbole der Potenz); die Erniedrigung der Umwelt durch den Müll einer auf Bequemlichkeit ausgerichteten, gedankenlos lebenden Gesellschaft; der Machtkampf zwischen den reichen Konsumnationen und der ausgebeuteten Dritten Welt; die wütende Rache der Verarmten und der Ausgebeuteten; auf persönlicherer Ebene die Ausbeutung von Frauen durch Männer, von Kindern durch Erwachsene, von Älteren durch eine die Jugend vergötternde Gesellschaft – es reicht für die Hypothese, daß eine dramatische Reduzierung und Kontrolle von Macht die seelische Gesundheit der Menschen verbessern würde. (Kessler/Albee, 1977)

Forschungsstudien belegen eindeutig, daß demokratische

Familien ein zwischenmenschliches Klima herstellen, das gesunde, kreative und lebenstüchtige Kinder fördert. Doch wie geschieht das? Was unterscheidet diese Familien von anderen? Die Untersuchungen geben uns einige Anhaltspunkte dafür, aber wir haben viel mehr von den Eltern erfahren, die an unseren Kursen teilnahmen.

Weniger Entbehrung und Demütigung

Das vermutlich verbreitetste Merkmal jener Familien, die ich als demokratisch bezeichnet habe, ist das Fehlen von Strafen, ob körperlich oder nicht, als eine Methode, um mit inakzeptablem Verhalten umzugehen. In der traditionellen Familie ist – wie beschrieben – Bestandteil der auf Macht beruhenden, autokratischen Kontrolle der häufige Einsatz von Strafen, um Gehorsam und Fügsamkeit zu erzielen. Und da Strafen per definitionem oft auf Demütigung und Bedürfnisverweigerung der Kinder abzielen, muß die so entstehende Frustration für deren seelische und/oder körperliche Gesundheit schädlich sein. Abraham Maslow, einer der Gründer der internationalen »Association of Humanistic Psychologists«, betonte dieses Prinzip klar und deutlich:

> Man sollte sich deutlich bewußt sein, daß jedesmal, wenn man einen anderen Menschen unnötig bedroht, demütigt, verletzt, beherrscht oder abweist, dies zu einem Faktor bei der Entstehung von Psychopathologie wird, auch wenn dieser Faktor nur gering ist. Man sollte erkennen, daß jeder Mensch, der freundlich, hilfsbereit, anständig, psychologisch demokratisch, liebevoll und warmherzig ist, eine therapeutische Kraft darstellt, wenn auch nur eine kleine. (Maslow, 1981)

Eltern, die ihre Kinder so behandeln, wie Maslow es beschreibt, die gewohnheitsmäßig die nicht-machtbezogenen Methoden benutzen, die ich in allen Einzelheiten in den

Kapiteln Sechs und Sieben beschrieben habe, die das gleiche Recht aller Familienangehörigen respektieren, ihre Bedürfnisse erfüllt zu bekommen, werden Kinder haben, die nicht zu selbstschädigenden Bewältigungsmechanismen greifen müssen, die sich nicht extremer, reaktiver Verhaltensweisen bedienen müssen – wie wütende Rebellion, Gesetzesbruch, exzessives Trinken, Rückzug mittels Drogen, Eßstörungen, Aggression, Schüchternheit –, und das aus dem einfachen Grund, weil es in ihren Familien nichts gibt, gegen das sie ankämpfen, vor dem sie fliehen oder dem sie sich unterwerfen müssen. Sie werden kaum jemals das Ausmaß an Bedürfnisverweigerung, niedriger Selbstachtung und Hoffnungslosigkeit erfahren, das Kinder zu solchen Bewältigungsmechanismen treibt. Ich will damit nicht sagen, daß ihr Leben ein Paradies sein wird und daß sie keine Probleme haben oder niemals Enttäuschungen erleben, aber wenn ich all meine Berufsjahre mit Familien in Therapie oder bei Elternkursen zusammenfasse und die wachsende Zahl von Forschungsstudien lese, was Kinder gesund oder ungesund macht, leistungsfähig oder -unfähig, zum Sieger oder Verlierer, bin ich überzeugt, daß Kinder, die unter herzlicher, akzeptierender, nichtstrafender elterlicher Leitung heranwachsen, genügend Mittel haben (ihre eigenen plus die Unterstützung der Eltern), um konstruktiv mit den üblichen Problemen ihrer Alltagswelt, Konflikten und Enttäuschungen umzugehen, denen sie begegnen mögen.

Weniger Streß, weniger Krankheit

Man findet positive Wirkungen auch in Familien, in denen die Eltern erfolgreich andere P.E.T.-Typen demokratischer Leitung benutzt haben. Aus einer vieldiskutierten wissenschaftlichen Untersuchung über Streß des Physiologen Hans Selye wissen wir, daß Krankheit häufig auf starken Streß folgt, Streß aufgrund von Trauer, unerwiderter Liebe,

Depression, finanzieller Verluste, Demütigung, emotionaler Deprivation und anderen schmerzlichen Ereignissen. Und jeder, dessen Mutter oder Vater streng und autokratisch waren, weiß, daß das Leben in einer solchen Familie immer stark streßbeladen ist. Die Belastung entstammt gewöhnlich den Schmerzen und der Demütigung durch körperliche Strafen, der Angst und Unsicherheit, daß man vielleicht bestraft werden könnte, der Spannung, weil man häufig versucht, sich der Strafe zu entziehen, der Wut und dem Groll, die einem jemand, der Macht über einen hat, einflößt, der Gefühlsmischung aus Haß und Liebe zu den Eltern.

Im Gegensatz zu solchen streßerzeugenden, autokratischen Familien genießen diejenigen Familien, in denen die Eltern gelernt haben, demokratisch zu handeln, ein Klima, das Kooperation, Arbeitsteilung, gleichrangige Konfliktbereinigung, gegenseitige Bedürfnisbefriedigung und Rücksicht auf andere fördert – ohne elterlichen Zwang, ohne Strafen, ohne Angst. Daraus folgt, daß die Kinder von Eltern, die die Methoden der Elternkurse anwenden, weniger Streß erleben und daher seltener krank sind. Es überrascht nicht, wenn einige Elternkursabsolventen berichten, daß ihre Kinder seltener Erkältungen, Magenverstimmungen und Allergien haben. Ich zitiere dazu in meinem Buch *Familienkonferenz* die Geschichte eines asthmatischen Kindes, das nach einer intensiven Sitzung aktiven Zuhörens mit seiner Mutter nie wieder einen Anfall bekam, weil dabei schließlich herauskam, daß es Angst hatte, im Schlaf zu sterben, wenn es den Mund schloß und seine Nase verstopft war. (Gordon, 1972)

Die Vorstellung, daß Eltern und Lehrer ihre Kinder tatsächlich krankmachen können, überrascht daher angesichts der komplexen Beziehungen zwischen emotionalem Streß und Krankheit nicht, die die Forschung hinreichend bewiesen hat. Beherrscht werden, Strafen, Kritik, Einschränkungen und Ablehnung rufen bei Kindern gewöhnlich Angst, Wut

Apathie und Frustration hervor – allgemein Verhaltenssymptome von physiologischem Streß. Gewiß ist es logisch, anzunehmen, daß Kinder, die von Erwachsenen weniger beherrschend, strafend und einschränkend behandelt werden, eine größere Chance haben, ohne Streß aufzuwachsen und so gesünder und gegen körperliche Krankheiten widerstandsfähiger sind.

Größere Problemlösungskompetenz

Das Leben ist oft hart und kompliziert, und alle Kinder stoßen irgendwann im Leben einmal auf Schwierigkeiten, wenn sie ein Grundbedürfnis nicht befriedigt bekommen. Um diese Schwierigkeiten zu überwinden, braucht man wirksame Problemlösungsfähigkeiten. Das Modell für Eltern und Lehrer, das ich hier beschrieben habe, führt dazu, daß Kinder sich aktiv an Problemlösungsprozessen beteiligen, statt von Erwachsenen eine Lösung vorgesetzt zu bekommen. In einem demokratischen Umfeld erfahren Kinder aus erster Hand, wie man Probleme löst, wie man zu Hause und in der Schule Regeln aufstellt, Projekte plant und alle möglichen Konflikte beilegt. Wenn Eltern und Lehrer damit aufhören, Lösungen anzubieten, Entscheidungen zu treffen und Regeln festzulegen, beziehen sie die Kinder aktiv in diese Prozesse ein und ermöglichen ihnen eine Erfahrung, bei der sie diese Problemlösungskompetenz erwerben können, die sie ihr Leben lang in allen Lebensbereichen gebrauchen können. Das stärkt zwangsläufig ihr Selbstvertrauen, ihre Selbstachtung, ihre Unabhängigkeit und das Gefühl, Kontrolle über das eigene Leben zu haben.

Weniger Wut und Feindseligkeit

Wenn Kinder (und auch Erwachsene) sich vernachlässigt, frustriert oder geschlagen fühlen, werden sie oft wütend, wenden ihre Wut nach innen und hassen sich selbst, oder sie kehren sie nach außen und hassen andere. Solche Wut und Feindseligkeit sind unter jenen weitverbreitet, die sich als ständige Versager und Verlierer fühlen. Die Methoden, die wir in diesem Buch beschrieben haben, verringern die Wahrscheinlichkeit deutlich, daß ein Kind bei einem Konflikt mit Eltern oder Lehrern verliert oder sich wie ein Mensch zweiter Klasse fühlt. Zufriedene, erfüllte Kinder verwandeln sich kaum in feindselige, rachsüchtige Mitglieder der Gesellschaft.

Keine Angst mehr

Machtbezogene, strafende Disziplin hingegen baut darauf auf, Kinder in einem Zustand der Angst vor den Eltern oder Lehrern zu halten. Bestrafte Hunde werden geduckt, nervös, wachsam – und Kinder in einer autoritären Umgebung ebenfalls. Wenn man in einem Klima ständiger potentieller Gefahr lebt, schadet das der seelischen Gesundheit, wie wir aus den Untersuchungen von Vietnam-Veteranen wissen
zugegeben, ein extremes Beispiel. Aber Kinder in demokratischen Familien und Schulen haben nichts zu befürchten: Sie sind frei von der Angst vor Strafen, vor Nachteilen, vor Versagen und Scheitern.

Mehr Verantwortung, mehr Kontrolle über das eigene Geschick

Auch klinisch wurde nachgewiesen, daß das Gefühl, für sein Leben und sein Schicksal nicht verantwortlich zu sein, der Grund für eine labile seelische Verfassung sein kann – besonders bei Depression, Unsicherheit und Streß. Der Kern von Eltern- wie Lehrerkursen besteht im Prinzip, die Selbstkontrolle der Kinder gegenüber Erwachsenenkontrolle zu fördern, die innere Kontrolle auf Kosten der äußeren. Psychologen interessieren sich in letzter Zeit verstärkt für dieses Thema und benutzen den Begriff »Kontrolle über das eigene Geschick«. Autokratische Lehrer und Eltern stützen sich stark auf die äußere Kontrolle von Kindern, fördern Gefühle von Abhängigkeit und den Mangel an »Schicksalskontrolle«. Demokratische Lehrer und Eltern, die Kindern eine Menge Freiheit und Verantwortung zubilligen, verleihen diesen das Gefühl, man könne ihnen vertrauen, für ihr eigenes Schicksal verantwortlich zu sein. Ich beschrieb in Kapitel Fünf Milgrams Experimente hinsichtlich Gehorsam gegenüber Autoritäten. Rufen wir uns nochmal die Schlußfolgerung ins Gedächtnis: »Das Verschwinden eines Verantwortungsgefühls ist die weitreichendste Konsequenz von Unterwerfung unter eine Autorität.«

Weniger selbstschädigendes Verhalten

Selbstzerstörisches, risikofreudiges Verhalten von jungen Menschen tritt gewöhnlich sehr ausgeprägt auf. Kinder, die sich vernachlässigt fühlen oder die starkes Leid und Ungerechtigkeit im Leben erfahren, reagieren vielleicht mit einer Reihe von gesundheitsschädigenden Verhaltensformen – wie Rauchen, Drogenkomsum, riskantes Autofahren, Autofahren unter dem Einfluß von Drogen und Alkohol, frühe sexuelle Aktivität. In Familien oder Schulen, in denen die Grundbedürfnisse der Kinder respektiert werden, wo Konflikte ohne Niederlage beigelegt werden, wo Fairness geschätzt und Ungerechtigkeit vermieden wird, haben die Kinder viel weniger Grund zu solchen reaktiven, gesundheitsschädigenden Verhaltensformen.

Bessere soziale Fähigkeiten

Viele Eltern, die gelernt haben, die P.E.T.-Methoden in ihrer Familie umzusetzen, berichten, daß ihre Kinder in diesen Fähigkeiten ebenfalls mehr Kompetenz erwerben, zweifelsohne aufgrund einer Ausrichtung am elterlichen Verhalten. Wenn sie erleben, wie die Eltern ihnen zuhören, lernen sie ebenfalls, empathisch zuzuhören. Durch die Erfahrung der elterlichen Ich-Botschaften ist ihre Kommunikation offen, ehrlich und vorwurfsfrei: Und weil sie an vielen Sitzungen mit den Eltern teilgenommen haben, lernen sie, Probleme und Konflikte mit anderen so zu lösen, daß niemand verliert.

Wir haben von den Kurseltern erfahren und aus erster Hand erlebt, daß die Kinder viele enge, herzliche Freundschaften entwickeln, daß die Freunde mit ihren Problemen zu ihnen kommen, daß sie Konflikte untereinander auf freundschaftliche Weise beilegen, daß jüngere Kinder sie lieben, zu ihnen aufblicken und sie nachahmen, daß Erwachsene von ihrer Freundlichkeit und Geselligkeit angezogen werden, daß sie andere nicht ausbeuten und sie sich stets einsetzen und ihren Anteil an Pflichten erledigen, und, wie die Fels-Studie belegte, daß diese Kinder häufig in Führungspositionen in Schulen und kirchlichen Organisationen gelangen.

Aufgrund dieser positiven Erfahrungen schließen Kinder aus demokratischen Familien oft Freundschaften, die Bestand haben, erleben nur selten Einsamkeit und Ablehnung, entwickeln Selbstvertrauen und hohe Selbstachtung, und viele fühlen sich von anderen geliebt und oft bewundert. Kurz, gesundheitsfördende Familien haben ihnen die zwischenmenschlichen Fähigkeiten mitgegeben, die ihnen weitere gesundheitsfördende Beziehungen sowie im Leben außerhalb der Familie gesundheitsfördernde Erfolgserlebnisse bescheren.

Durch diese Forschungsergebnisse und aus Fallgeschichten von Familien, die gelernt haben, wie man demokratischer handelt, beginnen wir die genauen Prozesse zu begreifen, aufgrund derer Kinder in demokratischen Familien Selbstvertrauen entwickeln, lernen, sich zu disziplinieren und enge Freundschaften entwickeln, das heißt, wie sie seelisch, körperlich und gesellschaftlich zu gesünderen Menschen werden.

Eine solche Ursache-Wirkung-Beziehung überrascht nicht, wenn man in Betracht zieht, daß sich Bürger demokratisch regierter Länder allgemein zufriedener, erfüllter, glücklicher, ungezwungener und selbstgeleiteter fühlen als diejenigen, die von autoritären Regierungen beherrscht werden.

Das gleiche gilt am Arbeitsplatz. Da nur wenige Menschen wahrhaft demokratisch handelnde Manager erlebt haben, kennt wohl jeder die Frustration, die Spannung, die Angst, Unsicherheit und die Entbehrungen, die man mit einem autoritären Chef erlebt. Glücklicherweise hat man in einer solchen Situation fast immer die Möglichkeit zu entkommen, indem man sich eine andere Stelle sucht.

Das gilt aber nicht für Kinder. Bis zur Erwachsenenreife sind sie an ihre Eltern und Lehrer gekettet. Daher scheint es umso wichtiger, unsere Bemühungen zu verstärken, Familien und Schulen zu demokratisieren, die Ursachen für Psychopathologie bei den Kindern zu entfernen, ehe sie sich verwurzeln, anstatt Jugendliche zu *behandeln*, die bereits seelischen Schaden genommen haben.

Nehmen wir zum Beispiel Alkohol- und Drogenmißbrauch. Ich bin überzeugt, daß die Methode, Familien und Schulen zu demokratisieren, eine weitaus erfolgversprechendere

Strategie wäre, die Häufigkeit dieser selbstzerstörerischen Verhaltensweisen bei jungen Menschen zu verringern, als die Strategien, die das Kind ändern wollen – mit »Sag-nein!«-Kampagnen, Kursen für Kinder, in denen ihnen die körperlichen Gefahren von Drogen- und Alkoholmißbrauch vor Augen geführt werden, Psychotherapie oder anderen Behandlungsformen, Kampagnen, in denen man Eltern und Lehrer über die Merkmale aufklärt, die ihre Kinder bei Drogenkonsum oder Alkoholismus zeigen, usw. Marc Kessler und George Albee betonen in ihrer Pionierarbeit *Primary Prevention of Psychopathology* (Grundsätzliche Verhütung von Psychopathologie):

> Es ist ein Dogma des öffentlichen Gesundheitswesens, daß keine weitverbreitete menschliche Krankheit jemals durch die Behandlung des Individuums unter Kontrolle gebracht werden kann. Die Pocken wurden nicht besiegt, indem man Pockenkranke behandelte, noch war die Behandlung des Individuums die Antwort auf Typhus, Polio oder Masern. Jede Krankheit der Menschheit wurde besiegt, wenn die Entdeckung der Ursache dazu führte, wirksame Schritte zu ergreifen, sie zu beseitigen. Der Prozeß besteht in einer grundsätzlichen Verhütung. (Kessler/Albee, 1977)

Ich bin fest davon überzeugt, daß wir mindestens einen Hauptgrund für Psychopathologie und antisoziales Verhalten bei jungen Menschen entdeckt haben: unser starker Einsatz von machtbezogener, strafender Disziplin zum Zweck, das Leben der Kinder zu Hause und in der Schule zu kontrollieren. Die Entdeckung an sich ermutigt schon, aber wir können noch mehr Hoffnung aus der Tatsache ziehen, daß wir bereits wirksame Alternativen zur Disziplin besitzen, die zur Verfügung stehen, besser funktionieren und nachgewiesen bessere Ergebnisse erzielen. Sie bringen die Art von Nachwuchs hervor, die wir uns wünschen und unsere Gesellschaft braucht.

Wie wir Kinder behandeln, ist viel wichtiger für unsere

Gesellschaft, als die meisten Menschen glauben. Der Astronom Carl Sagan beschreibt in seinem Buch *Cosmos* (1980) eine interkulturelle Analyse des Neuropsychologen James Prescott von 400 vorindustriellen Gesellschaften. Prescott stellte fest, daß Kulturen, in denen Kinder körperlich bestraft werden und in denen ihnen offene Zuwendung verweigert wird, von Dingen geprägt sind wie Sklaverei, einer hohen Mordrate, Folterung und Verstümmelung von Feinden, der starken Überzeugung von der Unterlegenheit der Frau und der ausgeprägten Verehrung einer oder mehrerer übernatürlicher Wesen, die das Alltagsleben regeln. Prescott schließt, daß solche Kulturen aus Individuen bestehen, denen man die Erfüllung körperlicher Bedürfnisse in mindestens einem kritischen Lebensstadium verweigerte – in der frühen Kindheit und Adoleszenz. Im Gegensatz dazu neigen Kulturen, bei denen die körperliche Zuwendung an Kinder gefördert und voreheliches Sexualverhalten geduldet wird, zu wenig Gewalt und Diebstahl, kaum organisierter Religion und seltener individueller Zurschaustellung von Reichtum.

Man ist versucht, diese Analyse von Disziplin und ihren Alternativen abzuschließen, indem man darüber spekuliert, wie die langfristigen Folgen in unserer Gesellschaft aussähen, wenn wir die meisten Familien und Schulen demokratisieren könnten – wenn wir tatsächlich die Kinder von der Kontrolle durch machtbezogene Disziplin befreiten. Aufgrund der Ergebnisse der Untersuchungen, die ich in den vorangegangenen Kapiteln zitierte, werden sich mit relativer Sicherheit einige der folgenden Konsequenzen ergeben. Andere beruhen mehr oder minder auf Vermutungen. Jeder der Punkte besitzt jedoch eine Tatsache oder Erfahrung als Grundlage. Und viele der Konsequenzen, die ich vorhersehe, sind grundsätzlicher Natur und würden in der Gesamtgesellschaft deutlich wahrgenommen:

1. Die Kinder wären gesünder, sowohl körperlich wie auch seelisch.

2. Wir sähen eine deutliche Abnahme an selbstschädigenden, risikofreudigen Verhaltensformen bei Jugendlichen, die unserer Gesellschaft so viel Schaden zufügen: Jugendkriminalität, Alkoholismus, Drogenmißbrauch, riskantes Fahren, Vandalismus, Schule schwänzen, Selbstmord, Vergewaltigung, Gruppengewalt, voreheliche Schwangerschaften, Mord.
3. Weniger junge Menschen würden von den Eltern aus dem Haus geworfen oder das Zuhause verlassen, um auf der Straße zu landen.
4. Allen Schülern würde ungeachtet ihrer angeborenen intellektuellen Leistungsfähigkeit die Gelegenheit gegeben, ihr Lerntempo selbst zu bestimmen, und sie würden von der beschämenden, belastenden Erfahrung befreit, in einem Fach zu scheitern, die Schule abzubrechen oder ungebildet zu bleiben.
5. Die fast weltweit auf Konfrontation angelegte Natur der Lehrer-Kind-Beziehung würde zu einer freundschaftlichen oder kollegialen. Kinder würden ihre Lehrer mögen und gern zur Schule gehen.
6. Wir würden viel weniger Gewalt in Familien erleben, ob zwischen Eltern und Kind, unter Kindern, den Ehepartnern oder vom Kind zum Erwachsenen.
7. Die meisten Kinder wären lernbereit, würden ein Gefühl für Leistung und Vervollkommnung entwickeln und Selbstachtung ausbilden.
8. Die Adoleszenz wäre keine Phase von ausschließlich Sturm und Drang, weder für die Eltern noch für die Teenager selbst.
9. Wir würden das Verschwinden des Notensystems erleben, das für die Selbstachtung vieler Schüler so destruktiv ist. Statt dessen würden die Schüler nach ihrem individuellen Fortschritt gemessen, nach ihrer Beherrschung von Fähigkeiten und Stoff. Es gäbe daher Schulen ohne scheiternde Schüler, und jeder Schüler könnte seinen Fähigkeiten entsprechend lernen.

10. Junge Menschen würden die Bedürfnisse und Rechte anderer respektieren, weil die Erwachsenen auch ihre Bedürfnisse und Rechte respektieren.
11. Die Absolventen der Grund- und Realschulen, der Gymnasien und berufsbildenden Schulen hätten die notwendigen Methoden gelernt, wie man mit anderen kooperiert, zu Teilnahme gewährenden Leitern wird, Konflikte freundschaftlich beilegt und in demokratischen und machtfreien Beziehungen wirksam funktioniert.
12. Wir würden weniger Akte der Ungerechtigkeit erleben, weniger sinnlose und unbegreifliche Morde, weniger Kriege.
13. Wir erlebten weniger hilf- und hoffnungslose Menschen, die ihre ungünstige Lage Faktoren zuschreiben, die außerhalb ihrer Kontrolle liegen.
14. Es gäbe weniger Gehorsam und Unterwürfigkeit gegenüber willkürlicher Autorität.
15. Mehr Jugendliche würden zu Erwachsenen mit hohen moralischen und ethischen Maßstäben heranwachsen.

Ich bin überzeugt, daß wir in den kommenden Generationen allmählich eine neue Art junger Menschen sehen würden, die sich deutlich von den typischen Jugendlichen heute unterscheiden – Jugendliche, die gesünder, glücklicher, spontaner, selbstbewußter, selbstgenügsamer, rücksichtsvoller gegenüber den Bedürfnissen anderer und fähig sind, sich selbst zu disziplinieren.

Ich kenne bereits eine ganze Reihe dieser neuen jungen Menschen – die Söhne und Töchter von Eltern, die unsere Elternkurse besuchten, und die Schüler von Lehrern, die in unseren Lehrerkursen lernten, wie man eine Klasse demokratisch leitet und Schüler mit Respekt behandelt. Glauben Sie mir, diese jungen Menschen sind sehr beeindruckend.

Literaturhinweise

Aschuler, A.: *School discipline: A Socially literate solution.* New York: McGraw-Hill, 1980.

Aspy, D. und Roebuck, F.: *Kids don't learn from people they don't like.* Amherst, Mass.: Human Resource Development Press, 1977.

Aspy, D. und Roebuck, F.: The relationship of teacher-offered conditions of meaning to behaviors described by Flanders Interactional Analysis. *Education, 95* (Frühjahr 1975).

Aspy, D. und Roebuck, F.: Researching person-centered issues in education. In C. R. Rogers, *Freedom to learn for the 80's* . Columbus, Ohio: Charles E. Merrill, 1983.

Azrin, N. und Holz, W.: Punishment. In W. Konig (Hg.): *Operant behavior.* New York: Appelton-Century-Crofts, 1966.

Baldwin, A.: Socialization and the parent-child relationship. *Child Developmen,* 1948, *19.*

Baldwin, A., Kalhorn, J. und Breese, F.: Patterns of parent behavior. *Psychological Monographs,* 1945, *58.*

Barton, K., Dielman, T. und Cattell, R.: Child rearing practices and achievement in school. *Journal of Genetic Psychology*, 1974.

Baumrind, D.: Child care practices anteceding three patterns of preschool behavior. *Genetic Psychology Monograph*, 1967, *75.*

Baumrind, D.: Current patterns of parental authority. *Developmental Psychology Monograph*, 1971, *4.*

Becker, W.: Consequences of different kinds of parental discipline. In: M. Hoffmann und L. Hoffmann (Hg.): *Review of Child Development Research*, Bd. I. New York: Russell Sage, 1964.

Block, J., Jennings, P., Harvey, E. und Simpson, E.: Interaction between allergic potential and psychopathology in childhood asthma. *Psychosomatic Medicine*, 1964, *26.*

Bongiovanni, A.: *A review of research on the effects of punishment:*

Implications for corporal punishment in the schools. Referat gehalten auf der Conference on Child Abuse, Children's Hospital, National Medical Center, Washington, D.C., 19. 2. 1977.

Burrows, C.: *The effects of a mastery learning strategy on the geometry achievement of fourth and fifth grade children.* Unveröffentl. Diss., Indiana University, Bloomington, 1973.

Cedar, R. B.: *A meta-analysis of the Parent Effectiveness Training outcome research literature.* Diss., Boston University, 1985.

Combs, A.: Achieving self-discipline. In W. W. Wayson (Hg.): *Theory into practice: Teaching self-discipline.* Columbus, Ohio: Ohio State University, 1985.

Cook, P.: Child-rearing, culture and mental health. *The Medical Journal of Australia*, Special Supplement, 1978, 2.

Coopersmith, S.: *The antecedents of self-esteem.* San Francisco: Freeman, 1967.

Cordes, C.: Researchers flunk Reagan on discipline theme. American Psychological Association *Monitor*, März 1984.

Cuniberti, B.: Hinckleys: After tears, a crusade. *Los Angeles Times*, 23. 2. 1984.

Davidson, H. und Lang, G.: Childrens perceptions of their teachers' feelings toward them. *Journal of Experimental Education*, 1960. *29*.

Deci, E., Bethley, G., Kahle, J., Abrams, L. und Porac, J.: When trying to win: Competition and intrinsic motivation. *Personality and Social Psychology Bulletin*, 1981, 7.

De Mause, L. (Hg.): *The history of childhood.* New York: Psychohistory Press, 1974.

Deutsch, M.: *Distributive justice: A social-psychological perspective.* New Haven: Yale University Press, 1985.

Dobson, J.: *Dare to discipline.* Wheaton, Ill.: Tyndale House, 1970.

Dobson, J.: *The strong-willed child.* Wheaton, Ill.: Tyndale House, 1978.

Dollard, J., Doob, L., Miller, N., Mowrer, O. und Sears, R.: *Frustration and aggression.* New Haven: Yale University Press, 1939.

Dreikurs, R.: *Challenge of parenthood.* New York: Hawthorne, 1948.

Dreikurs, R. und Soltz, V.: *Kinder fordern uns heraus. Wie erziehen wir sie zeitgemäß?* Stuttgart: Klett, 1972.

Duke, D. und Perry, C.: Can alternative schools succeed where Benjamin Spock, Spiro Agnew and B. F. Skinner have failed? *Adolescence*, 1978, *13*.

Duke, O.: *Managing student behavior problems.* New York: Teachers College, Columbia University, 1980.
Eggebroten, A.: Sparing the rod: Biblical discipline and parental discipleship. *The Other Side*, Philadelphia, April 1987.
Emmer, E., und Aussiker, A.: *School and classroom discipline programs: How well do they work*? Referat gehalten auf dem American Educational Research Association Meeting, Washington, D.C., April 1987.
Farson, R.: Praise reappraised. *Harvard Business Review*, September-Oktober, 1963.
French, M.: *Jenseits der Macht: Frauen, Männer und Moral.* Reinbek: Rowohlt, 1988.
Garner, A., und Wenar, C.: *The mother-child interaction in psychosomatic disorders.* Urbana: University of Illinois Press, 1959.
Gaulke, E.: *You can have a family where everybody wins.* St. Louis: Concordia Publishing House, 1975.
Gilmartin, B.: The case against spanking. *Human Behavior*, 1979, *8*.
Glasser, W.: *Control theory in the classroom.* New York: Harper and Row, 1986.
Gordon, T. *Group-centered leadership.* Boston: Houghton-Mifflin, 1955.
Gordon, T.: *Managerkonferenz.* Hamburg: Hoffmann und Campe, 1979 (München: Heyne-TB Sachbuch 28)
Gordon, T.: *Familienkonferenz.* Hamburg: Hoffmann und Campe, 1972 (München: Heyne-TB Sachbuch 15)
Gordon, T.: *Lehrer-Schüler-Konferenz.* Hamburg: Hoffmann und Campe, 1977 (München: Heyne-TB Sachbuch 24)
Gordon, T·: *What every parent should know.* Chicago: National Committee for Prevention of Child Abuse, 1975.
Gordon, T., unter Mitarb. v. Sands, J.: *Familienkonferenz in der Praxis.* Hamburg: Hoffmann und Campe, 1978 (München: Heyne-TB Sachbuch 33)
Holt, J.: *How children fail.* New York: Delacorte, 1982.
Hyman, I., McDowell, E. und Raines, B.: Corporal punishment and alternative in schools. *Inequality in Education*, 1975, *23*.
Johnson, D., Johnson, R., Tiffany, M. und Zaidman, B.: Cross-ethnic relationships: The impact of intergroup cooperation and intergroup competition. *Journal of Experimental Education*, 1984, 78.
Johnson, D., Maruyama G., Johnson, R., Nelson D. und Skon, L.: Effects of cooperative, competitive and individualistic goal structures on achievement: A meta-analysis. *Psych. Bulletin, 1981, 89.*

Jones, V. und Jones, L.: *Responsible classroom discipline.* Newton, Mass.: Allyn and Bacon, 1981.

Kadushin, A. und Martin, J.: Physical child abuse: An overview. Kap. I in: *Child abuse: An interactional event.* New York: Columbia University Press, 1981.

Kempe, H. u. a.: The battered child syndrome. *Journal of the American Medical Association, 1962. 181.*

Kessler, M. und Albee, G.: An overview of the literature of primary prevention. In: G. Albee und J. Joffe (Hg.): *Primary prevention of psychopathology*, Bd. I, University Press of New England, 1977.

Kohlberg, L.; High school democracy and educating for a just society. In: R. Mosher (Hg.): *Moral education: A first generation of research and development.* New York: Praeger, 1980.

Kohn, A.: *No contest: The case against competition.* Boston: Houghton Mifflin, 1986.

Krumboltz, J. und Krumboltz, H.: *Changing children's behavior.* Englewood Cliffs, N.J.: Prentice-Hall, 1972.

Levant, R.: Client-Centered skills training programs for the family: A review of the literature. *The Counseling Psychologist, 1983, 11:3.*

Lippitt, R. und White, R.: The »social climate« of children's groups. In R. Barker, J. Kevnin und H. Wright (Hg.): *Child behavior and development.* New York: McGraw-Hill, 1943.

Lombardi, D. und Corsini, R.: C4R: A new system of schooling. *Holistic Education, 1988, 1.*

Maccoby, E. und Martin, J.: Socialization in the context of the famiy. Kap. I in: P. Mussen (Hg.): *Handbook of Child Psychology*, Bd. IV. New York: Wiley, 1983.

Mack, J.: The juvenile court. *Harvard Law Review, 1909, 23.*

Makarenko, A.: *The collective family: A handbook for Russian parents.* Garden City, N.Y.: Doubleday, 1967.

Martin, B.: Parent-child relations. In: M. Hoffman und L. Hoffman (Hg.): *Review of Child Development Research.* Chicago: University of Chicago Press, 1975.

Maslow, A.: *Motivation und Persönlichkeit.* Rowohlt, 1981.

Maurer, A.: *1001 alternatives to punishment.* Berkeley, Kal.: Generation Books, 1984.

Maurer, A.: *Physical punishment of children.* Referat auf der California State Psychological Association Convention, Anaheim, Kalifornien, 1976.

McCord, J. und McCord, W.: The effects of parental models on criminality. *Journal of Social Issues, 1958, 14.*

McLaughlin, T.: A comparison of self-recording and self-recording plus consequences for on-task and assignment completion. *Contemporary Educational Psychology, 1984, 9.*

Milgram, S.: *Obedience to authority*. New York: Harper and Row, 1974.

Newsletter of the Committee to End Violence Against the Next Generation, Berkeley, Kalifornien.

Palmer, S.: *The psychology of murder*. New York: Thomas Y. Crowell, 1962.

Parke, R.: Effectiveness of punishment as an interaction of intensity, timing, agent nurturance, and cognitive structuring. *Child Development, 1969, 40.*

Pepper, F. und Henry, S.: Using developmental and democratic practices to teach self-discipline. In: W. W. Wayson (Hg.): *Theory into practice: Teaching self-discipline*. Columbus, Ohio: Ohio State University, 1985.

Peterson, R., Loveless, S., Knapp, T., Loveless, B., Basta, S. und Anderson, S.: The effects of teacher use of I-messages on student disruptive behavior. *Psychological Record, 1979, 29.*

Pogrebin, L.: *Family politics*. New York: MacGraw-Hill, 1983.

Power, C.: *The moral atmosphere of a just community high school: A four-year longitudinal study*. Unveröffentl. Diss. Harvard University, 1979.

Power, T. und Chapieski, M.: *Psychology Today*, November 1986.

Reardon, F. und Reynolds, R.: *Corporal punishment in Pennsylvania*. Department of Education, Division of Research, Bureau of Information Systems, November 1975.

Rice, J.: *Correction and discipline of children*. Murfreesboro, Tenn.: Sword of the Lord, 1946.

Risley, T. und Baer, D.: Operant behavior modification: The deliberate development of behavior. In: B. Caldwell und H. Ricciuti (Hg.): *Review of Child Development Research*, Bd. III. Chicago: University of Chicago Press, 1973.

Ritchie, J. und Ritchie, J.: *Child rearing practices in New Zealand*. Wellington: Reed, 1970.

Roebuck, F.: *Cognitive and affective goals of education: towards a clarification plan*. Referat vor der Association for Supervision and Curriculum Development, Atlanta, März 1980.

Roebuck, F.: *Polynomial representation of teacher behavior*. Referat vor der AERA National Convention, Washington, 31. 3. 1975.

Roebuck, F. und Aspy, D.: Response surface analysis. Interim Report

No. 3 for NIMH Grant No. 5, Northeast Louisiana University, September 1974.

Rogers, C.: *Die klientenzentrierte Gesprächspsychotherapie*. Frankfurt/M.: Fischer-TB, 1988.

Rogers, C.: *Freiheit und Engagement: personenzentriertes Lehren und Lernen*. Frankfurt/M.: Fischer-TB, 1989.

Rosemond, J.: *Parent power*. New York: Pocket Books, 1981.

Sagan, C.: *Cosmos*. New York: Ballantine Books, 1980.

Sears, R.: The relation of early socialization experiences to aggression in middle childhood. *Journal of Abnormal and Social Psychology, 1961, 63.*

Sears, R., Whiting, J., Nowlis, V. und Sears, P.: Some child-rearing antecedents of dependency and aggression in young children. *Genetic Psychology Monographs, 1953, 47.*

Silberman, C.: *Criminal violence, criminal justice*. New York: Random House, 1978.

Silberman, C.: *Crisis in the classroom*. New York: Random House, 1970.

Simmons, J. und Mares, W.: *Working together*. New York: Alfred A. Knopf, 1983.

Skinner, B.: *Newsletter of the Committee to End Violence Against the Next Generation, 1986–87, 15.*

Snow, C.: »Either-Or.« *Progressive*, Februar 1961.

Spock, B.: How not to bring up a bratty child. *Redbook*, Februar 1974.

Spock, B. und Rothenberg, M.B.: *Säuglings- und Kinderpflege*. (2 Bde., Neuausg. 1986). Berlin: Ullstein, 1986. (amerik. Erstausgabe: New York 1957).

Straus, M., Gelles, R. und Steinmetz, S.: *Behind closed doors: Violence in the American family*. New York: Doubleday, 1980.

Summit, R.: The child sexual abuse accommodation syndrome. *Child Abuse and Neglect, 1983, 7.*

Taylor, L. und Maurer, A.: *Think twice: The medical effects of physical punishment*. Berkeley, Kal.: Generation Books, 1985.

Ulrich, T. und Batchelder, R.: Turning an urban high school around. *Phi Delta Kappan, 1979, 61.*

Wasserman, E.: Implementing Kohlberg's »just community concept« in an alternative high school. *Social Education, 1976, 40.*

Watson, G.: A comparison of the effects of lax versus strict home training. *Journal of Social Psychology, 1943, 5.*

Wright, L.: *Parent power*. New York: William Morrow, 1980.